KB165690

복식이눈한남살이미라비
룸지이와즘승치ㅎ터니
져믄아인이잇써가구아이즈
박거날집티디저물돌다아
오주고다로양일빈나머니
놀복식기가지고모해드릭
가여라믄힐쿨양을치닐일
쳘이나마되어놀집티로
또사니그아요셰간놀다패
쳘홍고잇써놀다시ㄴ화쥬
니라

卜式分畜漢

ᄒᆞ야 경계ᄒᆞ야 닐오ᄃᆡ 오ᄃᆡ ᄒᆞᆷ
ᄃᆡ 말 나ᄒᆞ티니 ᄡᅦ ᄯᅩ대조 의
ᄀᆡ를 아사 알ᄆᆡᄡᅦ고 가길ᄂᆞᆯ
도적이 태조 ㅣ라 ᄇᆡ려 주기니
라래지미 쳐가보 ᄀᆞ래 모ᄀᆡ
伋之 齊ᄒᆞᆯ 닐러을 고 주거ᄂᆞᆯ
주 군주를 닐러 을 고 주거늘
시러모라와 지도 손 오주고
나라

衞公子壽者宣公之子太子伋之異母弟公子朔之同母
兄也其母與朝謀欲殺伋而立壽使人與伋乘舟於河中
將況而殺之壽知不能止因與之同舟人不得殺又使
伋之齊將使盜見載旌要而殺之壽止伋曰棄父之命
非子道也不可壽又與之偕行其母不能止乃戒之曰壽
無爲前也壽又竊伋雄以先行盜見而殺之伋至痛壽代
己之死涕泣悲哀載其屍還至境而自殺

蔺
泛泛河舟同濟日迢迢齊路竊旌時自逢罵傲鴒原
急一去那堪見兩屍人倫遭愛力難禁爭死悲懷兩
不任爲寫新編垂萬代凜然天下第几心

그림으로 본
조선

규장각 교양총서 10

그림으로 본 조선

규장각한국학연구원 엮음
이영경 책임기획

글항아리

규장각은 조선왕조 22대 국왕 정조가 1776년에 창립한 왕실도
서관이자 학술연구기관으로서 국정자문기관의 역할을 해왔습니
다. 정조는 18세기 조선의 정치·사회 변화에 능동적으로 대처하
기 위해 규장각의 기능을 크게 확대했습니다. 그런 가운데 옛 자
취를 본받으면서도 새롭게 변통할 수 있는 '법고창신法古創新'의 정
신을 가장 잘 구현할 기관으로 규장각을 키워냈습니다. 조선시대
규장각 자료를 이어받아 보존·연구하고 있는 서울대학교 규장각
한국학연구원의 역할과 기능도 정조가 규장각을 세운 뜻에서 멀
지 않을 것입니다.

규장각을 품고 있는 서울대의 한국학은 처음에는 미약했으나
이제 세계 한국학의 중심을 표방할 단계에 다가가고 있습니다. 이
러한 성과를 이끌어내는 데 중심이 되었던 두 기관이 있었습니다.
하나는 옛 서울대 문리대로부터 이사해와서 중앙도서관 1층에 자
리잡았던 한국학 고문헌의 보고 '규장각'이었고, 다른 하나는
1969년 창립된 '한국문화연구소'였습니다. 한국문화연구소는 규
장각 자료들이 간직한 생명력을 불러내어 꽃피우고 열매 맺는 데

중심 역할을 해온 한국학 연구기관이었습니다. 규장각이 세워진 뒤 230년이 된 2006년 2월 초, 이 두 기관을 합친 '규장각한국학연구원'이 관악캠퍼스 앞자락 감나무골에서 새롭게 발을 내딛었습니다. 돌이켜보면 200여 년 전 정조와 각신閣臣들이 규장각 자료를 구축한 덕에 오늘의 한국학 연구가 궤도에 오를 수 있었던 것이기에 감회가 남다릅니다. 이를 되새겨 규장각한국학연구원은 앞으로 200년 뒤의 후손에게 물려줄 새로운 문화유산을 쌓는 데 온 힘을 다하려 합니다.

규장각한국학연구원은 한국을 넘어 세계 한국학 연구의 중심 기관으로 거듭나겠다는 포부와 기대를 모아, 지난 7년 동안 자료의 보존과 정리, 한국학 연구에 대한 체계적 지원, 국내외 한국학 연구자들의 교류 등 여러 측면에서 성과를 거두었습니다. 그리고 전문 연구자만의 한국학에 머무르지 않고 대중과 함께하며 소통하기 위한 프로그램들을 추진하고 있습니다. 매년 수만 명의 시민과 학생이 찾는 상설전시실의 해설을 활성화하고, 특정 주제에 따라 자료를 선별하고 역사적 의미를 찾는 특별전시회를 열고 있습니다. 2008년 9월부터는 한국학에 관한 여러 주제를 그 분야의 최고 전문가들이 직접 기획하고 대중의 눈높이에 맞춰 강연하는 '규장각 금요시민강좌'를 열고 있습니다. 이 강좌는 지적 욕구에 목마른 시민들의 뜨거운 호응에 힘입어 2014년 1학기까지 12학기에 걸쳐 이어졌고, 강의 주제도 조선시대 각 계층의 생활상, 조선과 세상 사람의 여행 및 교류, 일기, 실용서, 그림을 비롯한 풍부한 문헌을 통해 본 조선사회의 실상 등 매번 새로운 내용으로 진행되었습니다.

지역사회와 더욱 긴밀히 대화하고 호흡하기 위한 노력의 하나로 금요시민강좌는 2009년부터 관악구청의 지원을 받아 '서울대-관악구 학관협력사업'으로 꾸려지고 있습니다. 또 규장각 연구 인력의 최신 성과를 강좌에 적극 반영하기 위해 원내의 인문한국 Humanities Korea 사업단이 강좌의 주제와 내용을 기획하고 있습니다. 이 사업단은 '조선의 기록문화와 법고창신의 한국학'이라는 주제로 규장각의 방대한 기록을 연구해 전통의 삶과 문화를 되살려내고, 그것이 오늘날 우리에게 주는 가치와 의미를 성찰하고 있습니다. 금요시민강좌의 기획을 맡으면서는 과거의 유산과 현재의 삶 사이를 이어줄 뿐만 아니라, 연구자와 시민 사이의 간격을 좁혀주는 가교 역할도 하려 합니다.

강의가 거듭되면서 강사와 수강생이 마주보며 교감하는 현장성이라는 장점도 있는 한편, 여건상 한정된 인원만이 강좌를 들을 수밖에 없는 것이 늘 아쉬웠습니다. 이에 한 번의 현장 강좌로 매듭짓는 한계를 극복하고자 강의 내용을 옛 도판들과 함께 편집해 '규장각 교양총서' 시리즈로 발간하게 되었습니다. 이미 조선의 국왕·양반·여성·전문가의 일생을 조명한 책들과, 조선과 세상 사람의 여행을 다룬 책, 그리고 일기와 실용서로 조명한 조선에 관한 책들을 펴내 널리 독자의 호평을 얻고 있습니다. 앞으로도 매 학기의 강의 내용을 흥미로우면서도 유익한 책으로 엮어내려 합니다.

교양총서에 담긴 내용은 일차적으로 규장각 소장 기록물과 학자들의 연구 성과에서 나온 것이지만, 수강생들과 독자 여러분의 관심과 기대를 최대한 반영하려 합니다. 정조의 규장각이 옛 문헌을 되살려 수많은 새로운 책을 펴냈듯이 우리 연구원은 앞으로 다

양한 출판 기획을 통해 대중에게 다가갈 것입니다. 이 시리즈가
우리 시대 규장각이 남긴 대표적 문화사업의 하나로 후세에 기억
될 수 있도록, 여러분의 많은 관심과 성원 바랍니다.

서울대학교 규장각한국학연구원장

김인걸

그림이 들려주는 조선의 속삭임과 외침

그림은 눈으로 보는 것이니 보이는 대로 그림 속의 실상을 알아차리면 된다. 그런데 그림은 또한 보는 사람이 보는 만큼 그림 속에 담긴 실상이 드러나는 것이기에 어떤 이가 그림을 보고 알아차린 것이 그림에서 보여주는 전부라고 할 수는 없다. 그림 속에는 쉽게 그 모습을 드러내지 않은 채 선과 면, 입힌 색의 틈새에서 유무형의 주체가 만들어내는 움직임과 소리가 있고 생각이 담겨 있다. 보이는 것과 보이지 않는 것이 무엇인가를 알아차려야 그림 속의 실상이 온전하게 다가오고 그림 속의 생각을 온전히 공유하게 된다. 그림이란 것이 그저 보는 대상이기만 한 것이 아니라 그림을 이야기로 읽어내야 하고 그림에서 침묵 속의 납함吶喊을 들을 수 있어야 한다는 말이 그래서 생겨난 것이리라. 그런 까닭에 그림은 그저 대상이기만 한 것이 아니라 그림을 보는 모든 사람에게 대화를 시도하는 주체이고 또한 타자이기도 하다.

그림 속에 조선이 들었다. 그림 속에 들어앉은 조선이 우리에게 말을 건다. 우리는 조선과의 대화에 기꺼이 참여하려 한다. 그림으로 조선을 보고 조선의 이야기를 읽고 조선의 속삭임과 외침을 듣고자 한다. 이 책을 출간하게 된 연유가 여기에 있다.

이 책에는 조선과의 대화를 가능케 하는 다채로운 그림들이 들어 있다. 우주를 담아낸 그림들에 나타난 천체의 형상과 기원 및 움직임에 대한 조선의 전통적 인식은 꽤나 오랜 연원을 지닌 것일 뿐만 아니라 동서양의 중세적 사고방식이 지닌 공통점을 여실히 보여준다. 천체에 대한 인식은 하늘과 땅, 그리고 천지간에 삶을 일구어가는 사람들의 규범을 만들어내는 데 은연중 개입한다. 국가나 왕실의 의례가 엄숙하기만 한 격식을 갖추는 데 머물지 않고 천지인天地人의 조화로운 기운을 토대로 구성되어 한 나라의 영속적인 번영을 기원하는 것임을 알게 되는데, 국가 의례서와 각종 의궤에 실린 도설들에서 이러한 규범들의 실상을 확인할 수 있다.

흥망성쇠를 거듭하는 것이 역사의 당연한 이치이지만 우리가 예전의 내 나라를 확인하고 인식할 수 있는 것은 소중한 기록문화가 지금까지 전해오기 때문이다. 반차도와 각종 지도를 통해 조선왕조실록과 『국조보감』이 사고史庫와 종묘에 봉안되는 과정을 보면 일국의 사초가 갖는 역사의 준엄한 평가를 조선이 얼마나 중요하게 인식했었던가를 알 수 있다.

한 나라가 '나라'일 수 있는 것은 백성이 딛고 서 있는 땅이 있어야 가능하다. 조선 사람들은 국토마저 기氣와 혈穴이 살아 있는 하나의 유기체로 인식하고 영토에 대한 애정과 집념을 지도의 형상으로 그려냈다. 또한 외침外侵에 맞서 우리 영토를 지키고자 했던 부단한 노력의 일단을 다양한 무예도에 실었다. 투철한 영토 의식과 효과적인 군사 전술 운용으로 조선은 두 차례의 큰 전쟁을 겪으면서도 500년의 시간 동안 왕조를 지탱해올 수 있었다.

왕실이 있고 영토가 있으며 백성이 있다고 해서 한 나라가 온전하게 영속되는 것은 아니다. 사람이기에 지켜야 하는 윤리강상이 상층에서부터 하층에 이르기까지 두루 일상의 규범으로 작동해야만 국가는 근본이 흔들리지 않고 지탱될 수 있었다. 『삼강행실도』에 드러난 충·효·열의 절절한 사연과 이를 극적으로 구현한 그림들은 훈민의 목적에서 만들어진 것이지만, 실상은 그것을 넘어서는 조선 사람들 모두의 일상 그 자체로 인식되었음을 알게 한다.

예나 지금이나 우리는 선조에 대하여 자신이 존재할 수 있게 한 근본에 보답하고 숭모하는 것을 소홀히 하지 않는다. 조선시대 상층 사대부의 초상화를 그린 이유는 이런 의식에서 비롯되었지만, 단순히 선조의 모습을 사실대로 그려내는 것에 머무르지 않는다. 짜글짜글한 주름과 눈매, 시선의 방향, 입 모양, 안색의 미묘한 차이들에 이르기까지 선조의 품성과 인격이 그 속에 고스란히 드러나게 하는 데에 열중함으로써 선조로부터 이어받은 소중한 기풍을 잊지 않으려 했던 노력을 엿볼 수 있다.

사람들의 삶이란 윤리강상의 '사람다움'으로만 채워지지 않는다. 조선 사람이나 오늘날 우리에게는 본능으로서 스토리텔링에 대한 욕망이 내재해 있다. 소설을 읽고 그 속에서 일상의 이치를 가늠해보는 데 조선의 상하층 모두가 열광했던 연유는 여기에 있다. 그런데 조선은 소설을 활자로만 읽는 것에 만족하지 않고 소설의 스토리와 감흥을 더불어 드러내는 방식으로 그림을 택하기도 했다. 「구운몽도」를 통해 우리는 조선의 소설 독자가 문학 텍스트를 다채롭게 향유하는 이런 방식을 알 수 있다.

하층 백성이 살아가는 사정은 상층 사대부에 견줄 때 상대적으로 알기 어려운 것이 사실이지만, 민화를 통해 민초들의 일상을 만나고 그들의 바람을 접할 수 있다. 민화 속에서는 일상의 사소한 호미질을 느낄 수 있고, 단란한 가정, 무병장수와 후손의 번성, 글공부와 출세, 재화 복록에 대한 소망 등 행복한 삶을 위한 민초들의 소박한 염원을 다채롭게 읽어낼 수 있다.

하층 백성은 밥을 불사약인 양 여기고 먹고사는 데 치열했지만 사람의 능력으로 넘어서기 어려운 시련에 맞닥뜨리거나 소박하지만 절실한 소망들을 간구할 때 무속과 같은 전통 신앙을 찾았다. 무속화에 나타나는 무속의 신들은 예외 없이 사람의 형상을 지녔다. 사람의 아들로 태어나 무속신으로 좌정하기까지의 내력이 인간의 삶과 별반 다르지 않아 인간들의 절실한 사정을 누구보다 더 잘 알고 해결해줄 수 있을 거라 믿었다.

후손을 생산하는 방식으로서의 성욕은 계층을 막론하고 색다른 이면적 문화를 만들어냈다. 조선사회의 이중 구조 속에서 '성애'라고 하는 것은 은밀한 유통 과정을 통하지 않을 수 없었지만, 은밀함 속에서 본능으로서의 성애와 문화로서의 성애가 어우러질 수 있었다. 경직된 이념의 틈새에서 성애에 대한 본능이 삶의 건강한 활력을 불어넣었는데 이런 사정은 이른바 춘화 속에 여실히 드러나 있다.

이 책은 규장각한국학연구원의 HK사업단이 펴낸 열 번째 교양 총서로, "조선의 기록문화와 법고창신의 한국학"이라는 어젠다를 내걸고 수행한 공동 연구의 또 하나의 결과물이다. 이 책에는 많은 연구자의 손때가 묻어 있다. 이들은 독자들이 조선과의 대화에 편안하게 함께할 수 있도록 전문적인 내용을 가능한 한 어렵지 않게 풀어 쓰는 수고를 마다하지 않았다. 그림으로 조선을 알아나가는 책은 특히나 편집이 쉽지 않았다. 그럼에도 불구하고 책의 내용이 더욱 풍성하고 세련된 모습으로 다듬어질 수 있었던 것은 전적으로 글항아리 출판사의 이은혜 편집장을 비롯한 많은 사람이 수고한 결과다. 도움을 주신 모든 분께 지면을 빌려 고마움을 전한다. 이 책을 통해 독자들이 조선과 더욱 깊이 교유하는 즐거움을 누리게 된다면 더 바랄 것이 없겠다.

2014년 3월 17일
집필자들을 대신하여
이영경 쓰다

차례

1장

"하늘은 둥글고
땅은 네모나다"

⊙

그림으로 보는 우주론

전용훈

"우주는 시간의 흐름 속에 존재하는 공간"

동아시아에서 우주론에 관한 논의의 전통은 서양에 견줘볼 때는 물론이고 동아시아 천문학 전체 속에서도 미약했다. 이 점은 우리나라 천문학 전통에서도 마찬가지여서 우리 선조들이 우주에 관해 사색했다는 증거는 조선시대 이후에야 조금 찾아볼 수 있을 뿐이다. 그렇지만 우주에 대한 관심은 어느 문명에서나 보편적인 터라, 동아시아 문화의 중심이었던 중국에서는 고대부터 우주에 관한 이론들이 있어왔다. 우주에 대한 논의는 우주가 어떤 과정을 통해서 만들어졌는지를 이야기하는 우주생성론, 우주는 어떤 모습을 하고 있는지를 다루는 우주구조론, 우주가 어떻게 변화해가는지를 말하는 우주진화론으로 구분해볼 수 있다.

고대 중국에서 만들어진 우주론이 정리된 형태로 기록된 것은 기원전 2세기 무렵의 한漢나라에서다. 중국 고대의 자연철학 사상을 담고 있는 『회남자淮南子』나 고대 천문학의 이론을 수록한 『주비산경周髀算經』 등에서 고대 우주론의 모습을 엿볼 수 있다. 『회남자』에서의 우주론은 우주생성론이라고 할 수 있는데, 태초에 우주를 만들 원재료가 되는 기氣가 공간에 퍼져 있다가 시간이 흐르면서 가볍고 맑은 기는 위로 올라가 하늘과 천체가 되고, 무겁고 탁한 기는 아래로 가라앉아 땅과 사물이 만들어졌다고 한다. 『주비산경』에서의 우주론은 우주구조론의 일종인데, 사람이 사는 네모진 땅이 아래에 있고, 천체들이 운동하는 둥근 하늘이 위에 있는 구조로 볼 수 있다.

한편 동아시아의 우주 개념에는 애초부터 진화론적 생각이 들어 있었으며, 우주에 대한 정의 자체에 시간 개념이 포함되어 있다. 우주宇宙라는 말은 고대 중국에서 쓰인 것으로, 전국시대 책으로 추정되는 『시자尸子』에는 "사방상하四方上下를 우宇, 왕고래금往古來今을 주宙"라고 정의했다. 즉 공간이 우宇이고 시간이 주宙이며, 시공간을 합쳐 우주라고 보았던 것이다. 오늘날의 말로 풀어보면 우주는 '시간의 흐름 속에 존재하는 공간'이므로, 이 공간이 시간의 흐름 속에서 어떻게 변화해가는지를 논하는 우주진화론이 우주 개념 속에 내포되어 있었다.

이처럼 중국에서는 고대부터 우주생성론, 우주구조론, 우주진화론이 모두 싹터 있었지만, 이후로 우주론에 대한 본격적인 논의는 많지 않았고, 이를 전문적으로 다루는 학술적인 전통도 거의 없었다. 때문에 7세기 초에 편집된 진晉나라 역사를 다룬 『진서晉書』라는 책의 천문지天文志 부분에 고대에 제안된 우주구조론 여섯 가지를 소개한 것을 제외하면, 우주론에 관한 기록을 찾아보기란 힘들다.

여섯 가지 우주구조론을 둘러싼 논쟁

고대의 우주구조론 중에서 가장 초보적이며 동아시아의 전통시대 사람들에게 가장 널리 인정되어온 것은 이른바 천원지방설天圓地方說이다. 한마디로 "하늘은 둥글고 땅은 모나다"는 이론이다. 땅이 모나다고 한 것은 네모지다는 의미로 볼 수도 있지만, 하늘처럼 둥글지 않고 조금 불규칙한 모양을 하고 있다는 식으로 이해할 수도 있다. 저 위쪽은 천체들이 떠 있는 둥근 하늘이고, 그 아래쪽은 사람과 사물들이 있는 땅이라고 보는 것은 사람들의 일상적인 감각에 잘 들어맞는 우주의 구조다.

그런데 천문학이 발달하면서 천체 운동을 관측하고 그 운동 원리를 생각하게 되자, 이처럼 단순한 우주의 구조로는 설명할 수 없는 현상들이 많다는 것을 알게 되었다. 그리하여 해와 달이 뜨고 지는 현상, 행성들이 별자리 사이를 움직이는 현상, 혹은 관측자가 북쪽으로 갈수록 북극성의 고도가 높아지는 현상 등을 설명할 수 있는 좀 더 정교한 우주구조론이 제시되었다. 중국 고대에 제시된 우주구조론 가운데 천원지방설을 한 단계 발전시킨 대표적인 이론이 개천설蓋天說이다. '개蓋'라는 글자는 '덮는다'는 뜻인데, 개천설의 핵심은 하늘이 땅을 덮고 있다는 것이다. 이것은 천원지방설에서 발전했기에 둥근 하늘이 위, 모난 땅이 아래에 있는 것이 기본 전제다. 개천설에서는 처음에 하늘과 땅이 평평한 상태에서 하늘이 땅을 덮고 있다고 보았다. 하지만 천체들의 운동을 설명하려다보니 하늘과 땅이 모두 곡면으로 된 구조를 상정하게 되었다. 바가지 두 개를 엎어서 하나는 바닥에 놓고 다른 하나는

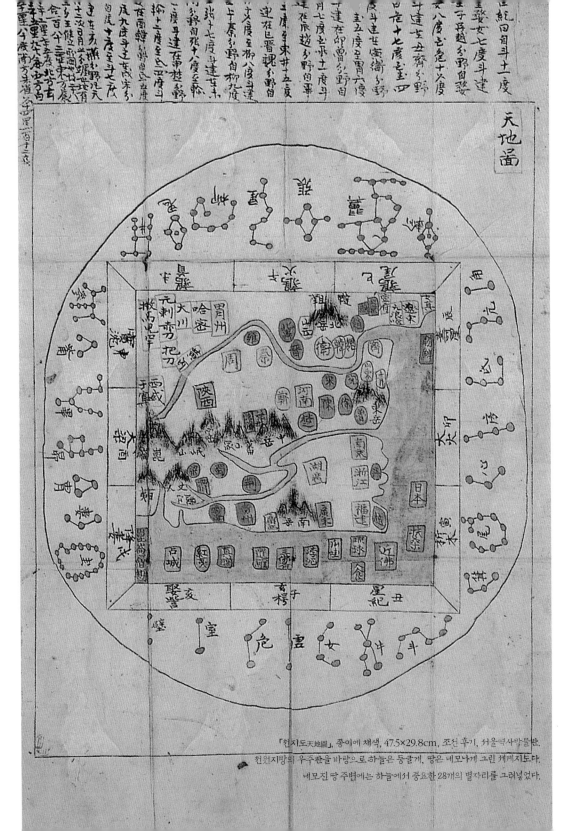

「천지도天地圖」, 종이에 채색, 47.5×29.8cm, 조선 후기, 서울역사박물관.
천원지방의 우주관을 바탕으로 하늘은 둥글게, 땅은 네모나게 그린 세계지도다.
네모진 땅 주변에는 하늘에서 중요한 28개의 별자리를 그려넣었다.

그 위에 놓은 모양으로, 아래의 바가지는 땅이고 위의 바가지는 하늘인 셈이다. 천체들이 하늘에 해당되는 바가지 안쪽 면에 붙어서 북극을 중심으로 운동한다고 가정하면 천체운동을 잘 설명할 수 있다. 또 볼록한 땅 위에서 관측자가 바가지의 어느 위치에 있느냐에 따라 북극성의 고도가 달라지므로, 지구의 북반구에서 느끼는 경도와 위도의 효과도 설명할 수 있다.

그런데 개천설에서는 땅이 어디에 의지하고 있다고 생각했을까? 이 점이 명확히 풀이되고 있진 않지만 아마도 땅이 물 위에 떠 있다고 본 듯하다. 즉 땅이 넓긴 하나 동서남북 어느 방향으로나 계속해서 가면 결국 바다에 이르기 때문이다. 그렇다면 땅을 싣고 있는 바다는 또 무엇으로 지탱되는가라고 물을 수 있겠지만, 고대의 우주론을 기록한 책에서 이런 식의 질문이나 그에 대한 답을 찾기란 어렵다.

고대의 우주구조론 가운데 개천설과 쌍벽을 이루는 이론이 혼천설渾天說이다. '혼渾'이라는 글자는 '둥글다'라는 뜻인데, 이 이론에서는 하늘이 구球처럼 둥글다고 본다. 하늘은 유리처럼 투명한 구이고 여기에 천체들이 붙어서 운동한다고 보면 된다. 또 구 안쪽에는 물이 절반 정도 채워져 있고, 그 물 위에는 모난 땅이 떠 있다. 이러한 혼천설의 우주 구조에서도 하늘이라는 구가 무엇에 의해 지탱되는가를 물을 수 있는데, 다행히 혼천설에서는 그 구가 다시 무한히 넓고 깊은 물 위에 떠 있다고 답한다. 혼천설에서는 천체들이 커다란 구면 위에서 움직이는데, 천체의 운동은 각각 태양의 길, 달의 길, 행성의 길, 적도(남북극의 절반), 지평선(천정과 천저의 절반) 등을 원환으로 만들어 기구로 구현할 수 있다. 그리

혼천의, 51.5×70.5cm, 18세기,
유교문화박물관.

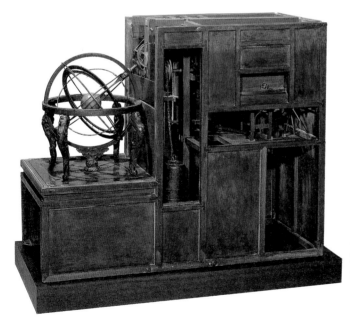

혼천시계, 송이영, 철·나무,
52.0×119.5×97.0cm, 국보 제230호,
1669, 고려대박물관.

고 천체운동을 원환으로 구현해 관측할 수 있게 만든 기구가 혼천의渾天儀다. 혼천설은 천체운동 이론을 관측기구로 구현할 수 있고, 또 관측기구를 통해 정밀한 천문 관측이 가능한 까닭에 굉장히 합리적인 우주구조론으로 인정되었다. 한나라 이후로는 우주구조론이라고 하면 거의 모두가 혼천설이 옳다고 여겼다. 하지만 따져보면 혼천설에도 약점이 있는데, 이 구조에서라면 태양은 아침에 물속에서 떠오르고 저녁 때 다시 물속으로 들어간다고 보지 않을 수 없는 것이다.

한나라 때에는 천문학자들이 개천설과 혼천설의 옳고 그름을 두고 논쟁을 벌이기도 했다. 혼천설을 지지하며 개천설의 약점을 지적한 사람으로 양웅揚雄과 환담桓譚이 유명하다. 특히 양웅은 「개천설이 성립하기 어려운 여덟 가지 일難蓋天八事」을 써서 개천설을 비판했다. 혼천설을 비판한 인물로는 왕충王充이 대표적이다. 앞서 언급했듯이, 왕충은 천체가 물속으로 운행한다는 발상은 불합리하다고 지적했다.

『진서晉書』「천문지」에는 개천설과 혼천설 외에도 선야설宣夜說, 안천설安天說, 궁천설穹天說, 흔천설昕天說 등 모두 여섯 가지 우주구조론을 기록하고 있다. 이들을 일컬어 고대의 여섯 가지 우주론이라고 한다. 하지만 각각의 이론에 대한 기록은 그리 상세하지 않아 몇 가지 특징만 알려져 있다. 이중 선야설이 언급할 만한데, 가장 중요한 특징은 하늘이 기氣로 이뤄져 있으며, 천체들은 이 기 속에서 운동한다고 보는 점이다. 개천설이나 혼천설에서는 하늘이 고체로 되어 있고, 천체들은 여기에 붙어서 움직인다고 여겼다. 반면 선야설은 하늘이 기로 가득 찬 공간이라고 본 점에서 송대 유학자들이 고안하게 되는 새로운 우주생성론과 구조론의 씨앗이 되었다.

송대, 태극의 원리와 기의 회전으로 새로운 장을 열다

고대에 잠시 등장했던 우주에 대한 논의는 이후 진척을 이루지 못하다가 송나라 때에 이르러 유학자들을 중심으로 새로운 우주론이 나타났다. 주돈이周敦頤(1017~1073), 장재張載(1020~1077), 주희朱熹(1130~1200) 등 대표적인 송대 유학자들은 기氣로부터 우주가 만들어지는 과정을 설명하는 매우 논리적이고 체계적인 우주생성론을 정립했다. 또 이들은 고대부터 전해 내려오던 우주구조론에 자신들이 개발한 우주생성론을 결합해, 기로부터 우주가 생성되어 기의 운동에 의해 천체들이 운동하고 우주 구조가 유지된다는 이론을 제시했다.

주돈이는 『태극도설太極圖說』이라는 논술에서 우주의 생성 과정을 「태극도太極圖」라는 그림으로 해설했다. 그에 따르면 태극太極에는 본래 움직임과 고요함動靜의 속성이 있어, 이로 인해서 음陰과 양陽을 낳는다. 음양은 수화토목금水火土木金의 오행五行을 낳는다. 오행은 상생相生하고 순환하면서 하늘과 땅, 남과 여, 그리고 만물을 만든다. 주돈이의 우주론은 태극-음양-오행-만물로 이어지는 형이상학적 도식을 제시했다는 점에서 의의가 있다. 한편 장재는 기 개념을 끌어와 물질적 생성론을 제시했다. 장재에 따르면 우주에는 원초적인 기가 있었는데, 기가 운동하면서 스스로 모이고 흩어지는 데에 따라서 천지만물이 만들어지고 사라진다.

주희는 주돈이와 장재의 우주생성론을 결합해 우주 생성의 형이상학적 출발을 태극으로 상정하고, 물질적 우주의 출발은 태극의 원리에서 비롯된 기로 보았다. 주희의 우주론에서 우주의 생성과 구조화 과정의 핵심 원리는 기의 회전이다. 기의 회전은 점점 빨라져 중앙에 찌꺼기를 만드는데, 이 찌꺼기가 모여 땅地이 된다. 그리고 가볍고 맑은 기는 바깥쪽에서 하늘이 되고 천체가 된다. 기의 회전은 바깥으로 갈수록 빨라져서 내부의 기를 가두어 안정되게 한다. 이로 인해 중앙의 땅은 바깥에서 회전하는 기에 눌려 안정되게 정지해 있을 수 있다. 땅은 고대 우주론에서와 마찬가지로 물에 떠 있는데, 즉 물 위에 떠 있는 땅을 회전하는 기가 감싸고 있는 셈이다. 하늘은 모두 회전하는 기다. 기의 회전은 아래쪽이 느리고 위쪽은 빨라, 위로 갈수록 점점 더 빨라진다. 기는 회전 속도에 따라 아홉 층으로 나뉘며, 천체들은 각 층에서 기의 회전 속도에 맞춰 회전한다. 하늘의 각 층은 회전 속도가 다르므로 물리적 성질도 조금씩 다르다. 안쪽에서 바깥쪽으로 갈수록 속도는 점점 더 빨라져서 급기야 맨 바깥쪽의 제9층에서는 거의 딱딱한 껍질처럼 된다. 이렇게 빠른 속도로 회전하는 기가 단단한 외피처럼 내부의 기를 단속하고 있기에 우주는 안정을 유지할 수 있다.

주희의 우주론에서 생성론과 구조론이 기의 운동이라는 일관된 원리로 통합된 것을 볼 수 있다. 기는 우주의 물질적 기초인데, 기의 운동으로 우주가 생겨나고 그것이 현재의 우주를 만들었다. 또한 기의 회전으로 우주 중앙에 생겨난 땅은 물에 실려 있고, 그

晦菴先生遺像

「회암선생유상」, 『회현실기』, 조선 초기, 국립진주박물관. 주희는 기의 회전으로 새로운 우주론을 제시했다.

바깥으로는 회전하는 기가 감싸고 있다. 회전하는 기는 하늘이 되는데, 기의 회전 속도에 따라 하늘의 공간이 나뉘고, 천체들은 회전하는 기에 실려서 각각의 속도대로 회전운동을 한다.

"개벽 후 11만 3400년이 지나면 만물은 소멸된다"

생성론과 구조론이 통합된 주희의 우주론과 함께 송대에는 우주진화론에 대한 새로운 아이디어가 제시되었는데, 대표적인 것이 소옹邵雍(1011~1077)이 내세운 설이다. 즉 그는 우주가 어떤 과정으로 변화하고 소멸하며 다시 생겨나는지를 설명하는 이론을 제시했다. 소옹은 『황극경세서皇極經世書』에서 "하늘은 자子에 열리고, 땅은 축丑에 이루어지며, 사람은 인寅에 생성된다"고 했다. 소옹의 주장은 '원회운세설元會運世說'이라는 시간 구조에 대한 독특한 이론을 기초로 한 것이다. 이에 따르면 1원元은 12회會, 1회는 30운運, 1운은 12세世, 1세는 30년年으로 구성된다. 그러므로 1원은 30×12×30×12=12만9600년이나 되는 긴 시간이다. 우주가 생성되는 것은 개벽開闢이라고 한다.

소옹은 12회 가운데 제1회에 우주가 만들어지며, 제3회에는 사람이 만들어진다고 보았다. 문명이 만들어진 요순堯舜시대는 제6회의 제30운 제7세에 해당되며, 20세기는 제7회에 해당된다. 제11회에 이르면 모든 것이 쇠락하고 12회에 이르면 모든 것이 멸망하며 천지마저도 붕괴해 원기元氣로 되돌아간다. 원회운세설에 따라 생각해보면, 사람과 사물의 생성은 개벽 후 2만7360년, 만물의 소멸은 개벽 후 11만3400년에 일어난다. 이리하여 한 원이 끝나면 다른 원이 시작되어 새로운 우주가 첫발을 내딛는다.

태양은 네모진 땅 위를 지난다

중국의 고대 우주론이 우리 역사 기록에 등장하는 곳은 조선 태조 때 돌에 새긴 천문도인 「천상열차분야지도天象列次分野之圖」다. 이 그림에서는 앞서 언급한 『진서』 「천문지」의 기록을 인용해 개천설과 혼천설을 비롯한 고대의 여섯 가지 우주구조론을 언급했다. 물론 고려 후기부터 주자학을 받아들이면서 송대 유학자들이 제시한 우주론이 우리나라에 수입되었을 것이다. 그리하여 조선 전기의 유학자들이라면 대부분 중국의 고대 우주론과 송대 유학자들의 우주론을 익히 알고 있었을 것이다.

고대의 개천설, 혼천설 등 다양한 우주구조론을 언급했으나, 사실 동아시아의 모든 우주구조론은 천원지방설을 좀 더 정교화한 것일 뿐이라는 점을 잊어서는 안 된다. 즉 송대 유가의 우주구조론도 천원지방설에 다름 아니다. 각각의 우주론에 따라 하늘이 어떤 식으로 둥근지에 대한 견해는 서로 다르지만, 어쨌든 모든 우주론에서 하늘은 둥글다. 또한 땅의 모양이 어떤지에 대해서도 견해차가 있을 수 있지만, 땅이 둥글지 않고 모나다고 보는 점은 모두 공통된다. 조선 초기 유학자들이 그림으로 표현한 우주구조론을 보면 고대 중국의 우주론보다 더 단순하고 수준이 낮다고 생각하기 쉬운 것은 바로 이런 점을 간과했기 때문이다. 조선 전기의 유학자

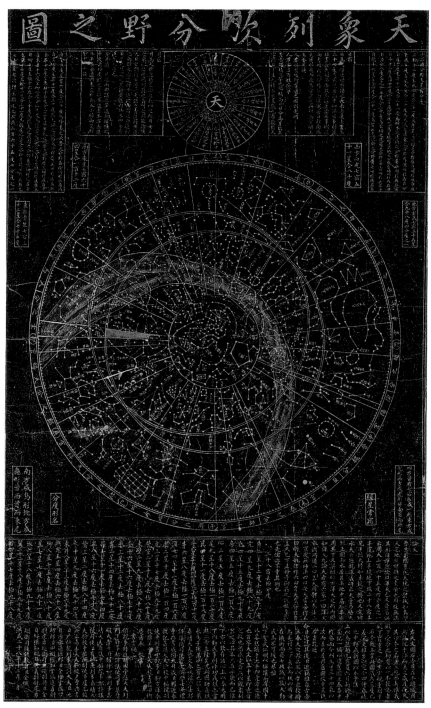

「천상열차분야지도」, 종이, 145.0×88.5cm, 17세기 후반, 규장각한국학연구원. 둥근 원의 천문도 한가운데 북극이 있고, 하늘의 적도와 황도, 뿌연 은하수 약 290개의 별자리에 1467개의 별이 그려져 있다.

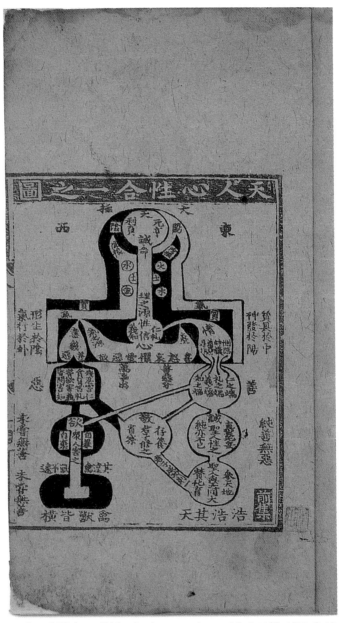

「천인심성합일지도」, 『입학도설』, 권근, 22.7×34.1cm, 보물 제1136호, 1425, 장서각.
고대의 천원지방설을 기본으로 하여 작성했다.

들은 천원지방설을 핵심으로 하여 유가적 우주론을 그림으로 제시하고 있다는 점을 기억해야 한다. 그들이 그림으로 나타내고자 했던 것은 우주의 구조 자체보다도 유가의 가르침 속에 담겨 있는 우주적 원리였다.

조선 초기의 유학자 권근權近(1352~1409)의 『입학도설入學圖說』에 천지, 즉 우주의 모습을 그린 그림이 있는데, 이것은 고대의 천원지방설을 기본으로 한 것이다. 여기에 실린 그림으로부터 권근이 생각한 우주의 모양을 유추해보면, 둥근 공 모양의 하늘 안에 정육면체의 땅이 위치하고 있는 모습이다. 또한 태양은 네모진 땅 위를 지나는 길이 계절마다 달라지면서 고도의 변화가 생긴다. 권근이 송대 유학자들의 우주론을 숙지하고 있었다고 본다면, 그는 땅이 기에 의해서 중앙에 떠 있으며, 바깥쪽 하늘은 기의 회전 속도에 따라 여러 층으로 나뉘고, 가장 바깥쪽의 딱딱한 하늘이 둥근 공 모양을 이룬다고 생각한 듯하다.

이러한 우주 구조는 대개의 조선시대 유학자들이 받아들였던 듯한데, 가장 명확한 증거는 16세기 중반에 활동한 정지운鄭之雲(1509~1561)의 『천명도설天命圖說』에 있는 우주의 모습이다. 이 그림에서는 하늘이 구형일 뿐만 아니라, 검은색과 흰색의 띠를 태극 모양으로 서로 꼬리를 물고 있는 모습으로 그려서 음양의 기가 하늘에서 순환하는 유가 이론을 구현하고 있다. 또한 중앙의 땅은 권근의 『입학도설』에서와 마찬가지로 네모지게 그려져 있다. 조선 전기의 우주 구조에서 주목할 만한 것은 땅의 모양을 정육면체로 본다는 점이다. 이것은 조선 후기에 제안된 육면세계설이 사실상 조선 전기부터 유학자들이 상상해왔던 땅의 모습에서 비롯되었음

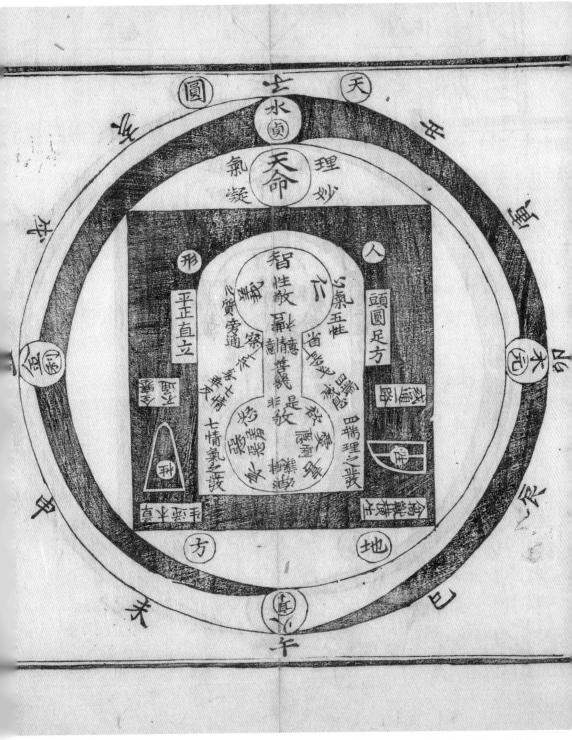

「천명신도天命新圖」, 『천명도설』, 규장각한국학연구원.

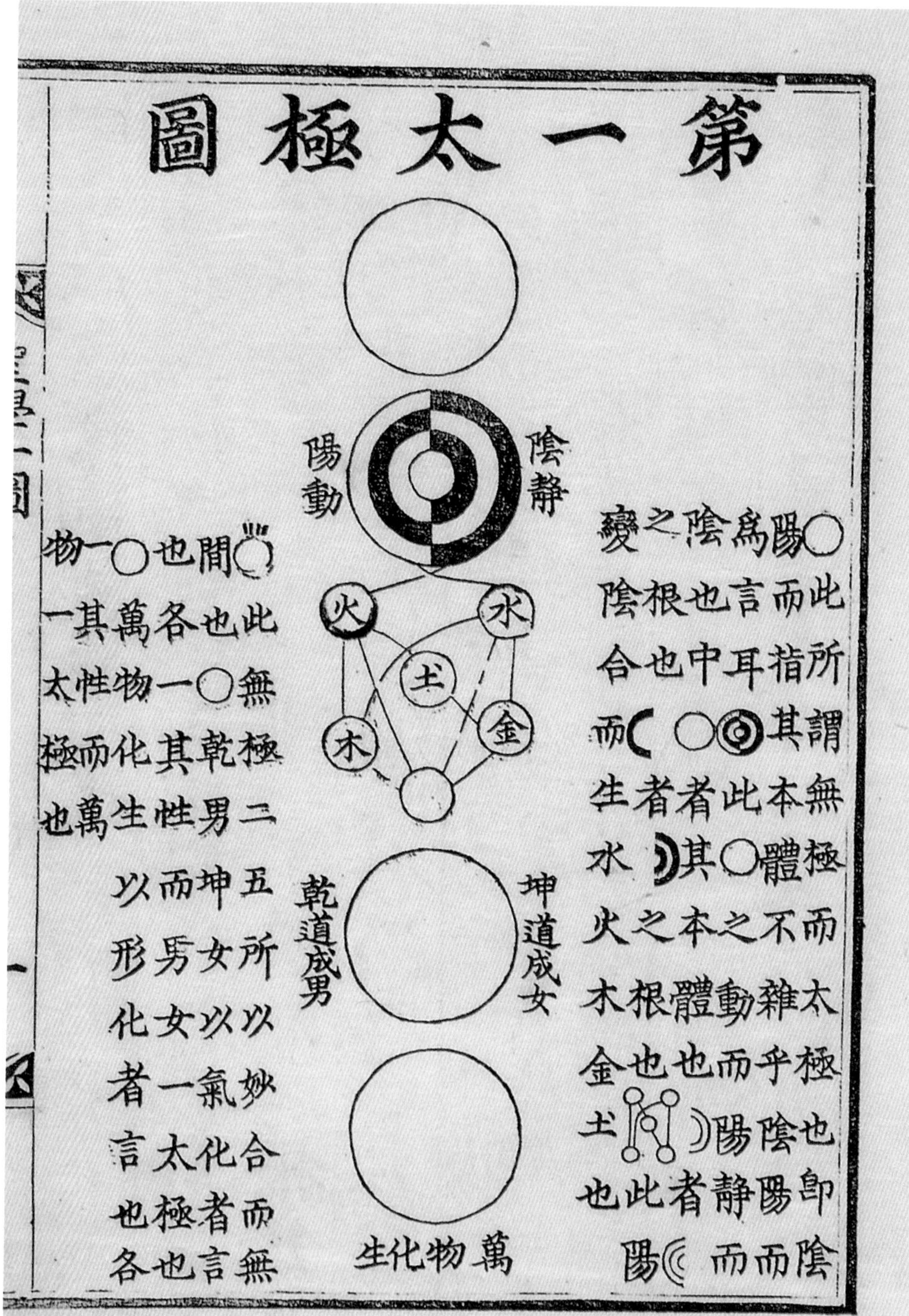

第一太極圖

陽動　陰靜

火　水
土
木　金

乾道成男　坤道成女

萬物化生

物一○也間
一其萬各也此
太性物一○無
極而化其乾極
也萬生性男二
　　　以而坤
　　　形男女
　　　化女以
　　　者一氣
　　　言太化
　　　也極者
　　　各也言
　　　　　無

變之陰爲陽
陰根也言而此
合也中耳指所
而　○◎　其謂
生者者此本無
水　其○體極
火之本之不而
木根體動雜太
金也也而乎極
土　　陽陰也
也此者靜陽卽
陽　而而陰

「태극도」, 『성학십도』, 이황, 조선시대.

「퇴계 이선생 천명도」, 『천명도해』, 정지운·이황, 38.4×28.9cm, 고려대도서관. 우주 생성의 연원을 나타낸 주염계의 「태극도」와 하늘·인간·심心·성性이 어떻게 하나로 합쳐질 수 있는가를 그림으로 나타낸 권근의 「천인심성합일지도」를 바탕으로 만들어진 퇴계의 천명도다.

을 알려준다.

"지구는 둥글지만 사원소설은 받아들일 수 없다"

 권근이나 정지운의 우주론에서 보듯이 유가의 우주론은 대체로 천원지방의 구조론에 기의 생성론을 결합한 것이었다. 이러한 이론은 17세기 초반까지 거의 의심 없이 정론으로 받아들여졌다. 그러던 중 17세기 초부터 서양 천문학이 동아시아에 들어와 유학자들 사이에서 새로운 우주론적 논의가 싹텄다. 우주론에 한정해서 보자면, 서양 이론의 핵심은 '동심천구론同心天球論'과 '지구설地球說'이었다.

 동심천구론에서는 우주의 중심에 지구가 있고 그 바깥은 천체들을 실은 여러 개의 투명한 천구가 겹겹으로 층을 이룬다고 본다. 달, 수성, 금성, 태양, 화성, 목성, 토성을 싣고 있는 천구 바깥에는 별들이 박혀 있는 항성천구가 있고, 맨 바깥에 안쪽의 천구를 돌리는 회전력을 주는 종동천宗動天이라 불린 천구가 하나 더 있다. 지구 껍질부터 동심 천구 아홉 개가 겹겹이 싸고 있으므로 이를 구중천설九重天說이라고도 불렀다. 동심천구론에서는 중심에서 바깥쪽으로 갈수록 회전 속도가 빠르고, 반대로 안쪽으로 올수록 회전 속도는 느리다. 그러므로 우주의 중심인 지구는 회전하지 않고 정지해 있다.

 서양 우주론에서는 땅이 둥글다는 지구설을 주장했다. 이것은 천원지방이라는 생각에 익숙해 있던 동아시아 사람들에게 대단히 충격적인 이론이었다. 동아시아인들은 지구설을 쉽게 받아들일 수 없었는데, 둥근 지구 아래쪽에 사는 사람들이 아래로 떨어지지 않고 어떻게 표면에 똑바로 서 있을 수 있는가 하는 의문을 품었기 때문이다. 사실 서양의 지구설은 사원소설四元素說이라는 서양의 물질 이론과 결부시켜 설명되어야만 이해할 수 있다. 이에 따르면, 지상계를 이루는 모든 사물은 흙·물·공기·불이라는 네 원소로 이루어져 있다. 사원소는 그 위계에 따라 본래의 위치가 정해져 있는데, 흙은 우주에서 가장 낮고 천한 곳인 우주의 중심에 위치하고, 그 바깥에 물이 있다. 이것은 지구 표면에 바닷물이나 강물이 있는 것을 보면 확인할 수 있다. 다시 물 위는 공기가 층을 이루고 있으며, 공기 층 위로 가장 맑고 가벼운 불이 층을 이룬다. 이 불의 층 바깥으로 달의 천구가 있다. 사원소설에서는 원소들이 늘 자신의 위치에 있으려고 한다는 사실이 매우 중요하다. 우주가 아직 완성되기 전에 부서진 흙덩이가 우주 공간에 있었다면, 이들은 모두 우주의 가장 낮은 자리인 중심으로 모여들게 되고 이것이 자연스럽게 구를 이룬다. 마찬가지로 물은 둥글게 흙을 덮고, 다시 흙과 물을 공기와 불이 차례로 덮게 된다. 이 이론은 지구의 남반구에도 사람이 서 있을 수 있는 이유를 설명해준다. 즉 지구의 북반구든 남반구든 지구 표면에 있는 사람은 모두 우주의 중심인 지구 중심으로 가려는 힘을 받기 때문이다. 이것이 오늘날 우리가 말하는 중력이다.

지구설을 받아들이면 서양의 사원소설도 함께 받아들여야 중력 현상을 모순 없이 설명할 수 있었다. 하지만 동아시아인들에게는 땅이 둥글다는 것 자체가 천원지방의 전통적 관념으로는 이해

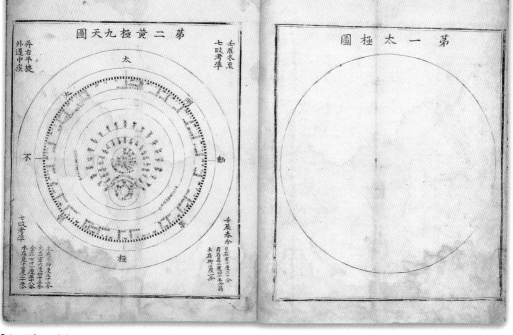

『대곡역학도』, 김석문, 47.3×37.6cm, 1697, 연세대 학술정보원. 김석문의 우주론은 서양의 우주론으로부터 영향을 받아 세워진 것이다.

하기 힘들었을뿐더러, 설사 지구가 둥글다는 것을 받아들인다 해도 지구의 남반구에서 사람이 똑바로 서 있는 현상을 이해하기란 힘들었다. 사원소설을 모두 받아들이면 될 것 같지만, 동아시아인들에게 이것은 종교를 개종하는 일만큼이나 어려웠다. 왜냐하면 앞서 보았듯이 동아시아에서는 우주가 기에서 생성되었고, 천체들은 기의 회전을 따라서 운동한다는 기의 우주론을 오랫동안 굳게 믿어왔기 때문이다.

시간이 흐르면서 지구가 둥글다는 사실은 동아시아 지식인들 사이에서 서서히 받아들여졌다. 하지만 기 이론을 버리고 서양의 사원소설을 받아들인 이는 거의 없었다. 때문에 지구설을 받아들인 지식인들 가운데 많은 사람이 기 이론과 지구설을 결합시켜 이해하려 했다. 조선 후기의 이익李瀷(1681~1763)과 홍대용洪大容

『외암유고』, 이간, 규장각한국학연구원.

(1731~1783)의 우주론이 그러한 예다. 이들은 송대 유가의 우주론에 따라 하늘의 기가 빠른 속도로 회전하면 회전의 중심 쪽으로 미는 힘이 생긴다고 보았다. 상층에서 회전하는 기가 물체를 지구 중심 쪽으로 밀기 때문에 남반구에서도 사람이 똑바로 서 있을 수 있다는 것이다.

조선 후기 육면세계설의 한계

조선시대 유학자들이 땅 모양을 정육면체로 생각하고, 하늘을 구 모양으로 여겼던 것은 매우 오래된 전통이었던 듯하다. 18세기 초반에 송시열계 유학자들 사이에서 제시된 육면세계설六面世界說은, 조선시대 유학자들이 알고 있던 정육면체 모양의 땅에 서양에서 수입된 지구설의 원리를 결합시키려 한 것이다. 조선 후기의 유학자인 이간李柬(1677~1727)의 『외암유고巍巖遺稿』에 실린 신유申愈(17세기 후반~18세기 초)가 제기한 육면세계설의 그림을 보면, 우주는 둥근 하늘 가운데에 네모진 땅으로 표현되어 있다. 또한 동지 때의 태양은 땅의 남쪽 끝으로 운행하고 하지 때의 태양은 땅의 북쪽 끝으로 운행함을 나타내고 있다.

이 우주론의 핵심 주장은 두 가지인데, 첫째, 정육면체로 이뤄진 땅의 각 면(6개의 면)에는 모두 사람과 사물이 모여 살면서 독립된 세계를 구성하고 있다는 것이며, 둘째, 우주는 어디가 위이고 어디가 아래인지 정해져 있지 않고 여섯 면이 모두 자신이 존재하는 곳이 중심이라고 본다는 것이다. 즉 수평면에 있는 물이 수직면으로 흘러내리는 일 없이, 육면체의 수평면이나 수직면이 모두 독립된 하나의 세계를 구성할 수 있다는 것이다.

육면세계설은 지구 남반구에도 사람과 사물이 서 있을 수 있다는 지구설을 수용하면서도 천원지방설을 유지하고자 만들어낸 주장이라고 할 수 있다. 그리하여 지구 남반구에서처럼 육면체의 각 면에 사람과 사물이 아무런 문제 없이 서 있을 수 있다고 본 것이다. 그런데 이런 구조에 천체들의 운동을 결합시키면, 각 면에서 관측되는 천체 운동을 설명할 일반적인 이론이 뒷받침되어야 하는데 이에 대해서는 어떤 설명을 했는지 알려져 있지 않다. 이이론에 반대하는 이들은 여섯 개의 세계에서 춘하추동의 계절 변화가 어떻게 나타나는지를 설명할 수 없음을 비판의 근거로 삼았

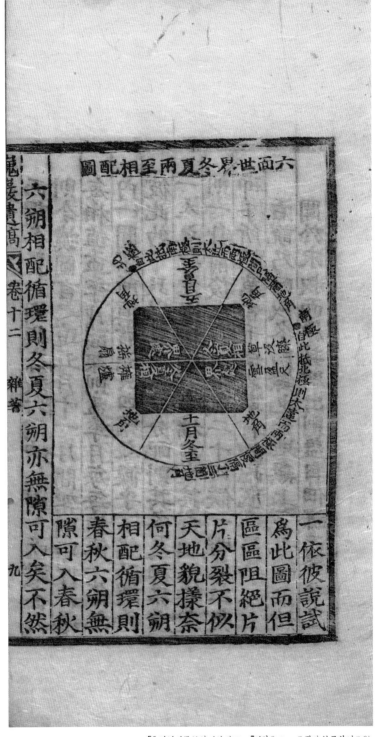

「육면세계동양지상배도」, 「외암유고」, 규장각한국학연구원.

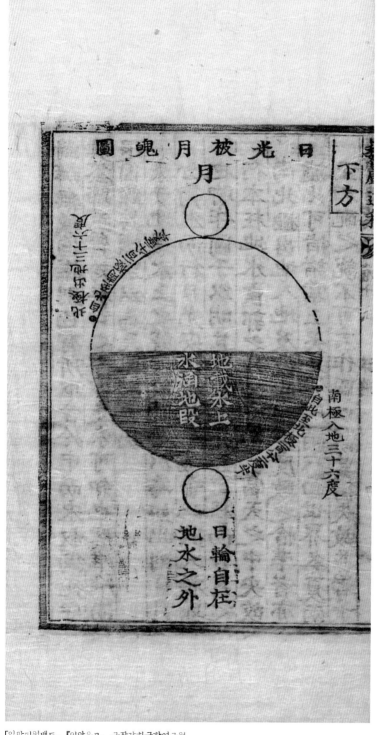

「일광피월백도」, 『외암유고』, 규장각한국학연구원.

다. 또한 지구설을 받아들이지 않는다면 육면체의 어느 면이나 서로 상하 없이 독립된 세계라는 것은 이치상 말이 되지 않는다는 지적도 뒤따랐다.

*　*　*

동아시아의 우주론은 생성론, 구조론, 진화론 등 다양한 측면에서 논의의 씨앗을 품고 있었다. 하지만 동아시아 천문학에서 우주론은 중요한 학술 전통을 만들어내지 못했다. 전통적 우주론의 핵심은 천원지방설과 기의 물질론이었다. 우주구조론에 한정해서 보면 고대부터 다양한 우주론이 제시되었고, 이들을 좀 더 정교하게 발전시키기도 했지만, 천원지방이라는 우주 구조의 핵심 관념은 결코 변하지 않았다. 또한 전통적인 우주론에서 우주를 생성하고 만물을 구성하며 변화하게 하는 것은 기였다. 기는 전통적인 우주론의 물질적 기초였던 것이다.

땅이 둥근 모양이라는 서양의 지구설은 천원지방설을 믿고 있던 동아시아 지식인들에게 충격을 안겨주었다. 서양의 지구설은 사원소라는 물질론과 결합되어 있었는데, 이것은 기의 우주론을 믿었던 동아시아 지식인들이 이를 받아들이기는 대단히 어려웠다. 그리하여 지구설을 수용하면서도 이것을 전통적인 기 이론에 결합시키기도 했다. 또한 지구설의 몇몇 요소는 받아들이면서 이것을 천원지방설과 결합시킨 경우도 있었다. 한편 많은 지식인이 지구설에 끝까지 반대하면서 천원지방설과 기의 우주론을 고수하기도 했다. 하지만 개화기 이후 서양 천문학이 전통 천문학을 대체하면서 천원지방설과 기의 우주론은 역사의 뒤안길로 사라졌다.

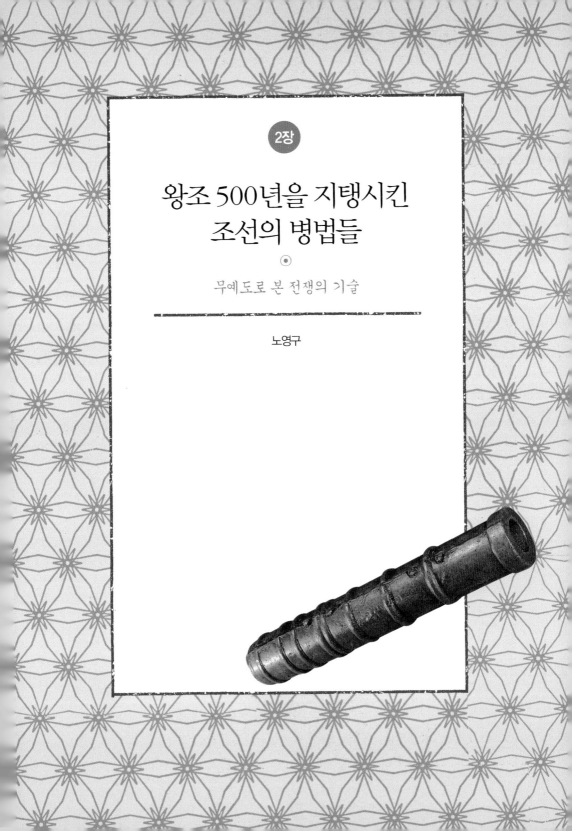

2장

왕조 500년을 지탱시킨
조선의 병법들

◉

무예도로 본 전쟁의 기술

노영구

식민지 역사가 굴절시킨 전쟁의 이미지

한국의 전쟁 관련 영화나 드라마는 언제나 장렬하고 비장미 어린 장면으로 화면을 가득 채우지만, 보는 사람은 가슴 깊은 곳에서 무언가 답답함을 느끼곤 한다. 가령 임진왜란을 다룬 드라마에서 이순신 함대의 장쾌한 전투와 대비되는 육상에서 흰옷을 입은 농민 출신 의병의 비장한 전투 장면을 들 수 있다. 또한 명량해전의 한 장면을 묘사한 현대의 조형물은 전근대 전쟁에 대한 우리의 일반적인 인식의 한 장면을 보여준다. 즉 가라앉는 일본군의 배 위에 뛰어든 조선의 해상 의병이 큰 낫으로 일본군을 찌르는 모습을 묘사한 조형물이 있는데, 실제 명량 해협의 빠른 물살이나 당시의 전투 장면을 고려한다면 사실에 들어맞을 가능성이 거의 없다. 이런 것이 비록 당시 상황을 그대로 재연하는 것은 아니지만 우리 기억 속에 자리잡은 임진왜란에 대한 단면, 즉 의병 중심적 사고, 국난극복사적인 사고를 보여준다고 할 것이다.

역사적 사실과 그리 맞지 않고 군사적인 측면에서 퇴행적인 느

껨마저 주는 한국의 전근대 전쟁에 대한 이해는 과연 어디서 비롯된 것일까? 정규군인 관군이 아닌 의병 중심의 임진왜란 이해는 17세기 중반 이후 나타나기 시작했다. 그러나 군사적인 면에서 오히려 역행하는 듯 보이는 것을 문치주의 국가였던 조선에서부터 나타났다고 치부하기는 어려운 면이 있다. 문치주의란 기본적으로 무武를 홀대하고 문文을 우대한다는 의미라기보다는 문이 가지고 있는 사전적 의미인 질서, 제도, 시스템 등에 따라 다스린다는 뜻이다. 따라서 조선시대에 무를 홀대한 결과 이러한 인식이 나왔다고 볼 수는 없다. 오히려 강력한 군사력이 뒷받침되어 근대 국가를 건설하고 그 힘으로 조선을 병합한 일본의 조선에 대한 인식이 적잖이 반영되었다고 보는 것이 타당할 것이다. 군사국가적 성격을 띤 근대 일본의 시각에서 볼 때 약한 국력으로 인해 일본에 강제병합된 조선은 기본적으로 군사력이 전무하다시피 해 근대국가로의 전환이 어려운 것으로 인식되었다. 이에 따라 조선은 역사적으로 군사 전통도 없었던 것으로 여겨졌고, 이는 한국사를 정리하는 과정에서도 나타났다. 일제에 의해 정리되고 강요된 '한국에는 제대로 된 군사 전통이 부재했다'고 보는 역사 인식은 이후에도 우리의 인식에 깊이 뿌리내렸다.

　이처럼 굴절된 역사관은 한국전쟁과 그 이후 한국 현대사의 전개 과정에서 확대 재생산되었다. 한국전쟁 이후 이른바 국난극복 사적인 시각에서 우리 역사를 정리하는 성과가 적지 않게 나타났다. 전쟁을 외국 세력에 의한 국가적 위기, 즉 국난으로 인식하는 역사 인식은 항상 우리는 약하지만 정의롭고 평화적이라는 전제하에 상대는 강하며 부도덕하지만 호전적이라는 이미지를 만들어낸다. 이는 우리의 국력과 군사력이 매우 약한 것임을 전제로 하고 군사적인 능력에 대한 정당한 평가를 내리기 어렵게 한다. 자연스럽게 정상적인 국가의 위기관리 능력보다는 민중이나 민족 전체의 일치단결과 동원이 더 강조되기 마련이다. 국난극복사적인 역사 인식에서 임진왜란 시기 조선의 정규 관군의 작전이나 조정의 전쟁 지도에 대한 관심보다는 의병의 편성과 장렬한 항전에 더 높은 평가를 내리는 것은 당연하다. 그러나 실제 전쟁의 구체적 양상과는 부합하지 못하고 전쟁을 민족적, 정신사적, 윤리적 측면에서 바라보게 하는 문제점이 있다. 1970년대에 많이 제작되었던 이른바 민족기록화는 이러한 전쟁사 인식의 단면을 여실히 보여준다. 그렇다면 조선시대에 벌어진 전쟁과 전투의 모습은 과연 어떠했는지 살펴보자.

화약과 기병이 일궈낸 조선의 군사력

조선의 건국은 이성계에 의한 단순한 왕조 교체가 아니었다. 14세기 중반 이후 나타난 원명 교체라는 굉장히 유동적이었던 동아시아 국제질서 과정에서 이를 극복하던 이성계 등 신흥 무장 세력과 정도전 등 개혁적 성리학자에 의해 시도된 새로운 국내질서 재편의 하나였다. 당시 군사강국이었던 몽골의 잔여 세력인 북원北元 및 나하추 세력과 한인漢人 반란 세력인 홍건적의 군사적 침입 및 남방 왜구의 약탈, 신흥 제국인 명나라와의 갈등 등으로 인해 14세기 후반의 정세는 매우 심각한 상황으로 치달았다. 이를 극복하기

「일전해위도—箭解圍圖」, 『북관유적도첩』, 종이에 채색, 41.2×31.0cm, 17~18세기경, 고려대박물관. 신립 장군이 화살 한 발로 두만강변의 오랑캐를 소탕한 고사를 그린 것이다.

「장양공정토도」, 비단에 채색, 145.5×109.0cm, 17세기, 삼성미술관 리움.
함경북도 병마절도사 장양공 이일이 1588년 300여 채의 여진부락과 500여 명의 여진족을 토벌하는 장면이다.

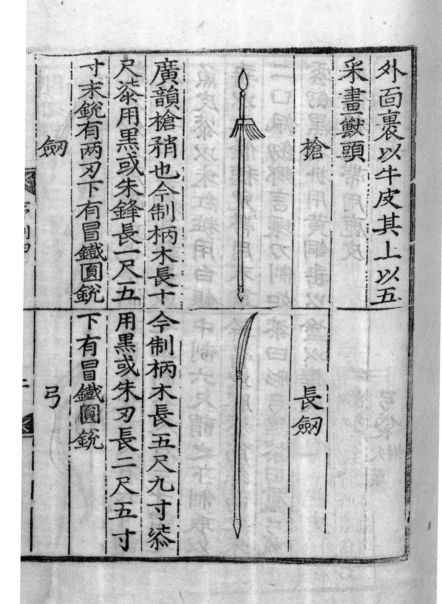

外面裹以牛皮其上以五
采畫獸頭

槍

長劍

廣韻槍𢾾也今制柄木長十今制柄木長五尺九寸柒
尺柒用黑或朱鋒長一尺五用黑或朱刃長二尺五寸
寸末銳有兩刃下有冒鐵圓銳下有冒鐵圓銳

劍

弓

『국조오례서례』에 그려진 창검, 규장각 한국학연구원.

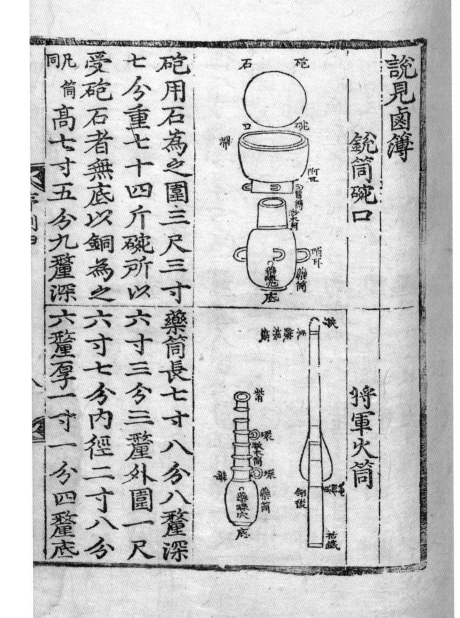

說見鹵簿

銳筒碗口

將軍火筒

砲用石爲之圍三尺三寸藥筒長七寸八分八釐深
七分重七十四斤碗所以六寸三分三釐外圍一尺
受砲石者無底以銅爲之六寸七分內徑二寸八分
凡筒高七寸五分九釐深六釐厚一寸一分四釐底
同

『국조오례서례』에 그려진 총통완구와 장군화통, 규장각한국학연구원.

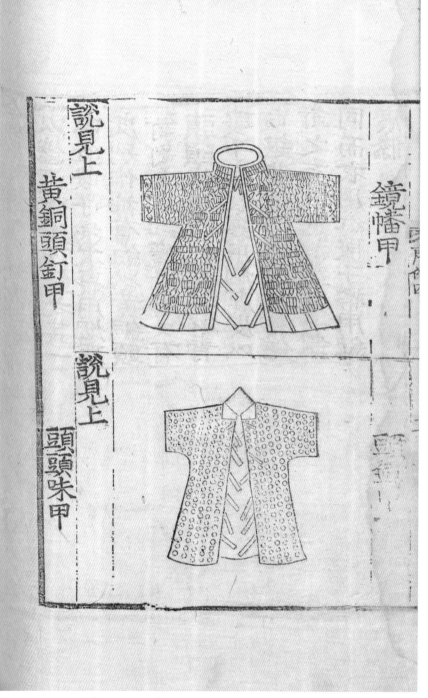

『국조오례서례』에 그려진 갑옷, 규장각한국학연구원.

위해 고려 말부터 방어 위주의 수세적인 군사전략만이 아닌 군사력을 적극적으로 운용하는 전략이 함께 짜였다. 고려 말 조선 초의 요동 정벌 시도나 세종대의 대마도 정벌 및 여진 토벌 등이 대표적인 사례다. 적극적인 군사전략은 조선의 군사력 강화를 발판으로 삼은 것이었다.

조선시대의 군사력은 여러 면에서 진보했는데, 먼저 무기 체계에 있어서 기존의 장거리 병기인 궁시에 더해 새롭게 화약무기가 도입되었다. 처음에는 화포 크기가 크고 무거우며 단발 사격만 가능해 야전에서 운용하는 데 어려움이 있었기에 해전이나 성곽에서 방어할 때만 사용했다. 그러던 중 세종대에 접어들어 화약무기가 개량되면서 가볍고 한 번에 여러 개의 화살을 쏠 수 있는 화약무기가 제작되어 야전에서도 널리 쓰였다. 화차火車를 이용한 신기전과 같은 화살의 대량 발사가 가능해진 것도 이 시기 화약무기가 개량된 덕분이다. 화약무기 기술의 진보로 인해 여진 기병의 일제 돌격을 보병인 화기수의 대량 사격으로 저지할 가능성이 더 높아졌다.

다음으로 전술적인 측면에서 우수한 기병을 대거 확보하고 기병 위주 전술을 채택한 것을 들 수 있다. 몽골 간섭기 이후 고려는 몽골의 영향으로 그 우수한 기병 무예와 전술을 익힐 기회를 얻었다. 아울러 고려 말 편입된 여진족 세력에게서도 뛰어난 기마술과 기병 무예를 배웠다. 조선 기병의 주요 전투 기술은 기본적으로 말을 달리며 활을 쏘는 이른바 기사騎射였고, 근접전을 치를 때는 마상에서 창을 사용해 적을 공격하는 기창騎槍 기술을 발휘했다. 새로운 화약무기를 들여오고 우수한 기병을 확보한 조선은 검술

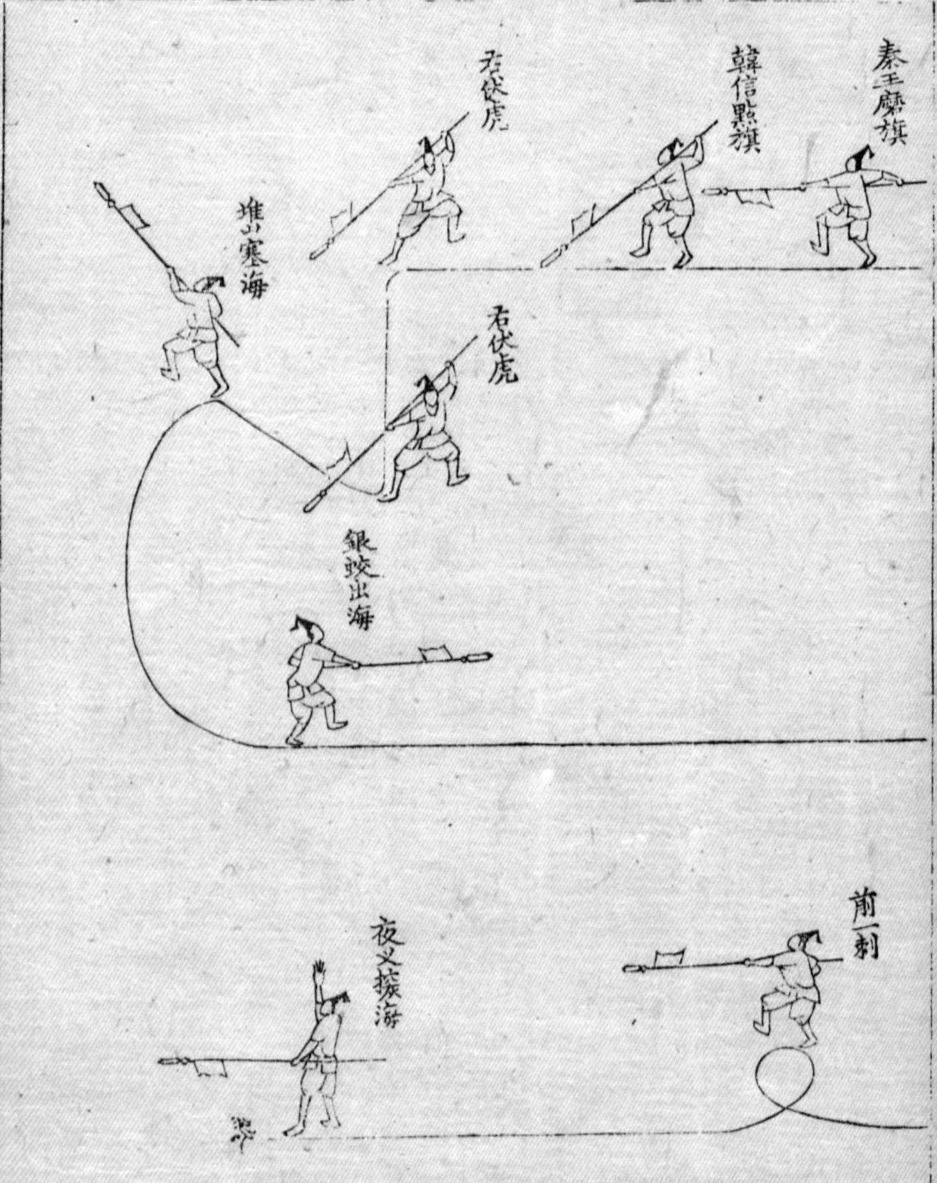

秦王廳旗

韓信點旗

老伏虎

堆山塞海

右伏虎

銀蛟出海

夜义挨海

前一刺

『무예도보통지』에 묘사된 기창총도, 규장각한국학연구원.

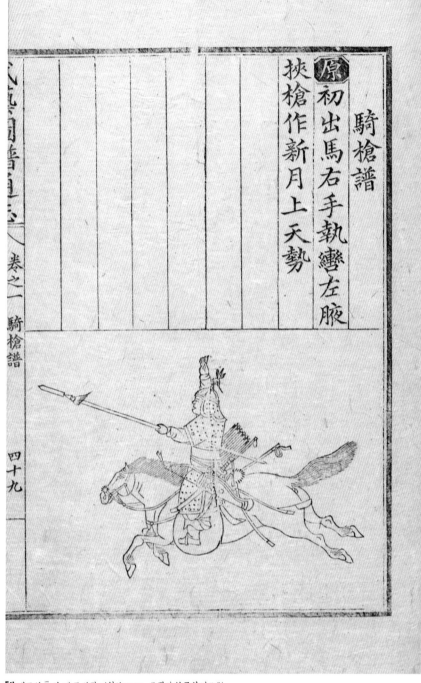

騎槍譜

原 初出馬右手執轡左腋
挾槍作新月上天勢

『무예도보통지』에 묘사된 기창보騎槍譜, 규장각한국학연구원.

등 근접전 무기短兵器 위주인 남방 왜구와 화약무기를 확보하지 못했던 북방의 여진족과 치른 전투에서 우위에 설 수 있었다. 실제 파저강(현재 이름은 훈장渾江 강) 유역의 이만주 휘하의 여진족 토벌전에서 1만5000여 명의 전체 조선군 중 기병이 1만에 달했을 뿐만 아니라 기병 위주인 여진족과의 전투에서도 우위를 점했다.

기병 중심의 전술과 기사와 기창을 위주로 한 무예가 채택되었지만 보병 역시 근접전에 필요한 전투용 무예를 갖춰야 할 필요성이 제기되었다. 조선 전기에는 기창 외에 특별한 근접전 무예가 발달하지 못했기에 상대 기병의 기습적인 돌격을 저지할 근접 무예의 필요성은 끊임없이 제기되었다. 이를 위해 진陣 외곽에서 방패를 들고 적 기병의 돌격을 저지하는 병종으로 방패군을 편성했다. 두 손으로 방패를 들고 적 기병의 돌격을 저지한 상태에서 낙마한 적 기병을 제압할 치명도 높은 무예로 택한 것이 손을 위주로 한 무예인 수박手搏이었다. 방패군은 수박 이외에 검술 훈련도 받았는데 이들의 검술 수준은 창을 든 갑사를 제압할 정도였다. 수박은 방패군 외에 보병 갑사인 이른바 보갑사步甲士 등도 널리 익혔다. 그러나 15세기 후반 들어 수박은 그 중요성이 약해졌다. 이는 15세기 여진족에 대한 석극적인 토벌 결과 그 세력이 약화되어 이들과 전투할 가능성이 줄어들었기 때문이다. 따라서 수박은 군사 무예로서 의미가 약화되고 민간에서 유희화하는 경향이 나타났다. 유희화 과정에서 기존의 손 기술을 중심으로 발 기술을 일부 접목했을 가능성이 없지 않다.

명의 절강병법을 익히고
최초의 무예서 『무예제보』를 편찬하다

16세기 말 일어난 동아시아 세계대전인 임진왜란은 동아시아 3국이 보유한 전술 체계의 우열이 여실히 드러난 전쟁이었다. 임진왜란 직전의 조선군 전술은 조선 초기의 기병과 장병長兵 위주 전술에 16세기 중반 개발된 개인 화기인 승자총통을 추가하는 정도의 변화가 있을 따름이었다. 다만 수전水戰에서는 16세기 중반 잦아진 왜구의 침입과 이들의 대형 함선에 효과적으로 대응하기 위해 천자총통 등 대형 화포를 제조·사용해 적지 않은 성과를 거두었다. 한편 일본은 전국시대를 거치면서 많은 전투를 경험함에 따라 새로운 전술 개발을 시도했다. 장창長槍과 궁시弓矢, 장검 등으로 무장한 대규모 보병을 집중 운용하는 전술과 함께 16세기 중엽에는 포르투갈 사람을 통해 신형 화승총인 조총鳥銃을 도입했다. 조총은 긴 총신과 방아쇠를 갖춰 사거리와 관통력이 우수했고 일제 사격이 가능했다. 특히 나가시노長篠 전투에서 오다 노부나가는 대규모 조총 부대를 집중 운용하고 부대를 세 제대로 나눠 차례로 사격하는 이른바 '삼단 제사전술三段 齊射戰術'을 도입해 다케다 가쓰요리의 기마 군단을 격파했다. 삼단 제사전술을 통해 조총의 약점인 느린 발사 속도를 연속 사격으로 보완할 수 있었기에 조총은 전투의 주요 무기 체계로 떠올랐다. 일본의 기존 장기인 검술 등 단병 전술에 더해 우수한 장병기인 조총을 장비함에 따라 조선군의 대표적 장병기인 궁시의 우위를 조총을 통해 상쇄함으로써 단병접전의 위력을 극대화할 수 있었다.

승자총통, 길이 75.5cm, 1592, 국립광주박물관.

천자총통, 길이 130.0cm, 보물 제647호, 국립중앙박물관.

조총, 길이 138.0cm, 국립중앙박물관.

「장소합전도병풍(長篠合戰圖屛風)」. 나가시노 전투를 그린 기록화 병풍.

임진왜란 초기 조선과 일본 두 나라 군대의 주력이 맞붙은 충주의 탄금대 전투는 당시 양국 군대의 실상과 전술 양상을 여실히 보여준다. 이 전투에서 조선군은 기병을 이용해 일본군을 반월형으로 포위하고 중앙으로 돌격하는 것을 시도했으나 일본군은 기만술과 조총의 연속 사격으로 조선 기병의 돌격을 저지하고, 멈칫하는 조선군에 대해 장검 부대의 돌격과 근접전 강요로 조선군을 대파했다. 가톨릭 신부 프로이스의 탄금대 전투에 대한 아래의 언급은 이러한 양상을 잘 보여준다.

> 고려군(조선군)도 전진戰陣을 정비하여 월형月型으로 진을 치고서 적이 소수인 것을 보고는 일본 군지軍地의 중앙을 습격하고 한 병사도 도망치지 못하게 포위하기 시작했다. (양군이) 접근했을 때 고려군의 예상은 빗나갔다. 일본군의 기치가 나부끼고 다수의 병사가 모습을 나타내며 고려군의 양단을 향해 포화를 퍼부었다. 고려군은 이에 견딜 수 없어 조금 후퇴했으나 곧 태세를 가다듬고 한두 차례 공격해왔다. 그러나 일본군은 계획적으로 진출하여 조총에 더해 대도大刀의 위력으로 흩어져 습격했기 때문에 고려군은 전장을 포기하고 앞을 다투어 달아났다.

임진왜란 초기 조선군은 일본군의 조총 연속 사격 전술에 크게 당황했지만 궁극적으로 전투의 승패를 결정지은 것은 근접전 능력의 차이였다. 조총을 들여오기 전까지는 기사를 중심으로 한 장병 전술로써 일본군을 제압할 수 있었으나 조총의 도입으로 조선의 전술적 우위는 무력화되고 일본군의 장기인 근접전 능력에 큰 피해를 입었다. 당시 조선군은 근접전 능력을 중시하지 않아 그 능력이 현저히 떨어졌다. 다음의 언급은 이러한 상황을 잘 드러낸다.

오직 우리나라는 해외海外에 치우쳐 있어 예로부터 전해오는 것이 다만 궁시 한 기예만 있고 칼과 창은 단지 그 기기器機만 있으며 도리어 그 익혀 쓰는 방법은 없다. 말 위에서 창을 쓰는 것은 비록 무과시험장에서는 쓰이지만 그 방도도 상세히 갖추어져 있지 않으므로 칼과 창이 버려진 무기가 된 지 오래되었다. 그러므로 왜군과 대진할 때 왜군이 갑자기 죽기를 각오하고 돌진하면 우리 군사는 비록 창을 잡고 칼을 차고 있더라도 칼은 칼집에서 뽑을 겨를이 없고 창은 겨뤄보지도 못하며 속수무책인 채로 적의 칼날에 꺾여버리니, 이는 모두 칼과 창을 익히는 방법이 전해지지 않았기 때문이다.(『무예제보』)

이러한 점을 해결하기 위해 조선은 새로운 전술과 무예를 필요로 했다. 임진왜란이 일어난 이듬해인 1593년 초 평양성 전투를 치르면서 명나라군의 새로운 전술이 일본군에 대해 큰 효력을 발휘한다는 것이 확인되었다. 당시 명나라군은 각종 화포 및 화전火箭의 대량 사격으로 일본군의 기세를 꺾고 이어 장창과 당파, 낭선, 방패 등 새로운 형태의 각종 단병기를 든 군사를 일제히 돌격시켜 일본군과 근접전을 벌였다. 명군의 이러한 새로운 전술은 16세기 중반 왜구 토벌에 큰 공을 세웠던 명나라 장수 척계광戚繼光이 개발한 것으로서 절강지역에서 처음 사용되었다고 하여 절강병법浙江兵法으로 알려졌다.

16세기 중반 명나라 남부 해안지역에 근거지를 두고 세력을 떨치

『기효신서紀效新書』, 26.0×17.0cm, 조선 후기, 수원화성박물관. 1560년 명나라 절강의 참
장이었던 척계광이 무기 제조법과 사용법, 훈련 방법과 진형, 신호법 등을 정리한 책이다.

던 왜구를 토벌하기 위해 척계광은 습지가 많은 중국 남방 지형을
고려하고 아울러 왜구의 우수한 근접전 능력을 제압하기 위한 전
술을 고안한다. 이를 위해 습지에 불리한 기병이 아닌 보병 중심 편
성에 다양한 경량 화기를 결합시켰다. 먼저 군사의 기본 편성 단위
를 '(원앙鴛鴦)대隊'로 하고, 한 대는 지휘자인 대장隊長과 취사병인
화병火兵 각 1인에 각종 단병기를 든 전투병인 등패수籐牌手, 낭선수
狼筅手, 당파수鐺鈀手 각 2인과 장창수長槍手 4인으로 구성했다. 앞
에 방패수와 대나무 가지를 꺾지 않은 긴 창인 낭선수를 두어 일본
군의 검술 공격을 저지하면 뒤에 있는 장창수와 당파수 등이 일본
군을 공격하도록 했다. 또한 가볍고 간편한 호준포虎蹲砲 및 개인

소총인 조총을 편성하고 다량의 화전火箭을 장비하게 해 기동력과 화력을 확보함으로써 일본군을 효과적으로 제압할 수 있었다.

조선은 명군의 절강병법을 전면적으로 채택해 일본군에 대응하기로 했다. 이에 이 전술을 익히고 운용할 새로운 군영으로 훈련도감을 설치했다. 훈련도감은 조총을 다루는 포수砲手, 궁시를 다루는 사수射手, 그리고 절강병법에서 채택한 각종 근접전 전문 군사인 살수殺手의 세 병종인 이른바 삼수병三手兵으로 군사를 편성했다. 이를 계기로 조선의 전술 체계는 기병 중심에서 보병 중심으로의 근본적인 변화를 겪는다. 조선은 이 절강병법을 채택하는 데 있어 명나라의 전문 교관인 교사敎師로부터 무예를 익혔다. 그리고 이 무예를 널리 보급하기 위해 한국 역사상 최초의 무예서인 『무예제보武藝諸譜』를 편찬했다.

『무예제보』는 1598년(선조 31) 10월 훈련도감 낭청인 한교韓嶠가 왕명으로 편찬한 무예서로 절강병법에 반드시 필요하고 당시 시급한 단병 무예인 곤棍·장쟁長鎗·당파鐺鈀·낭선狼筅·등패籐牌·장도長刀 등 6종의 무예에 대해 각각 도圖와 보譜를 함께 수록하고 각 보 뒤에는 총도總圖를 실어 그 무예를 종합적으로 익히도록 한 것이다. 이 책의 편찬·보급을 계기로 조선의 군사체제는 조선 전기와는 완전히 다른 차원으로 변모했다.

庖衛入番音代怎爲頻數小無休息今此軍
藉之後兵曹軍數稍優各處分遣之外尙多
留衛之軍自今以後傳語軍以兵曹軍士依
舊創定安遠都監哨軍一切勿多之意捧承
傳施行何如

啓曰即刻水口門把守砲手金吳男未告內
門外把守定送砲手鄭守伐晛嶺捕捉賊
徒二名結縛來到門外云而且於更量五衛

將李連招未到臣慶曰選賊李友朋乃吾外
四守而許逆姝子世友特未見吾問於友朋曰
日即祖吳彼宿何事而不爲行祭上來手友朋
答曰通迸以來接高陽云靴授怩迫故上來矣
即爲起去觀其辭色舉措遑々吾心知其殊
常矣即書吾奴未言夕將踰埴友朋問曰如此
日暮特往何慶乎友朋答曰吾往淸凉欲宿
云所謂淸凉友朋六寸豪姝所居之地吾親
往授得云目給捕盜軍官二人　庖衛軍官五

依啓
戊辰八月初三日備邊司闌内節　啓下教
戶曹判書沈悅剳子内節該都監砲殺手
之料晛弱之外或給九斗或給十二斗或給
十三斗而其中老病無用者居多各遇無
給開春之後歲入頗減簿蕩則雖欲催
給勢不淂與其多減於一時莫如少々額減俾
無掉之患可也九斗以上受料者姑減一斗明

兩麥歲熟後還爲後蘆在甚老殘之率亦
爲淸汰實合事宜事　啓目粘連
啓下是自有亦都監砲殺手晛弱之外食十二斗
苟者姑減一斗待朋年兩麥歲熟後還給原
料其中尤甚老殘淸汰之說甚爲淂宜今都
監　稟奪施行何如崇禎元年七月二十九日右副
承旨洪湜等亦啓依允國家僑仗此輩造將
數十載洪湜等亦料資生之用歲凶一朝驅
黜則彼數十年爲國奔走之徒皆未免餓死

『훈국등록』, 32.9×24.6cm, 1881, 장서각. 1628년부터 훈련도감이 혁파되는 1881년까지 훈련도감에서 담당했던 업무와 관련 사항을 기록한 것이다. 숙위를 비롯한 모든 군사활동, 호궤 및 각종 시사試射, 인사 및 재정 관련, 군기 제조와 군인들의 생활상이 담겨 있다.

조선 후기, 기병의 강화와 함께
보병의 근접전 능력을 키우다

16세기 후반 명나라의 주변 지역에 대한 통제력이 느슨해지면서 변방에서 새로이 세력을 키운 집단들이 등장하기 시작했다. 가장 대표적인 인물이 남만주 지역인 건주여진의 누르하치였다. 그는 명나라의 요동지역 군벌이었던 이성량의 후원으로 여진과 명사이의 무역을 독점하면서 세력을 더욱 키워나갔다. 이에 따라 임진왜란 직전에는 건주 5부를 모두 통합하고 소자하에서 파저강 일대에 이르는 영역을 확보해 국가로서의 면모를 갖춰갔다. 임진왜란 초기 명나라 군의 요동지역 증강과 조선 파병으로 누르하치의 팽창은 한때 움츠러들었으나 전쟁이 끝난 직후부터 군사활동을 재개해 1610년경에는 예허부를 제외한 만주의 모든 여진 부족을 통일했다. 이어서 명나라의 요동지역 외곽 거점을 공격해 함락시켰다. 누르하치의 건주여진 세력은 이제 명나라와 조선을 직접 겨누는 위협적인 존재가 되었다. 누르하치는 1616년 8월에 국호를 대금大金, 즉 후금後金으로 정하고 명나라에 대한 전면적인 공세를 취했다.

명나라는 후금에 맞서고자 조선과 연합으로 공격할 것을 고려했다. 조선도 후금에 대한 공세적 전략을 염두에 두면서 야전에서 여진 기병에 대응할 전술을 세울 필요성이 제기되었다. 이를 위해 여진 기병을 저지하기에 적합한 포수의 비중을 높이고 아울러 발사 속도가 빠른 궁시를 보조적으로 운용하는 전술을 고려했다. 대 기병 전술이 필요한 상황에서 조선에 새로운 기병 대응 전술 체계가 알려졌다. 대표적인 것이 척계광의 또다른 병서인 『연병실기』의 전술이었다. 『연병실기』는 북방의 기병에 대항하고자 전차 중심으로 보병과 기병을 동시에 활용하는 전술을 싣고 있었다. 보병은 이전 살수 중심의 대隊에 조총수 2명과 장병쾌창수 2명을 함께 편성해 화력을 강화했다.

당시 조선은 전차 제작을 시도하면서 동시에 『연병실기』의 전술을 바탕으로 조선에 맞는 대 기병 전술을 고안했는데, 가장 대표적인 것이 한교가 편찬한 『연병지남練兵指南』이었다. 『연병지남』에서는 총수와 함께 살수, 궁수로 각각 별도로 대를 편성했다. 『연병실기』와 달리 전차병인 거병車兵을 따로 편성하지 않고 총수가 그 역할을 겸하도록 했다. 살수대에는 이전에 없던 도곤수刀棍手가 편성되어 있었는데, 도곤수는 협도곤夾刀棍을 장비하고 있는 군사로 협도곤은 기병에 대항하기 위한 창의 일종이었다. 『연병지남』의 전술 체계는 적군이 100보에 도달하면 조총과 쾌창(혹은 승자총통)→화전, 대포(호준포, 불랑기)→궁시 순으로 발사한 뒤 전차를 중심으로 적 기병의 돌격을 여러 단병기를 든 보병들이 협동으로 저지하는 것이었다. 이어서 후진에 있던 마병이 좌우에서 적군의 측면을 공격하도록 했다.

『연병지남』과 같은 대 기병 전술을 위해서는 기병에 필요한 무예와 함께 기병의 돌격을 저지하는 보병의 근접전 무기와 무예가 뒤따라야 했다. 즉 『무예제보』의 내용을 보완할 새로운 무예서가 필요했던 것이다. 광해군대 초반에 편찬된 『무예제보번역속집武藝諸譜飜譯續集』에서는 『무예제보』와 달리 도곤수의 무기인 협도곤과 마병대馬兵隊에서 사용되는 편곤鞭棍, 쌍도雙刀, 구창鉤鎗, 언월도偃

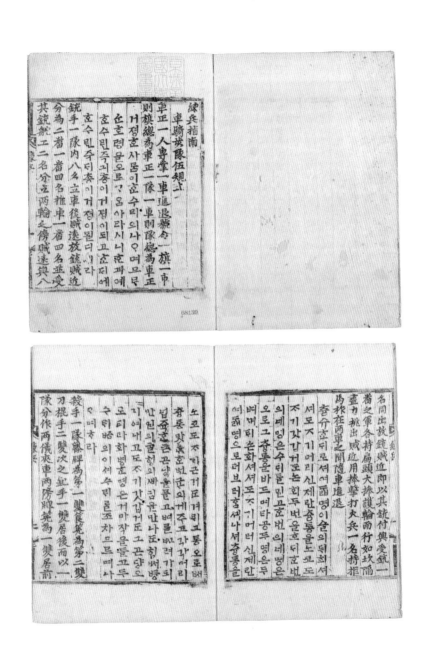

『연병지남』, 규장각한국학연구원

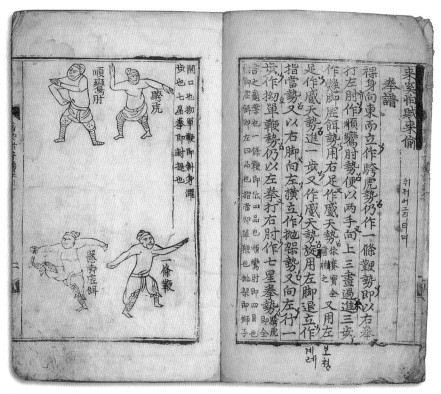

『무예제보번역속집』, 30.0×19.3cm, 1610, 국립중앙박물관. 1598년 편찬된『무예제보』에서 빠진 권법, 왜검, 구창 등의 무예를 수록한 무예서다.

月刀 등의 무예를 수록해 여진의 기병에 대항하도록 했다. 그러나
『연병지남』의 전술 체계는 조선에 널리 보급되지 못했고, 기존의
조총병 위주의 편성과 사수의 보조, 소수 살수의 전방 엄호를 기
본으로 하는 조선군의 편성과 전술이 유지되었다. 이러한 체제로
후금 기병의 일제 돌격을 저지하기 어렵다는 점은 조선군의 요동
파병 전투였던 후금과의 심하 전투에서의 패전으로 여지없이 드러
났다.

심하 전투에서 패한 뒤 조선은 기존의 절강병법 전술에 더해 후
금의 기병에 대응하고자 기병을 길러내 보병과 함께 운용하는 방

향으로 전술과 군사제도를 바꿔나갔다. 아울러 보병의 근접전 능력을 향상시키고 포수의 내실화를 다졌다. 다만 발사 속도가 느린 포수를 보완하기 위해 적정 규모의 사수를 계속 유지했다. 병자호란 직전에는 포수를 중심으로 사수와 살수, 그리고 마병을 균형 있게 편성하고 운용하는 전술이 나타나기도 했다. 병자호란을 계기로 청 기병의 돌격을 저지하는 데에는 궁시보다 조총이 훨씬 더 효과적임이 입증되면서 보병은 포수 위주로 군사 편제가 바뀌어 사수의 비중이 줄어들었다. 기병은 그 중요성이 계속 제기되었는데, 이는 당시 조총의 발사 속도 등의 한계로 기병의 일제 돌격을 완전히 저지할 수 있는 수준이 아니었기 때문이다. 기병은 적의 총탄을 무릅쓰고 적진에 들어가 근접전을 수행해야만 했다. 이에 조선 후기 무예에서도 다소 변화가 나타났다.

먼저 기병을 강화함과 동시에 기병에게 필요한 다양한 전술과 무예가 제시되었다. 이에 기병의 진법인 학익진鶴翼陣, 봉둔진蜂屯陣 등의 훈련이 중시되고 아울러 기병의 실전 무예로서 마상편곤馬上鞭棍을 이용해 밀집한 적 대열에 돌입해 적군을 격파하고 포위하는 전술과 무예를 개발해야만 했다. 다음의 언급은 조선 후기 주요 기병 부대인 용호영 군사들의 전투 모습을 잘 보여준다.

작전할 때 적병이 100보 밖에 있으면 각 병사가 말에 타고 신호포를 울리면 일우기一羽旗, 이우기二羽旗를 세우고 천천히 북을 울리며 깃발을 흔든다. 그러면 후층後層(의 군사들)이 전층前層의 (군사) 앞으로 나와 일자로 늘어선다. 적병이 100보 안으로 들어오면 명령에 따라 궁사를 일제히 쏘고, 적병이 50보 안으로 들어오면 북을 빠르게 울리고

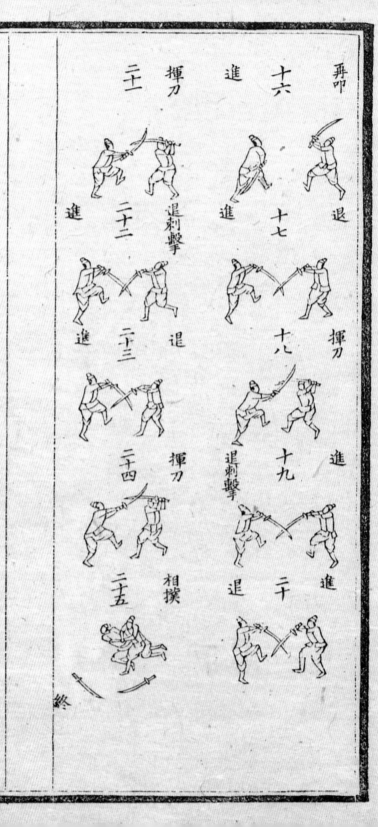

再叩

退　十六　進　揮刀　二十一

進　十七

揮刀　進　退刺擊手　進　二十二

十八

退　二十三　退　揮刀　二十四

退刺擊手　十九

進　二十　退

相撲　二十五

終

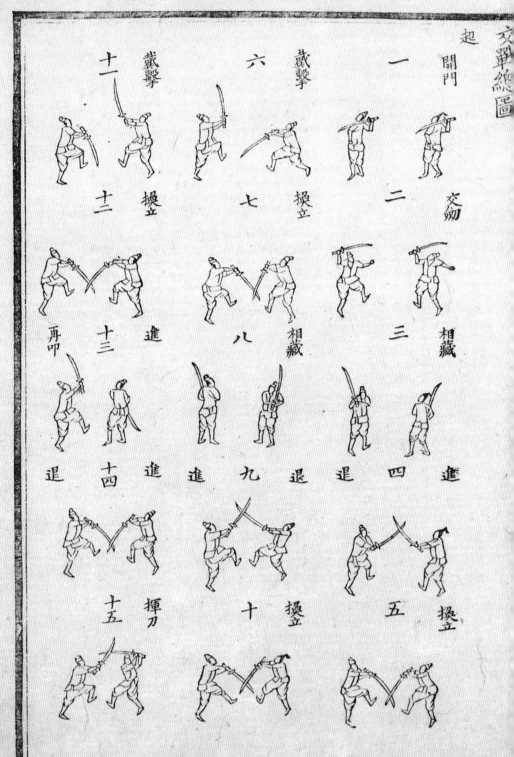

『무예도보통지』에 묘사된 교전총도, 규장각한국학연구원.

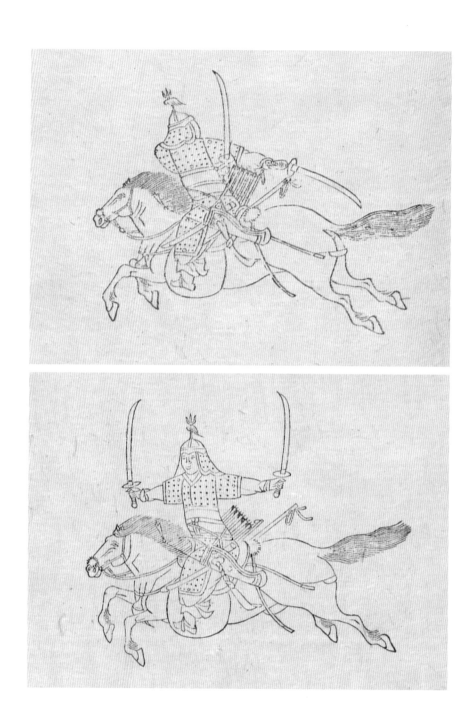

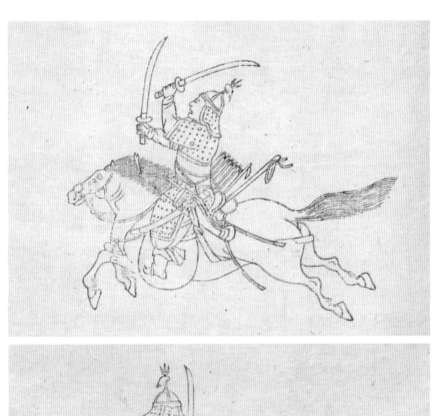

『무예도보통지』에 묘사된 마상쌍검보 장면, 규장각한국학연구원.

『(어정)병학통』에 묘사된 양층살수구출오전도, 규장각한국학연구원.

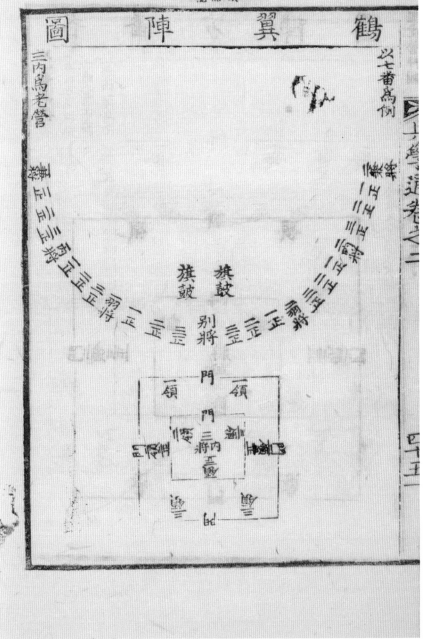

『(어정)병학통』에 묘사된 학익진도, 규장각한국학연구원.

천아성天鵝聲을 분다. 그러면 편곤鞭棍을 뽑아들고 함성을 지르며 적을 추격한다.(『병학통』)

여기서 볼 수 있듯이 기병은 적군이 접근하면 궁시 사격 이후 일제히 돌격해 편곤으로 공격하도록 했다. 18세기 후반인 정조대에 기존의 보병 무예 18종을 정리한 『무예신보』에 기병의 무예 여섯 종류를 더해 『무예도보통지武藝圖譜通志』를 간행한 것은 이러한 전술의 양상을 잘 보여준다. 한편 조선군의 보병 편성이 기존의 궁시 위주에서 조총 위주로 개편됨에 따라 조총병의 근접전 능력을 위해 검술 등의 무예가 갖춰져야 했다. 『무예도보통지』의 보병 무예 18종 중 검술에 관련된 내용이 12종에 달하는 것은 이러한 시대 요구를 잘 보여준다. 기병과 조총병을 늘리는 것 외에도 야전용으로 다양한 형태의 전차戰車, 화차火車 등이 제작·운용되었고 기병, 보병, 전차를 통합해 운용하는 새로운 전술로 발전하기도 했다.

조선왕조 500년 역사를 지탱시킨 군사력

조선 후기 청나라의 침입에 대비하고자 다양한 전술이 개발되었고 18세기 중후반에는 매우 다채로운 양상을 띠기도 했다. 실제 이 시기 개발된 전술은 19세기 초 대규모 내란이었던 홍경래의 난에서 반란군을 저지하는 데 커다란 역할을 하기도 했다. 그러나 조선의 전술과 무예는 19세기 해양으로부터의 대규모 군함을 이용한 서양 세력 진출에 맞서기에는 어려움이 있었다. 해안 방어를 위한 논의는 기본적으로 대형 화포와 요새 구축의 문제가 주요 내용이었고 야전에서의 전술 운용은 중요성이 덜했다. 따라서 조선 후기의 여러 전술 논의는 발전적으로 계승되지 못했다.

그렇더라도 조선은 왕조 성립 직후부터 크고 작은 전쟁을 200여 년 동안 겪어왔고 그 과정에서 다양한 전술과 무예를 발전시켜왔다. 임진왜란과 병자호란이라는 대규모 전쟁을 겪었음에도 불구하고 독립된 왕조를 유지할 수 있었던 것은 기본적으로 적정 규모의 군사력을 확보해 이를 적극적으로 운용한 결과다. '군대 없는 나라'라는 부정적인 이해는 사실에 들어맞지 않을뿐더러 군사력에 바탕을 둔 근대 제국주의 국가인 일본의 식민지배 논리만 강화시킬 따름이다. 아울러 현재 우리가 직면한 문제를 해결하는 데 있어 역사 속에서 그 교훈을 얻는 데에도 아무런 기여를 하지 못할 것이다.

3장

"우매한 백성과 시골 아낙까지 깊이 감화시켜라"

◉

『삼강행실도』에 그려진 충·효·열

이영경

"그림과 시로써 타고난 착한 마음을 감발시키라"

　조선이 건국되고 30년 남짓 지난 1428년(세종 10), 서서히 유교 국가로서의 기틀을 다져나가던 조선 사회를 큰 충격에 빠뜨린 일이 발생했다. 진주에 사는 김화金禾라는 자가 그 아버지를 살해하는 패륜 사건이 조정에 보고된 것이다. 이 일은 효를 근간으로 하는 유교사회를 지향하던 조선으로서는 간단히 지나칠 수 없는 심각한 윤리 파탄이었다. 이에 세종을 비롯한 관료들은 유교 질서와 가치관을 시급히 정착시킬 수 있는 방안을 마련하는 데 부심했고, 결국『효행록』과 같이 널리 효행을 알릴 수 있는 책을 제작해 백성이 항상 읽고 외우게 하자는 것으로 의견이 모아졌다. 그 결과 세종의 명을 받은 직제학直提學 설순偰循 등이 1434(세종 16) 펴낸 책이『삼강행실도三綱行實圖』다.

　『삼강행실도』는 삼강三綱의 절행이 뛰어난 인물들의 행적을 그림과 함께 수록한 책이다. 삼강은 유교 윤리에서 기본이 되는 세 가지 강령인 군위신강君爲臣綱, 부위자강父爲子綱, 부위부강夫爲婦綱을

『삼강행실도』, 1434,
규장각한국학연구원.

이르는 말로 임금과 신하, 부모와 자식, 남편과 아내 사이에 마땅히 지켜야 할 도리를 뜻한다. 이는 곧 충忠·효孝·열烈을 가리킴이니 『삼강행실도』는 말하자면 뛰어난 충신, 효자, 열녀의 이야기를 책으로 펴낸 것이다. 중국과 우리나라 역대 사적에서 효자, 충신, 열녀 각 110명을 가려 그 행실을 그림과 글로 엮어 3권3책으로 간행한 이 책은 삼강의 실천 사례를 통해 백성에게 유교 윤리를 보급해 유교사회를 구현할 목적으로 탄생된 조선 최초의 본격적 대민對民 교화서였다.

이 책은 삼강의 각 사례에 대해 전면에 그림, 후면에 한문 설명과 시詩·찬讚을 실은 전도후설前圖後說 체재로 편찬되었다. 책 제목임에도 '삼강행실도'라는 특이한 이름을 붙인 것은 그림을 앞세운 이러한 체재 때문이다. 그림이 들어간 첫 번째 이유는 말할 것도

『삼강행실도』 「충신도」의 첫 장("용봉간사龍逢諫死") 앞면, 1434, 규장각한국학연구원.

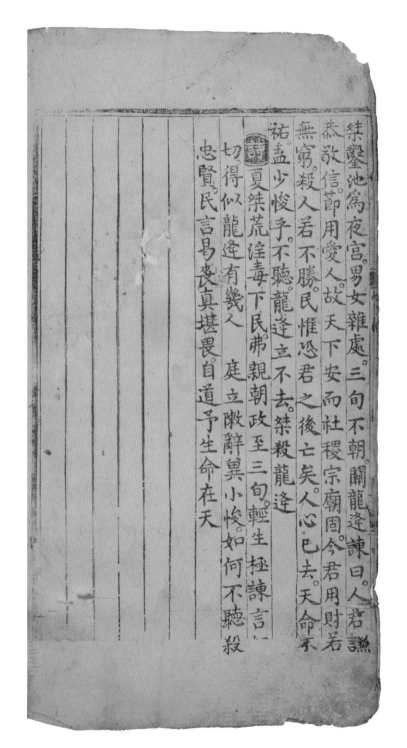

桀鑿池爲夜宮。男女雜處。三旬不朝。關龍逢諫曰。人君謙
恭敬信節用愛人。故天下安而社稷宗廟固。今君用財若
無窮。殺人若不勝民惟恐君之後亡矣。人心已去。天命不
祐。盍少悛乎。不聽。龍逢立不去。桀殺龍逢

夏桀荒淫毒下民弗親朝政至三旬輕生極諫言
切得似龍逢有幾人　庭立欺辭異小悛如何不聽殺
忠賢民言弓矢衣真堪畏自道予生命在天

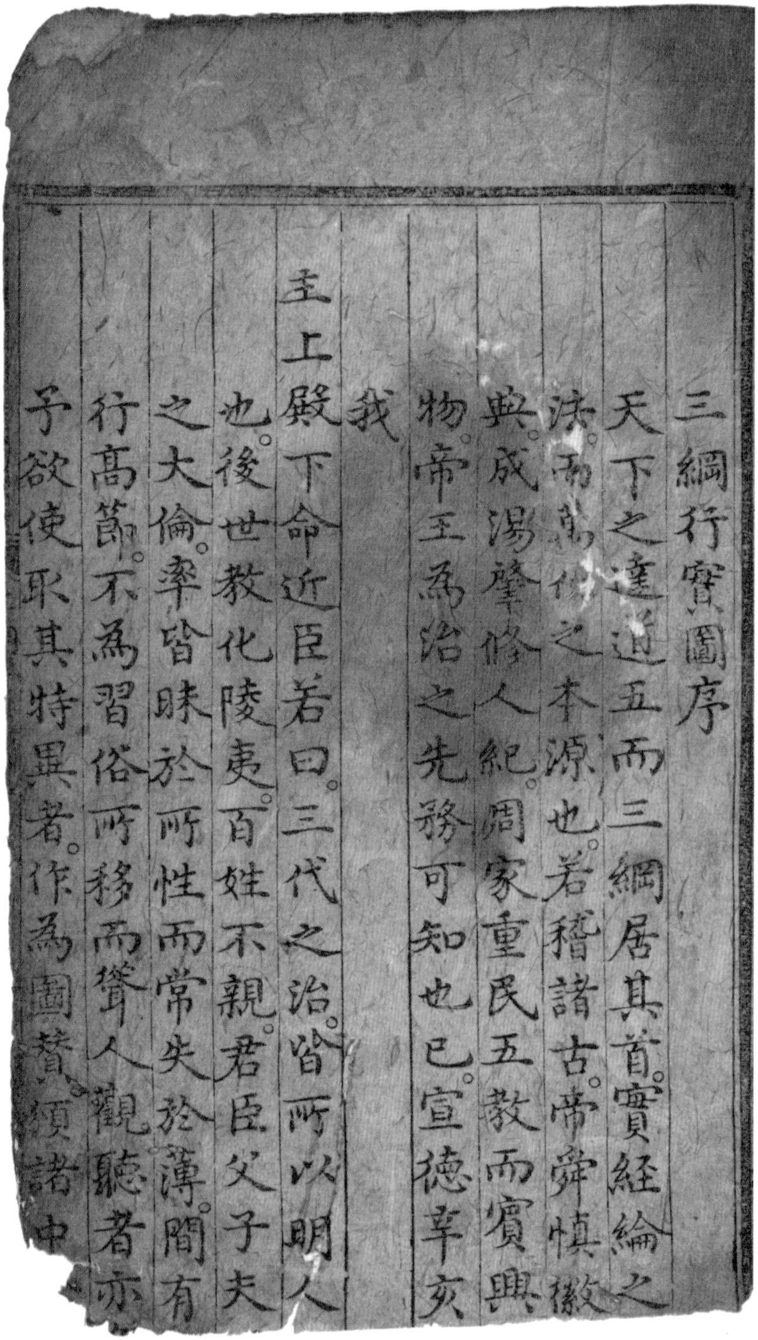
三綱行實圖序
天下之達道五而三綱居其首實經綸之
法而萬化之本源也若稽古帝舜愼徽
典成湯肇修人紀周家重民五教而賓興
物帝王爲治之先務可知也已宣德辛亥
我
主上殿下命近臣若曰三代之治皆所以明人
也後世教化陵夷百姓不親君臣父子夫
之大倫率皆昧於所性而常失於薄間有
行高節不爲習俗所移而聳人觀聽者亦
予欲使取其特異者作爲圖贊俾諸中

『삼강행실도』에 실린 서문, 1434, 규장각한국학연구원.

없이 문맹의 백성을 위한 방편이었다. 어리석은 백성이 쉽게 이해하지 못할까 염려되어 도형을 그려 붙여 거리의 아이와 시골 아낙네까지도 쉽게 알 수 있게 했다는 「삼강행실 반포 교지」의 언급이 이를 잘 드러낸다.

그러나 이 책에서 그림의 역할은 단지 문자를 모르는 이들에게 시각적인 설명을 하는 데 그치지 않는다. 권채가 쓴 『삼강행실도』 서문에 다음과 같은 내용이 있다.

> 이 글을 만들어 민간에 널리 보급해서 어질거나 어리석거나 귀하거나 천하거나 어린아이거나 부녀이거나 모두 즐겁게 보고 익히 듣게 하시니, 그 그림을 펴보아 형용形容을 생각하며 그 시를 읊어서 성정性情을 체득하면, 모두 흠선欽羨하고 감탄하며 권장되고 격려되지 않음이 없어서, 그 다 같이 타고난 착한 마음이 감발되어 직분의 마땅히 해야 할 것을 다할 것입니다.

즉 내용을 형상화한 그림을 통해 구체적인 상황을 떠올리고 체험하게 함으로써 독자들이 감동과 감화를 받아 교화에 이르게 한다는 것이다. 실제로 열녀 이야기 중에 원元나라의 '동씨童氏'라는 여인이 집에 침입해 자신을 욕보이려는 군사들에 저항하다가 왼팔, 오른팔이 차례로 잘린 끝에 결국 낯가죽이 벗겨져 죽었다는 이야기가 있는데, 그 그림에는 효부 동씨가 평소 시어머니를 봉양하는 장면, 시어머니를 보호하며 저항하다가 팔이 잘리는 장면, 그리고 군사들이 동씨의 낯가죽을 벗기는 장면이 화면 아래에서부터 차례로 형상화되어 있다. 단지 이야기로 읽거나 듣는 것보다

『삼강행실도』에 실린 열녀 '동씨' 이야기, 16세기 후반 언해본 중간본, 규장각한국학연구원.
동씨가 시어머니를 봉양하는 장면, 군사에게 저항하다가 팔이 잘리는 장면, 낯가죽이 벗겨지는 장면이 차례로 그려져 있다.

『삼강행실도』에 실린 신라의 충신 '박제상'의 충렬도, 1434, 규장각한국학연구원.

가장 극적인 장면을 생생히 눈으로 접하게 한다면 훨씬 더 강한 전달력을 지니면서 기억에도 깊이 각인됨은 말할 필요도 없다. 이 책에서 그림은 내용 이해를 넘어 독자의 감성에 호소함으로써 교화의 효과를 배가시키는 핵심 역할을 하는 것이었다.

이렇듯 『삼강행실도』 그림은 일반 감상용과 달리 교육 목적으로 제작되었기에 독특한 면모를 보인다. 이야기를 형상화해서 내용을 이해시켜야 하므로 하나의 이야기를 몇 개의 장면으로 나눠 시간 순서에 따라 배치하는 방식을 취했다. 시간을 달리하는 연속적인 장면들이 한 화면에 그려진다고 하여 이를 '다원적 구성 방식'이라고도 하는데, 장면들은 이야기의 핵심적인 대목들을 담고 있으며 적게는 하나에서 많게는 아홉 개 정도로 구성되고 건물이나 산수, 구름 등으로 구획된다. 이러한 구성 방식으로 인해 『삼강행실도』의 그림은 동일 장소나 인물이 반복적으로 표현되는 특징을 띤다. 또한 극단적인 상황을 대비시키거나 정려旌閭와 하사품을 부각시키는 등 교화의 효과를 높이기 위한 장면 구성도 특징이다. 이처럼 화면 구성은 독특하지만 가옥·묘제墓制·복식 등의 세부 묘사는 매우 사실적이며 중국과 한국적 요소가 잘 변별되어 있어 당시 생활상도 엿볼 수 있다.

불사이군의 충절로 나라 기강을 다지다

그렇다면 『삼강행실도』에 나타난 충·효·열은 어떤 것일까? 우선 이 책에 수록된 충은 동서고금의 역사에서 흔히 볼 수 있는 충신들의 모습과 크게 다르지 않다. 국가나 왕을 위해 자신의 모든 것을 바치고 목숨까지 기꺼이 내던지는 충신의 모습 그대로다. 다만 당시는 아직 조선이라는 새 왕조의 기반이 확고히 다져지지 않은 때였으므로 무엇보다 왕실에 충성을 다할 관료가 절실히 필요했던바, 영토를 넓히거나 제도를 정비하는 등의 국가에 대한 기여보다는 왕이나 왕실에 대한 불사이군不事二君의 충절이 이 책에서 좀 더 중시되고 있다. 실정을 일삼는 왕에게 간하다가 죽은 간신諫臣의 이야기는 여러 편 실려 있지만 그런 왕을 갈아치운 공신의 이야기는 없다. 살이 벗겨지고 톱질을 당하고 처자식이 눈앞에서 죽어가도 절의를 꺾지 않은 충신들, 나아가 불사이군을 위해 스스로 처자식을 데리고 의연히 죽음을 맞은 충신들의 이야기를 통해 세종과 책의 편찬자들은 새 왕실에 대한 충성을 종용하고 이를 기반으로 관료질서를 다지고자 기대한 듯하다.

충신의 이야기가 그리 특별할 것이 없는 데 비해 『삼강행실도』속 효자와 열녀 이야기는 신기하고 놀라운 내용으로 가득 차 있다. 전통시대에 효자와 열녀가 되기 위해서는 과연 어떤 일을 해야했을까?

부모를 위해 자신의 허벅지를 베고 자식까지 버리다

『삼강행실도』는 존속 살해사건을 계기로 편찬된 만큼 효를 제일 강조했고 이 때문에 3권 중 「효자도」를 제1권에 배치했다. 『삼강행실도』에 수록된 효의 형태는 다양하지만 한결같이 지금으로서는 상상도 하기 어려운 강도 높은 효의 모습을 보여준다. 『삼강행실도』의 효는 흔히 말하는 '지극함'과 '극진함'을 넘어 이른바 "무조건적이고 맹목적인" 경지로까지 나아간다. 자신을 구박하는 계모에 대해서도 극진히 효를 행하는 효자들의 이야기는 친부모가 아니어도, 나아가 자신을 사랑하지 않아도 자식은 이를 빌미삼아 불효해서는 안 된다는 무조건적인 효심의 단적인 예다. 여기에 현실적으로 불가능하거나 엄청난 희생을 요구하는 일을 거리낌 없이 행동으로 옮기는 맹목적인 효가 더해진다.

그러한 것은 몇 가지 전형적인 유형으로 나타난다. 첫째는 효를 행하고자 현실적으로 불가능한 일을 시도하는 것이다. 계절에 맞지 않는 식물이나 과일을 구하고 한겨울 얼어버린 강에서 물고기를 잡는 것이 그런 예다. 자신을 핍박하는 계모를 봉양하고자 꽁꽁 언 강에서 옷을 벗고 물고기를 잡으려 하니 얼음이 저절로 갈라지며 잉어 두 마리가 튀어올랐다는 진晉나라 왕상王祥의 이야기나, 한겨울에 병든 노모를 위해 죽순을 구하다가 뜻을 이루지 못해 대숲에서 슬피 우니 눈 덮인 땅 위로 죽순 두어 줄기가 솟아났다는 오吳나라 맹종孟宗의 이야기 등은 특히 널리 알려져, 이들은 조선 후기에 효자의 전형으로 자리잡기도 한다.

둘째는 효를 행하고자 자기 몸을 희생하는 것이다. 부모를 위해 고통스러운 일을 감수하거나 자기 신체를 훼손하는 행위, 나아가 몸을 팔거나 형벌을 대신 받고 급기야 목숨까지 버리는 행위를 보여준다. 어린 나이에도 자신을 무는 모기가 부모에게 갈까 염려해 늘 쫓지 않고 그냥 두었다는 진晉나라 오맹吳猛이나, 병든 아버지를 위해 벼슬을 버리고 그 똥까지 맛보면서(상분嘗糞) 극진히 간병한

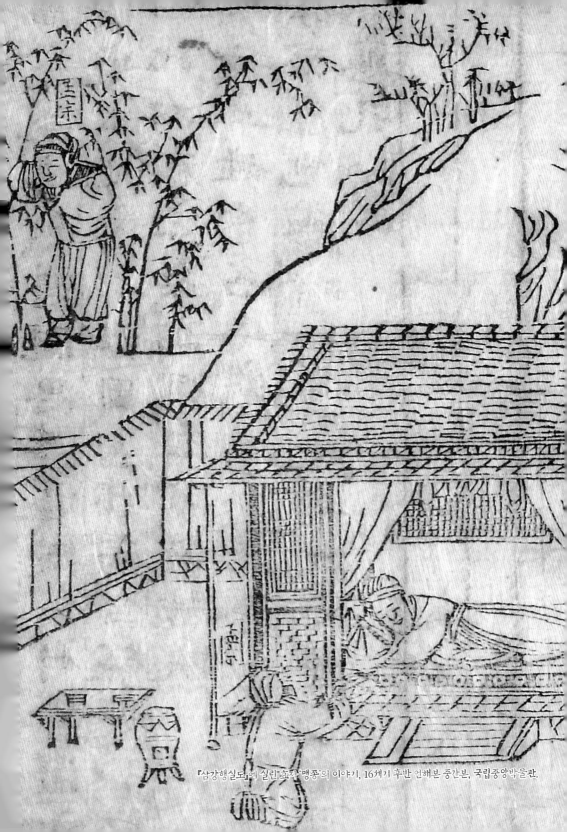

『삼강행실도』에 실린 효자 '맹종'의 이야기, 16세기 후반 언해본 중간본, 국립중앙박물관.

『삼강행실도』에 실린 효자 석진 이야기, 18세기 초반 언해본 중간본, 규장각한국학연구원.

제齊나라 검루黔婁의 행위는 비교적 가벼운 자기희생에 속한다. 『삼강행실도』의 효자들은 부모를 위해서라면 엄청난 고통이 뒤따르는 무시무시한 자해 행위도 서슴지 않는다.

유석진兪石珍은 고산현高山縣의 아전이다. 아버지 유천을兪天乙이 악한 병을 얻어 매일 한 번씩 발작하고, 발작하면 기절하여 사람들이 차마 볼 수 없었다. 유석진이 게을리하지 않고 밤낮으로 곁에서 모시면서 하늘을 부르며 울었다. 널리 의약醫藥을 구하는데, 사람들이 말하기를 "산 사람의 뼈를 피에 타서 마시면 나을 수 있다" 하므로, 유석진이 곧 왼손의 무명지無名指를 잘라서 그 말대로 하여 바쳤더니, 그 병이 곧 나았다.("석진단지石珍斷指", 조선)

산원散員 동정同正 위초尉貂는 그 아버지 위영성尉永成이 악한 병을 앓았는데, 의원이 이르기를 "아들의 고기를 쓰면 고칠 수 있다" 하니, 위초가 곧 자기 다리의 살을 베어 만두속에 넣어 먹였다. 임금이 이 사실을 듣고 재상宰相 문준文俊 등에게 명하여 그 포상을 의논케 하니, 문준 등이 아뢰기를 "당唐나라 안풍현安豊縣의 백성 이흥李興은 그 아비가 악한 병에 걸렸을 때 이흥이 스스로 다리의 살을 베어 다른 것으로 속여서 먹였는데, 자사刺史가 이 일을 아뢰어 그 마을 어귀의 문에 정표旌表했습니다. 이제 위초는 본디 거란의 추한 종족이고 글도 모르는데, 능히 그 몸을 아끼지 않고 효성을 다했으니, 옛 법대로 마을 어귀의 문에 정표해야 마땅합니다" 하니, 그리하라고 분부했다.("위초할고 尉貂割股", 고려)

위의 이야기들은 "석진단지" "위초할고"라는 제목에서 알 수 있듯이 자신의 손가락을 끊고 허벅다리 살을 베어 먹여 부모의 병을 고치려 한 효자들에 관한 내용이다. 단지와 할고는 자신의 신체를 훼손하여 부모를 회생시키는 효행의 전형적인 유형으로 대부분이 우리나라의 이야기들이며, 특히 단지는 조선의 사례에 집중적으로 나타난다. 그래서인지 이를 모방하여 실천하는 효자들이 실제로 등장하기도 한다. 실상 그리 효험이 있을 것 같지 않은 끔찍한 신체 훼손을 주저 없이 행하는 효자들의 모습은 맹목적인 효의 전형을 보여주지만 의외로 그 교화의 효과는 적지 않았던 듯하다. 나아가 극한 상황에서 부모 대신 자기 몸이나 목숨을 온전히 희생하는 예도 있는데, 죄를 지은 아비 대신 자신이 속죄하고자 관비를 자처한 한漢나라 제영緹縈, 도적의 칼을 대신 맞고 아비를 구한 진晉나라 반종潘綜, 물에 빠진 어미를 구하려다 익사한 당唐나라 계전季詮 등의 이야기는 신체 훼손보다 사실상 더 큰 희생이지만 오히려 보편적인 효의 모습이라 하겠다.

셋째는 부모를 위해 자기 자식을 희생시키는 것이다. 물론 자신의 몸을 훼손하거나 희생하는 일에도 극심한 고통이 따르지만 사랑하는 사람의 희생, 그중에서도 자식을 희생시키는 일은 이를 능가한다. 흔히 영화나 드라마에서 자신에게 가해지는 모진 고문에도 기밀을 발설하지 않던 주인공이 자식이 살해당할 위기에 처하면 굴복하고 마는 것은 이 때문이 아니겠는가. 그러나 『삼강행실도』의 효자들은 부모를 위해서라면 자식을 죽이거나 팔아버리는 일도 서슴지 않는다. 이는 자신의 생명보다 더 소중한 것까지 내놓는 가히 최고의 희생이 아닐 수 없다.

곽거는 가난하게 살면서 어머니를 봉양하는데, 세 살 먹은 아들이 있어 어머니가 항상 음식을 남겨서 주므로, 곽거가 아내에게 이르기를 "가난하여 먹을 것을 공급하지 못하는데 아이가 어머님의 음식을 빼앗아 먹으니 함께 가서 묻어야 되겠소" 하니, 아내가 그대로 따랐다. 땅 석 자를 파자 황금이 가득한 가마 하나가 나타나고 그 위에 글이 있는데 "하늘이 효자 곽거에게 주는 것이니 관가에서도 빼앗을 수 없고 다른 사람도 가져가지 못한다" 하였다.("곽거매자郭巨埋子", 한漢)

유명달劉明達은 천성이 큰 효자였는데, 아내와 함께 어머니를 받들었다. 큰 흉년을 만나 어머니를 수레에 싣고 하양河陽으로 가던 중 어머니의 먹을 것을 아들이 침범하므로 드디어 그 아들을 팔았고, 아내는 젖을 하나 베어 그 아들에게 주었다. 그리고 합심하여 효도를 다하였다.("명달매자明達賣子")

가장 유명한 이야기는 부모의 봉양에 걸림돌이 된다는 이유로 어린 자식을 산 채로 묻어 살해하려 한 곽거의 사례로, 실상 잔혹하고 비정하기 그지없지만 더없이 지극한 효도의 전범으로 여겨졌다. 명달 역시 같은 이유로 아들을 내다 팔았는데, 아들에게 젖을 하나 베어주었다는 웃지 못할 대목에서 아들을 위한 배려보다는 오히려 결연함과 비정함이 묻어난다. 이처럼 효를 행하고자 죄 없는 자식을 죽이거나 버리는 행위는 맹목적인 효의 극치를 보여주었다.

『삼강행실도』에 실린 효자 '곽거'의 이야기. 16세기 후반 언해본 중간본, 규장각한국학연구원.

자신의 코를 베고 남편 대신 솥에 삶겨 죽음을 택하다

『삼강행실도』에 수록된 열녀烈는 어떤 모습일까? '열녀'의 사전적
의미는 '절개가 굳은 여자'다. 즉 한 남자에 대한 지조와 정조를 굳
게 지키는 여자를 뜻하는데, 당시 체제에서 사회적·신체적 약자
였던 여성이 어떤 상황에서도 지조와 정조를 지킨다는 것은 죽음
까지 불사해야 함을 의미했다. 이 책에 수록된 열녀 110명 중 목
숨을 보전한 이들은 30명이 채 안 되고 대부분 죽음으로 열을 행
한 것이 이를 잘 드러낸다. 그나마 목숨을 부지한 이들도 대개 끔
찍한 폭력을 겪었다는 점에서 열녀가 되는 길은 효자가 되는 길을
넘어설 정도로 험난했다.

열녀의 가장 전형적인 행실은 정절을 지키기 위해 스스로 목숨
을 끊거나 저항하다가 죽임을 당하는 것이다. '열녀' 하면 흔히 은
장도로 자결하거나 목을 매는 등의 장면이 떠오르지만 이 책 속 열
녀들의 실제 사례는 우리의 상상을 뛰어넘는다. 정절을 잃을 위기
에서 스스로 목을 매거나 찌르고, 물이나 불에 뛰
어들어 목숨을 끊는 열녀들이 수두룩
함은 그리 놀랍지 않다. 그러나 오욕
을 당하지 않으려고 저항하다가 창자가
찢기거나 낯가죽이 벗겨지고 팔다리가 잘
리는 등 참혹한 죽음을 맞는 사례는 가히 충
격적이다. 끔찍한 폭력 앞에서도 이들은 굴

여성 정절 이데올로기의 단면을 상징하는 장도,
19세기, 국립민속박물관 소장.

하지 않고 오히려 상대를 당당히 꾸짖다가 죽어간다. 한편 목숨을 보전한 열녀들도 이에 못지않은 엄청난 고통을 감내해야 했다.

조상曹爽의 종제從弟 문숙文叔의 아내는 하후문녕夏侯文寧의 딸이며 이름은 영녀令女다. 조문숙이 일찍 죽으니 복服을 마치고는 스스로 생각하기를, 자신의 나이가 젊고 자식도 없으므로 집에서 반드시 자기를 시집보낼 것이라고 여기고 머리를 잘라 징신徵信으로 삼았다. 뒤에 집에서 파연 시집보내려 하니, 영녀가 다시 칼로 두 귀를 자르고 행동거지를 항상 조상에게 의지했다. 조상이 주벌誅罰당하자 조씨曹氏가 다 죽었는데, 하후문녕이 영녀가 젊은 나이로 의를 지키는 것을 불쌍히 여기고 또 조씨가 남은 사람이 없어 그 의지가 저상沮喪되었으리라 여겨 넌지시 사람을 시켜 꾀어보았다. 영녀가 울며 말하기를 "나도 생각해보았는데 허락하는 것이 옳겠다" 하였다. 집에서 이를 믿고 방비를 조금 게을리했더니, 영녀가 가만히 침실에 들어가 칼로 코를 자르고는 이불을 쓰고 누워 있었다. 어머니가 불러도 대답이 없으므로 이불을 들추고 보니 피가 흘러 자리에 가득했다. 온 집안이 놀라 어쩔 줄 몰라했고, 보고서는 슬퍼하지 않는 사람이 없었다.("영녀절이令女截耳", 위魏)

일찍 남편을 여읜 딸의 처지를 안타깝게 여긴 부친의 개가 권유를, 머리카락을 자르고 귀와 코를 스스로 베면서까지 거부한 위나라 영녀의 이야기다. 귀와 코를 벤다는 것은 고통도 고통이지만, 자신의 미적인 면을 온전히 포기하는, 여성으로서 좀처럼 하기 어려운 행동이다. 앞서 단지와 할고의 행위가 치병을 위한 약을 구할 목적이었다면, 열녀들의 이러한 행위는 자신의 아름다움을 의도적으로 훼손하고자 하는 그야말로 자해 행위였다.

이런 끔찍한 자해 행위는 대개 개가 거부의 의지를 단호히 드러
내는 전형적인 수단이었다. 자신의 미색에 반해 재혼을 강요하는
왕의 뜻을 거절하고자 자기 코를 베어버린 양梁나라 고행高行 등 같
은 방식으로 개가를 거부하는 사례는 수도 없으며, 이마저 여의치
않을 때는 자결을 택하면서까지 그 뜻을 굽히지 않았다. 이는 결혼
풍습과 관련한 당시의 시대상과 무관하지 않다. 고려의 영향이 남
아 이혼이나 재혼이 허락되던 당시의 결혼 풍습은 유교적 가치관으
로 사회질서를 수립하려는 조선에 있어서 시급히 고쳐져야 할 폐습
이었다. 세종과 『삼강행실도』의 편찬자들은 이 책이 이러한 목적을
실현하는 효과적인 수단이 되기를 기대했던 듯하다. 이처럼 정절
을 지키기 위해 어떤 희생도 마다하지 않는 열녀들의 사례는 충에
서의 '불사이군'에 비견될 만한 것이었다. 실제로 「충신도」에는 "충
신은 두 임금을 섬기지 아니하고 열녀는 두 남편을 바꾸지 않는다忠
臣不事二君 烈女不更二夫"라고 한 충신들의 말이 종종 인용된다.*

열녀들의 또 다른 유형은 무조건 남편을 따라 죽거나 심지어 남
편 대신 죽는 것이었다. 「열녀도」의 첫째 사례가 바로 남편을 따라
죽은 고대 중국의 유명한 두 열녀 아황과 여영의 이야기다.

> 우순虞舜의 두 비妃는 요 임금의 두 딸인데, 맏이는 아황娥皇이고 다음
> 은 여영女英이다. 순 임금의 아버지는 우둔하고 어머니는 수다스러우
> 며 아우 상象은 오만했으나, 효성껏 받들어 섬겼으므로, 사악四嶽(요

---

* "왕촉절두王蠋絶脰" 이야기에 춘추시대 제나라의 충신 왕촉이 나라가 망하자 연나라의 회유에
　이 말을 남기고 죽었다는 내용이 나온다.

임금 때 사방四方의 제후를 통솔하던 장관)이 요 임금에게 천거하니, 요 임금이 두 딸을 아내로 주어 그 내정內政을 관찰했다. 두 딸은 농사지으며 순 임금을 받들어 섬기되, 천자天子의 딸이라 하여 교만하거나 게으르지 않고 오히려 겸허한 자세로 공손하고 검소하며 오직 부도婦道를 다하기만을 생각했다. 순 임금이 천자가 되자 아황은 후后가 되고 여영은 비妃가 되었는데, 세상에서 두 비의 총명하고 정숙하고 인자함을 일컬었다. 순 임금이 순수巡狩하다가 창오蒼梧에서 죽었는데, 두 비가 강상江湘(양자강揚子江과 상강湘江) 사이에서 죽으니, 세속에서 상군湘君이라 이른다.("황영사상皇英死湘", 우虞)

순 임금에게 함께 시집간 요 임금의 두 딸 아황과 여영이 높은 신분임에도 겸손하고도 검소하게 부도婦道를 다하다가 남편이 객지에서 죽자 바로 그곳으로 달려가 고혼제孤魂祭를 지내고 강에 투신하여 죽었다는, 말 그대로 '여필종부女必從夫'를 행동으로 보인 유명한 고사다. 이처럼 남편이 죽으면 그를 뒤따라 죽는 열녀가 적지 않았다. 정절을 잃을 상황이 아닌데도, 어린 자식이나 연로한 부모가 있는데도 무작정 따라 죽는 것이다. 물론 남편을 따라 죽지 않고 자식을 훌륭히 키워낸 사례도 있지만 이는 대개 남편의 유언에 따른 것이었다.

한발 더 나아가 열녀들은 위기에 처한 남편을 대신해 자신의 목숨을 내놓기도 한다. 중국 한漢나라의 절녀節女는 남편의 원수가 남편에게 복수하려는 것을 미리 알고 남편을 가장해 대신 죽음을 당했는데, 자신이 잘라온 머리가 그 아내의 것임을 안 원수는 아내의 의리에 감동하여 원한을 푼다. 참혹한 죽음이 예상되는데도

『삼강행실도』에 실린 열녀 '취가' 이야기, 18세기 초반 언해본 중간본, 규장각한국학연구원.

기꺼이 남편 대신 죽기를 자청한 눈물겨운 열은 원수의 마음을 돌리고 결국 남편의 목숨을 살렸다. 다음 사례는 그야말로 점입가경이다.

> 이중의李仲義의 아내 유씨劉氏는 이름이 취가翠哥이며 방산房山 사람이다. 지정至正 20년(1360)에 고을에 큰 흉년이 들었다. 평장平章 유합자불화劉哈剌不花의 군사가 먹을 것이 떨어지자 이중의를 붙잡아 삶으려 하는데, 이중의의 아우 마아馬兒가 달려가 유씨에게 알리니, 유씨가 급히 구하러 가서 울면서 땅에 엎드려 군사에게 고하기를, "잡힌 사람은 지아비입니다. 불쌍히 여겨 그 목숨을 살려주고, 우리 집 땅속에 묻어둔 장 한 독과 쌀 한 말 닷 되가 있으니, 파내어 지아비 대신 가져가십시오" 했으나, 군사가 듣지 않았다. 유씨가 말하기를 "지아비는 여위고 작아서 먹을 것이 없습니다. 살지고 검은 아낙은 맛이 좋다 하는데, 내가 살지고 검으니, 스스로 삶아져서 지아비를 대신하여 죽겠습니다" 하니, 군사들이 드디어 그 지아비를 놓아주고 유씨를 삶았다.("취가취팽翠哥就烹", 원元)

굶주린 군사들에게 사로잡혀 삶길 위기에 처한 남편을 대신해 그 자신이 삶겨 죽은 취가의 이야기는 감동에 앞서 충격이다. 살지고 검은 아낙이 맛이 좋으니 그런 자기를 삶으라는 말은 엽기적이기까지 하다. 이처럼 남편을 따라 죽거나 대신해서 죽는 열녀들의 사례는 한 남자에 대한 정절을 굳게 지키는 차원을 넘어서서 죽음으로 남편을 따르고 절대적으로 섬길 것을 종용한다. 열녀라는 이름 아래 여성들은 가부장적인 남성 우위 체제에 흔들림이 없도록 어떤 폭력과 희생도 어김없이 감수할 것을 강요받았던 것이다.

한글 번역을 붙이고 그림을 단순화하다

『삼강행실도』는 간행 이후 조선시대 내내 국가에 의해 여러 형태
로 끊임없이 확산되었다. 애초 세종의 기대대로 이 책이 백성에게
유교적 가치관을 심어주어 조선사회가 유교질서를 구축하는 데
중요한 역할을 담당하면서 그 유통과 보급의 효율을 높이기 위한
개찬改撰과 보완 작업이 꾸준히 이뤄졌다.

　『삼강행실도』의 본격적인 보급은 성종대의 언해본 『삼강행실도』
의 간행으로 이뤄졌다. 세종대에 간행된 원간본은 유통과 보급에
있어 매우 불리한 체제였다. 일단 효자, 충신, 열녀 각 110명을 수
록한 3권 3책의 방대한 분량이 문제였다. 이로 인한 제작·출판의
어려움과 비용도 장애였지만, 비슷한 사례가 중복돼 인물과 그 행
적에 대한 학습에 혼란을 가져와서 교육적 효과도 반감되었기 때
문이다. 또 다른 하나는 글을 모르는 백성을 위해 그림을 덧붙여
내용을 알 수 있게 했다지만 한문 사적을 읽지 않고 그림만으로는
내용을 이해하기 어렵다는 문제가 있었다. 이 때문에 한글 창제
직후부터 한글 번역의 필요성이 꾸준히 제기되어왔던 터였다. 이
에 1490년(성종 21) 분량을 줄이고 한글로 옮긴 언해본 『삼강행실
도』가 간행됨으로써 『삼강행실도』 보급은 전기를 맞았고, 성종은
당시의 법전인 『경국대전』에 이를 통한 교화 정책을 명문화할 정
도로 이 언해본은 명실상부한 백성의 윤리 교과서로 부상했다.

언해본『삼강행실도』는 기존의 인원을 효자, 충신, 열녀 각 35명으로 줄여 1책으로 만들고 본문 위에 한글 번역을 붙여서 간행했다. 사례를 다시 선정하는 데는 내용의 중복이나 적합성 등이 고려되었을 텐데 선정 결과를 보면 일정한 경향이 있었다. 우선 효자는 신체 훼손이나 자식 살해와 같은 극단적인 사례가 크게 줄었다. 「석진단지」, 「곽거매자」만 남고 나머지 사례는 모두 제외된 것이다. 효라는 이름으로 행해졌지만 단지, 할고, 자식 살해와 유기 등의 행위는 당시 정서에 비춰봐도 지나치게 가혹하고 극단적인 행위였던 듯하다. 특히 단지, 할고 등의 신체 훼손은 효에 대한 이론서인『효경』의 첫 장 "신체발부 수지부모身體髮膚 受之父母 불감훼상 효지시야不敢毀傷 孝之始也"라는 구절에 배치되는 행위여서 이론과 실제 사례가 충돌하는 문제가 있었을 것이다. 결국 덜 잔인한 석진의 사례와, 최고의 희생을 감수한 지극한 효의 상징으로서 곽거의 사례만 남긴 듯하다(곽거는 결과적으로 살해에까지 이르지는 않았다는 점이 고려되었을 수 있다). 충신은 원간본에 다수 수록되었던 간신諫臣의 사례, 즉 임금에게 간언하다 죽거나 해를 입은 사례들이 크게 줄고, 열녀는 왕후나 제후의 부인과 같은 특수 계층 여성들이 대부분 제외된 것이 눈에 띈다. 불사이군의 충신과, 좀 더 보편적인 열녀 중심으로 재편되었다 할 것이다. 재미있는 것은 열녀의 경우 효자와 달리 자해에 의한 신체 훼손 사례들이 그대로 유지되었다는 점이다. 개가 거부를 위해 코나 귀를 벤 고행이나 영녀의 이야기가 그대로 수록되었으며, 남편 대신 삶겨 죽은 취가 등 끔찍한 죽임을 당한 열녀들의 이야기도 변함없었다. 여성들에게 강요된 폭력과 희생, 불평등은 여전했다.

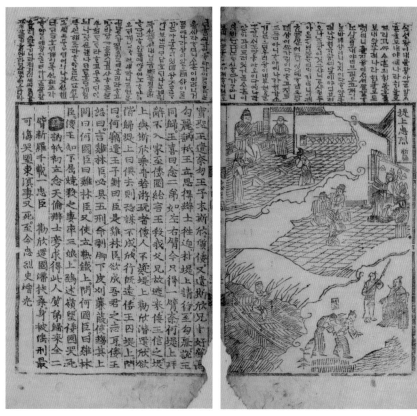

『삼강행실도』 언해본의 체제. 16세기 후반 중간본. 규장각한국학연구원. 본문 위에 한글 번역이 추가되었다.

    언해본은 이렇듯 당시 조선의 현실에 좀 더 적합한 사례들을 추려 한글 번역까지 붙여 제작과 보급에 유리한 형태로 간행함으로써 교화서로서 활용도를 높였다. 그리하여 간행 이후 19세기까지 이 책은 수차례의 중간重刊과 개역改譯 작업을 거치면서 꾸준히 활용되었다. 특히 16세기 후반에 간행된 선조대 중간본은 원래 국한문 혼용이었던 언해문이 순한글로 바뀌고, 18세기 초반의 영조대 중간본은 언해문의 번역이 한문 원문을 좀 더 충실히 반영해 이전보다 내용이 더 풍부해지는데, 이러한 번역의 변화는 한글 보급이 점차 확대되면서 『삼강행실도』를 통한 교화에서 한글 번역의 비

그림으로 본
조선

110

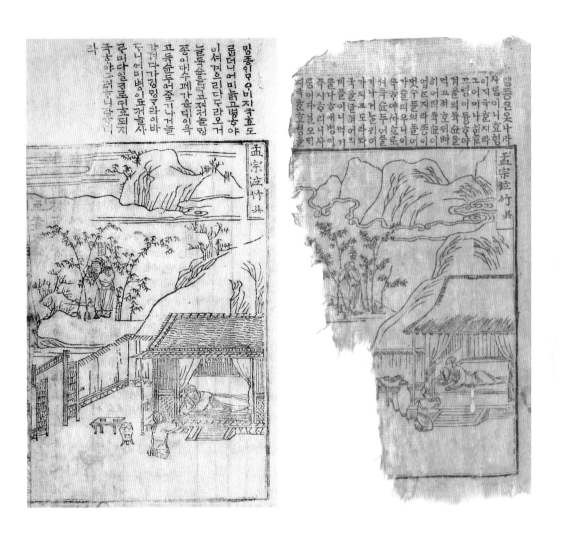

「효자도」 "맹종읍죽孟宗泣竹"의 선조대 중간본(16세기 후반, 왼쪽)과 영조대 중간본(18세기 초반, 오른쪽). 영조대 중간본 난상의 언해가 내용이 훨씬 더 자세해졌음을 볼 수 있다.

進上以權便得平年明

제아ᄂᆞᆫ豊충基고사尽며
쌀와親친히눈믈늘나며
제아ᄇᆡ이에눈믈늘흘나며
니ᄂᆞ어죽거늘두서날이어
神신쳐臺ᄃᆡ와뫼ᅩ고거상
도뫼ᅩᇰ라와뫼ᅩ산제
셰祭졔ᄒᆞ며나갑제믈
世셰祭졔ᄒ야나 제물
ᄒᆞ고도라와뫼ᅩᆯ산제
門문몬졔미예뎌겨ᄉᆞ방군
그未미며ᄃᆞ라유솔紅ᇂ
ᄀᆡ티호더나예ᄉᆞ방군
라라 紅ᇂᄆᆡ

得平居廬奉圖

『속삼강행실도』, 1514, 규장각한국학연구원. 『삼강행실도』의 체제를 그대로 답습했다.

중이 한층 높아졌음을 보여준다.

언해본 『삼강행실도』가 교화에 중요한 역할을 하면서 이 책의 체제를 답습한 유사한 문헌들의 간행도 이어졌다. 우선 그 속편이라 할 수 있는 『속삼강행실도』와 『이륜행실도』가 중종대에 간행되었다. 중종은 성종대 이후 『삼강행실도』의 간행과 활용에 가장 큰 열의를 보인 왕이었는데, 연산군을 폐위시키고 왕위에 오른 그는 이 책 속의 충과 효의 사례들을 통해 자신의 반정을 정당화하고 정치적 입지를 강화하고자 했던 듯하다. 이에 1511년(중종 6) 역대 최대 규모인 2940질의 언해본 『삼강행실도』 간행을 단행해 널리 배포했다. 1514년(중종 9)에는 『삼강행실도』에 빠진 효자, 충신, 열녀 69명의 사적을 수록한 『속삼강행실도』가 간행되는데, 대다수가 중국의 사례로 이뤄진 전작에 비해 조선의 실천 사례를 대폭 늘려 교화의 효과를 한층 높이고자 한 중종의 의도가 담겼다. 1518년(중종 13)에는 '붕우유신朋友有信'과 '장유유서長幼有序'의 이륜二倫의 행실이 뛰어난 사람 48명의 행적을 수록한 『이륜행실도二倫行實圖』도 간행되었다. 이 책은 김안국金安國이 자신이 관찰사로 있던 경상도에서 처음 펴내 개인적으로 사용하던 것을 중종이 찬집청撰集廳에서 다시 인쇄하게 해 널리 배포한 책으로, 수록된 사례가 모두 중국인이고 『삼강행실도』의 체재를 따랐지만 언해문이 순한글로 된 것이 특징이었다.

1617년(광해군 9)에는 임진왜란 이후에 정표를 받은 효자, 충신, 열녀를 중심으로 우리나라 역대 삼강의 사례를 수록한 『동국신속삼강행실도東國新續三綱行實圖』가 간행되었다. 이 책은 이전의 책들과 체재를 달리해 제작되었는데, 본문 위에 있던 언해문이 본문

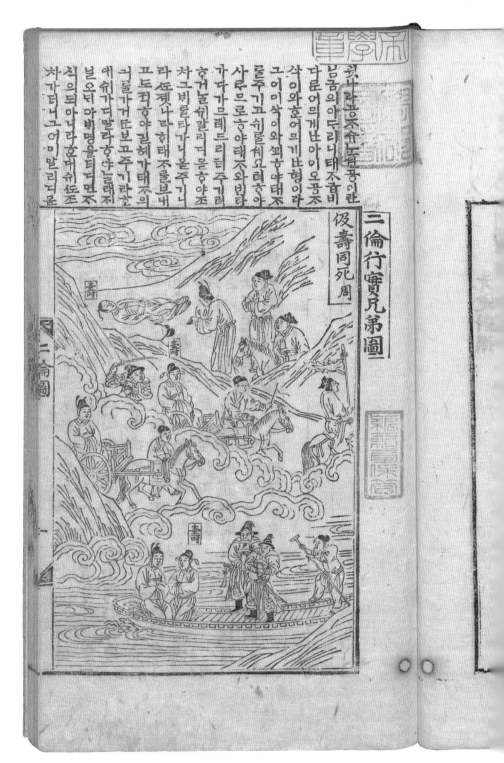

위나라션공이란
님금의아ᄃᆞ리니태ᄌᆞᆼ비
다운어믜게난아이오공ᄌᆞ
삭이와호ᄀᆞ어믜게난형이라
그어미삭이와ᄭᅬᄒᆞ야태ᄌᆞ를
주기고쉬를셰오려ᄒᆞ야
사ᄅᆞᆷ으로ᄒᆞ야태ᄌᆞ와빈타
가다가ᄆᆞ레드리텨주규려
호거ᄂᆞᆯ쉬갈히ᄆᆞᆯ몯ᄒᆞ야
차그비를ᄐᆞ나ᄂᆞᆯ불ᄒᆞ야죠
라도켓ᄂᆞ라ᄒᆞ히태ᄌᆞᆯ보내
고ᄆᆞ히ᄒᆞᆼ야길헤가태ᄌᆞ의
긔를가거ᄂᆞᆯ보고기ᄃᆞ라
대쉬가ᄃᆞ말라ᄒᆞ야ᄂᆞᆯ라져
널오ᄃᆡ아비명을버리면ᄌᆞ
식의되아니라ᄒᆞ여쉬도ᄌᆞ
차가ᄐᆞ너그어미ᄇᆞᆯ리니몯

伋壽同死周

三倫行實兄弟圖

『이륜행실도』, 1518, 규장각한국학연구원.

『이륜행실도』에 실린 '복식卜式'의 이야기, 규장각한국학연구원. 형제간의 우애를 그리고 있다.

속으로 들어왔으며 1590명에 이르는 방대한 분량으로 인해 시와 찬이 생략되고 그림도 눈에 띄게 단순화되었다. 이 책은 교화서로 활용할 목적보다는 전쟁 후 흐트러진 민심을 수습하기 위한 보상의 성격이 컸다. 그러다보니 지나치게 방대한 인물을 엄격한 기준과 조사 없이 실어 인물 선정에서 많은 비판을 받았으며 광해군의 폐위라는 정치적 연유로 인해 이후 한 번도 주목받지 못했다. "사람들이 무리지어 조소했고 어떤 사람은 벽을 바르고 장독을 덮는 데 쓰기도 했다"는 『광해군일기』의 기록이 이를 잘 말해준다.

한편 1797년(정조 21)에는 『삼강행실도』와 『이륜행실도』를 합해서 수정한 『오륜행실도五倫行實圖』가 간행되었다. 두 책을 묶었지만 효자의 사례에서 자식을 살해하려 한 곽거의 이야기와, 자식이 아비를 버리는 내용이 담긴 원각의 이야기("원각경부元覺警父")가 삭제되었다. 정조가 교화용으로 간행하게 한 불경 『부모은중경언해父母恩重經諺解』에서도 주인공이 눈알을 빼고 피부를 도려내는 등의 고행을 하는 부분을 삭제했음을 볼 때 정조는 신체 훼손이나 자식 살해, 부모 유기(고려장 풍속)와 같은 행위는 효를 위해서라지만 극단적이고 유교적 가치관에 부합하지 않는 내용이라고 판단한 듯하다. 그림에서도 큰 변화가 있었다. 하나의 사례를 여러 장면으로 표현했던 이전의 다원적 구성 방식과 달리 가장 핵심적인 장면 하나만 그려 사실성과 예술성을 높였는데, 특히 단원 김홍도의 그림이라 하여 판화로서도 높이 평가받는다.

이처럼 『삼강행실도』는 원간본의 간행 이후 여러 형태로 국가가 앞장서서 널리 퍼뜨림으로써 조선 전반을 통틀어 가장 많이 출판되고 읽힌 책 중 하나가 되었다.

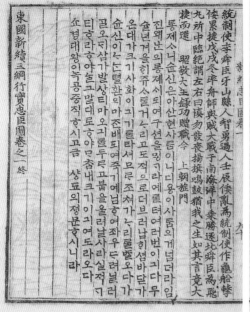

『동국신속삼강행실도』, 1617, 규장각한국학연구원.
난상의 언해가 본문으로 들어오고 시와 찬이 생략되었으며, 그림은 장면 수가 줄어 단순화되었다.

유교의 허와 실을 드러내다

삼강의 확산과 유교사회의 정착을 위한 중요 수단으로 조선조 내내 적극 활용된 『삼강행실도』가 실제로 백성 교화에 끼친 영향은 어떠했을까? 그 유통과 보급의 효율을 높이기 위해 많은 노력을 기울였지만 당시 출판문화와 서적 보급의 수준상 일반 백성이 이 책을 직접 접하기는 어려웠을 것이다. 그렇더라도 실록을 비롯한 여러 사료에서 『삼강행실도』의 영향이 깃든 효와 열의 실제 사례들이 보이고, 문학이나 미술, 특히 판소리 소설이나 민화 등의

王祥琅琊人蚤喪母繼母朱氏不慈數譖之由是失
愛於父每使掃除牛下祥愈恭謹父母有疾衣不解
帶湯藥必親嘗母嘗欲生魚時天寒冰凍祥解衣將
剖冰求之冰忽自解雙鯉躍出母又思黃雀炙復有
黃雀數十飛入其幕有丹柰結實母命守之每風雨
輒抱樹而泣母歿居喪毀瘁杖而後起仕於朝官
至三公

詩　王祥誠孝真堪羨　順親顏志不回不獨剖冰
雙鯉出還看黃雀自飛來　鄉里驚嗟孝感深皇
天報應表純心白頭重作三公貴行誼尤爲世所

欽
晉有王祥生魚母嗜天寒川凍釣難致解衣
臥冰自躍雙鯉懇懇孝誠奚止此耳抱柰夜號羅
雀朝饋後拜三公名標青史

왕샹은딘나라냥야사롬이니일즉어미를여히
고계모쥬시ᄉᆞ랑티아니ᄒᆞ여즈로소ᄒᆞ니일
로말믜암아아븨게ᄉᆞ랑을일허민양마구믈츠
라ᄒᆡ되샹이더옥공슌ᄒᆞ더라부뫼병이이시매
오셔ᄅᆞ룰그르디아니ᄒᆞ고탕약을밧드러친히
맛보고어미산고기룰먹고져ᄒᆞ디날이치워믈

이어럿는디라샹이오슬벗고쟝ᄎᆞ어름을세쳐
고기룰잡으려ᄒᆞ더니어룸이흘연스스로푸러
디며너ᄂᆞ둘이쒸여나더라어미도누른새젹을
먹고져ᄒᆞ니누른새수십이그집으로ᄂᆞ라드러
오고어미샹ᄋᆞ로ᄒᆞ여곰실과남글안고우더라
미양부람블고비오면샹이남글안고우더라어
미죽어거샹흘셔이훼ᄒᆞ야병을고ᄒᆞ여외여막대
롤집흔후에니러나더라후에벼슬ᄒᆞ여삼공에
니르니라

『오륜행실도』의 체제, 1797, 규장각한국학연구원.
매 이야기의 첫 면에 그림이 실리고 이어서 한문 설명, 시, 언해가 차례로 실려 있다.

王祥剖冰
晋

『오륜행실도』에 실린 효자 '왕상'의 이야기, 1797, 규장각한국학연구원.
가장 핵심적인 장면 하나만 그려 사실성과 예술성을 살렸다.

민중예술 작품들 속에 『삼강행실도』가 수용되는 양상을 보면 이 책이 여러 경로를 통해 사회에 확산되어 조선인들의 삶에 적잖은 영향을 끼쳤음을 알 수 있다.

『삼강행실도』 보급에 남다른 열의를 보여 대규모 반사를 하기도 했던 중종은 전국적으로 효자와 열녀를 선정해 포상함으로써 그 실천을 직접 독려하기도 했는데, 1528년(중종 23)에 표창한 효자와 절부의 행적들을 보면 『삼강행실도』의 영향이 보인다. 이 가운데는 『삼강행실도』를 보고 손가락을 잘라 아비 병을 치유했다는 유학儒學 유인석과, 늘 『삼강행실도』를 외워 부모와 남편을 섬김에 있어 그 도리를 다했다는 진사 신명화의 아내 이씨(신사임당의 모친) 등 『삼강행실도』에 의한 교화의 사례들이 나타난다. 이밖에 단지, 할고를 한 효자들, 부모가 죽자 극진한 여묘살이를 한 효자들, 개가를 거부한 열녀들의 행적도 『삼강행실도』의 내용과 매우 흡사한바, 『삼강행실도』를 모범으로 삼아 효와 열을 행하고자 한 이들이 적지 않았음을 보여준다.

조선 후기로 가면 『삼강행실도』 속의 효자나 열녀가 문학작품 속에 인용되거나 미술작품의 소재로 활용되기도 한다. 다음은 완판 『심청전』의 일부다.

심청이 엿자오디, "왕상은 고빙ᄒ고 어름 궁기셔 이어 엇고, 곽거라 ᄒ난 사룸은 부모 반찬ᄒ여 노으면 졔 자식이 상머리에 먹는다고 산 치 무드려 할 졔 금항을 어다가 부모 봉양ᄒ여쓰니, 사친지요가 옛 사룸만 못ᄒ나 지셩이면 감쳔이라 ᄒ오니 공양미는 자연이 엇ᄉ오리다."

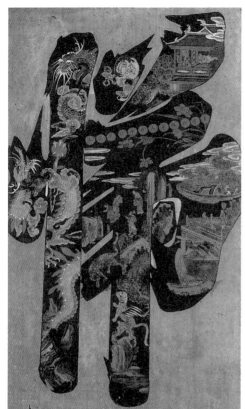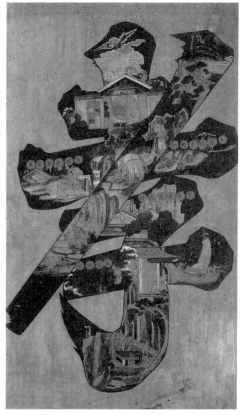

「문자도」, 종이에 채색, 각 74.2×42.2cm, 18세기 후반, 삼성미술관 리움.

조선 후기 민중예술의 하나인 판소리 소설 속에 『삼강행실도』의 효자 왕상과 곽기의 행적이 인용된 것은 『삼강행실도』가 민중 속에 파급되고 수용된 직접적인 흔적이다. 『춘향전』을 비롯한 다른 소설에서도 『삼강행실도』 속 효자나 열녀들이 흔히 등장한다. 이러한 양상은 미술작품에서도 찾아볼 수 있다. 또 다른 민중예술인 민화에는 『삼강행실도』를 그대로 본뜨거나 이를 활용한 작품이 많이 나온다. 예컨대 조선 후기에 널리 유행한 문자도文字圖* 가운데 효 문자도에는 잉어로 상징되는 왕상의 고사, 죽순으로 상징되는 맹종의 고사 등 『삼강행실도』의 사례들이 주로 활용되었다.

이들은 『삼강행실도』로 보급된 삼강이 관습화되고 대중적인 유교 윤리로 확립되었음을 보여준다.

그러나 『삼강행실도』의 윤리가 확산되는 과정에서 그 비합리성과 폭력성에 대한 비판의 목소리도 없지 않았다. 정약용은 「열부론」에서 아내가 천수를 누리고 편안하게 죽은 남편을 따라 죽는 것은 스스로 제 목숨을 끊은 것일 뿐 의에 합당하지도 않고 천하에서 제일 흉한 일인데도 마을에 정표하고 부역도 면제해줌으로써 가장 흉한 일을 사모하도록 백성에게 권면하고 있다며 비판했고, 부모가 아무리 위독한 병에 걸렸다 해도 자식의 몸을 해쳐가면서까지 그 고기를 먹고 싶어할 리가 있겠는가 반문하면서 인육을 먹는 것은 어리석은 백성의 우견일 뿐이라고 했다. 남편 따라 죽어 열녀 되기, 신체 훼손하여 효자 되기 등 『삼강행실도』가 권면하는 삼강의 도리가 정도를 벗어나 잔혹하고 비합리적임을 강하게 비판했다. 또한 병자호란의 와중에서 남편, 아버지, 아들들의 손에 끌려 억지로 열녀가 되어 죽은 여성 원귀들의 하소연과 원망을 통해 '열녀'의 허상을 꼬집은 『강도몽유록』과 같은 소설도 나왔다. 하지만 이러한 비판적인 태도가 공식적인 문제 제기나 반발로 이어지는 않았다. 『삼강행실도』의 삼강의 윤리는 공공의 권위를 띠고 조선사회에 강하게 파급되어 애초의 간행 의도대로 유교 가치관의 확립과 유교적 사회질서 구축에 크게 기여했다.

『삼강행실도』는 조선의 유교화에 가장 큰 역할을 담당한 책이었

---

*민화의 한 종류로 문자와 그림을 결합시킨 것. 가장 대표적인 것이 효제孝悌문자도로 일명 효제도孝悌圖·팔자도八字圖라고도 하는데, 효도·우애·충절·교신·예절·의리·청렴·부끄러움을 뜻하는 효孝·제悌·충忠·신信·예禮·의義·염廉·치恥 8자를 소재로 각각의 한자 자획 속에 해당 글자의 의미와 관련된 고사나 설화 내용을 대표하는 상징물을 그려넣은 것이다.

石珍斷指
朝本

『오륜행실도』를 채색한 그림, 전 김홍도 밑그림, 정조명편, 22.0×15.0cm, 1797, 삼성미술관 리움.
「효자도」 "석진단지"에 색을 입힌 것이다.

일본의 풍속화에 수용된 『삼강행실도』 '곽거'와 '동영'의 그림, 일본 고베시립박물관.

다고 해도 과언이 아니다. 이러한 정치·사상사적 의미 외에도 『삼강행실도』는 국어의 변화를 보여주는 국어사 자료로, 조선 회화 및 판화의 양상을 알려주는 회화사 자료로, 이밖에 당시의 생활상과 문화를 엿볼 수 있는 생활·문화사 자료로 커다란 의미와 가치를 지니는 문헌이다.

4장

이야기, 소설 그리고 그림

◉

「구운몽도」가 우리에게 말해주는 것들

정병설

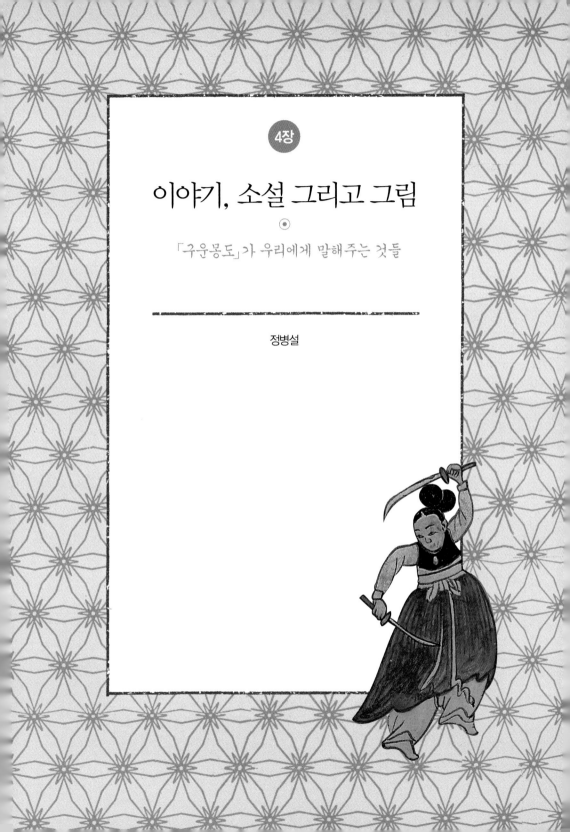

이야기와 그림

　이야기는 말로 그린 그림이요, 그림은 종이 위의 이야기다. 이야기와 그림은 떼려야 뗄 수 없는 관계다. 유럽의 미술관을 둘러보면 태반이 성경이나 희랍 신화 등에 나온 이야기를 그린 그림이다. 나는 그 많은 그림 가운데 「수태고지受胎告知」가 인상적이었다. 성모 마리아가 예수를 잉태했을 때 천사 가브리엘이 그것을 알리는 장면을 그린 것이다. 마리아는 요셉과 약혼을 했을 뿐 아직 혼례도 올리지 않은 처녀였다. 이런 처녀 앞에 웬 사람이 나타나 임신 사실을 알렸으니 어찌 당혹스럽지 않겠는가. 더욱이 당시 유대교의 율법은 간음한 여자를 돌로 쳐 죽이게 되어 있었다.

　이탈리아 피렌체에 있는 르네상스 미술의 보고로 알려진 우피치 미술관에 소장된 마르티니Simone Martini(1284~1344)의 「수태고지」를 보면, 가브리엘이 마리아에게 건넨 첫 말은 "Ave gratia plena dominus tecum"이다. 그림에서 천사의 입에서 나와 마리아의 귀로 흘러가는 한 줄기 빛 위에 적힌 글이다. "은혜를 받은 자여, 평안할지어다. 주께서 너와 함께하시도다"라는 말이다. 『신약성경』
「누가복음」 제1장 28절에 있다. 이 말을 들은 마리아가 무슨 일인
지 의아해하자 가브리엘은 다시 '두려워하지 말라'며 진정시킨다.
그러고는 하느님의 아들을 잉태했음을 알린다.

내가 마리아라면 어떤 감정을 품을까? 갑자기 어떤 사람이 나
타난 것만으로도 놀랍고 두려울 것이다. 더욱이 그 사람은 하늘이
무너질 소리를 했다. 처녀가 임신을 했다는 것이다. 당시 풍습을
알 수 없지만 처녀가 임신을 했다는 것은 부끄러운 일일 수 있다.
그렇지만 더 큰 문제는 그것이 곧 간음의 표지가 되어 사형죄를 입
힐 수 있으니 뜻하지 않게 죄에 빠졌다는 두려움이 엄습할 수도 있
다. 만일 그 사람이 천사임을 확신하고 그 말을 그대로 받아들인
다면, 또 더 큰 놀라움과 두려움이 생길 수 있다. 왜 하필 내가 이
런 일을 당하게 되었을까? 그 두려움은 하느님의 아들을 잉태했
다는 엄청난 부담감과 연결된다. 그리고 한편으로는 자신이 세상
누구보다 더 큰 은총과 영광을 입었다는 자랑스러움을 느낄 수도
있다. 이 일로 마리아가 품을 수 있는 감정은 이처럼 복합적일 수
있다.

마르티니의 그림을 보면 날개 단 천사 가브리엘의 표정은 진지하
기 그지없다. 그의 입에서 나온 말은 섬광처럼 마리아의 귀로 흘러
가고 있다. 마리아는 몸을 뒤로 살짝 빼면서 당혹스러움과 부끄러
움이 교차된 감정을 드러내고 있다. 그 표정에는 걱정이 역력하다.
한 사건이 낳을 수 있는 감정은 천만 가지일 수 있지만 표현할 수
있는 것은 단 하나다. 마르티니는 놀람 또는 염려를 표현하고 있
다. 한편 같은 미술관에 소장된 레오나르도 다빈치(1452~1519)의

「수태고지」, 시모네 마르티니,
연대미상, 우피치 미술관.

「수태고지」, 레오나르도 다빈치, 연대미상, 우피치 미술관.

작품을 보면 마리아의 자세나 표정이 좀 더 수용적이다. 같은 사건이지만 이처럼 작가에 따라 다르게 표현될 수 있는 것이다. 그림으로 그린 이야기가 적지 않지만, 이처럼 그림은 이야기를 그대로 전하는 것이 아니라 새로운 영역을 표현하는 것이다.

그림으로 담은 이야기들
조선의 소설에만 그림이 없었던 까닭

한국에도 이야기를 담은 그림이 많다. 그 가운데 대표적인 것은 부처의 생애 등을 담은 불화다. 불화 이외의 것으로는 『삼강행실도』『속삼강행실도』『이륜행실도』『동국신속삼강행실도』『오륜행실도』 등의 행실도류行實圖類를 들 수 있다. 문맹률이 높은 시대에 종교적·이념적 교화를 확산시킬 때, 이야기와 그림만큼 효과적인 매체는 없었던 것이다.

종교나 이념은 강한 목적성을 지니기에 그것을 퍼뜨리고자 이야기에 그림을 넣으려고 하지만, 목적성보다는 오락성이 강한 소설은 꼭 그럴 이유가 없다. 소설은 그림을 넣지 않아도 독자를 흡인할 수 있는 힘이 충분하기 때문이다. 사정이 이러한데도 실제로 소설에 그림이 빠지는 일은 거의 없다. 물론 이는 현대 소설이 아니라 고전 소설의 경우다. 현대야 영화나 텔레비전 드라마 등 시각적 이미지가 넘쳐나기에 굳이 소설에까지 그림을 넣으려 하지 않지만, 소설이 거의 유일한 오락물이던 시절에는 소설 또한 그림에 기대지 않을 수 없었다. 흥미로운 이야기가 실감나는 그림과 결합되어

단테의 『신곡』에 플러스타브 도레의 삽화가 들어간 것이다.

『서유기』. 명나라 초 소주에서 간행된 것이다.

독자들의 흥미를 배가시켰던 것이다.

단테의 『신곡神曲』이나 초서의 『캔터베리 이야기』, 『아서왕 이야기』나 『돈키호테』 등 중세 서양의 저명한 소설들에 모두 삽화가 그려졌음은 물론이고, 중국 소설은 흔히 상도하문上圖下文이라고 하여 책 상단에는 그림을 넣고 하단에는 글을 넣는 방식을 취하거나, 아니면 아예 책 처음이나 중간에 한 면이나 두 면을 그림으로 채운 작품이 적지 않다. 일본에서는 그림이 더 큰 비중을 차지하는데, 그림 귀퉁이에 글을 조금 넣은 작품이 드물지 않다. 현대의 만화책 같은 소설이다. 오죽하면 글이 많은 소설을 '그림보다는 글이 많아서 읽는 데 치중해야 하는 책'이라 하여 '독본讀本(요미혼)'이라고까지 불렀을까.

전근대 소설에서 삽화는 약방의 감초 격이었으며 삽화 빠진 소설은 생각조차 하기 어렵다. 그런데도 조선시대 소설에서는 삽화가 전무하다. 잘 그려지거나 또는 판화로 인쇄된 정교한 삽화가 없는 것은 물론이고, 소설책의 장식으로 이용된 그림조차 하나 없다. 소설의 그림이라봐야 기껏 뒷면이나 중간에 좋은 솜씨로든 치졸한 솜씨로든 낙서한 것이 고작이다. 한국에서 소설에 그림이 등장한 것은 근대 이후의 일이다. 근대 이후 서양의 신식 인쇄기술이 도입되었는데, 이때 들어온 새로운 납활자 인쇄 방법에 따라 찍은 소설을 구활자본 소설이라고 한다. 이 소설들은 표지가 딱지처럼 울긋불긋하다고 해서 딱지본 소설이라고도 하는데, 여기서부터 소설의 표지 그림이 등장한다. 딱지본 소설은 표지 그림에 따라 판매량이 크게 좌우되었고 이 바람에 소설 제작자들이 표지 그림에도 상당한 관심을 기울였다고 한다.

『흑백수경黑白水鏡』. 1798년 간행된 것이다.

그러면 왜 유독 조선의 소설에만 그림이 없을까? 유교의 영향으로 인한 문자 중심적 문화 등도 한 가지 이유가 되겠지만, 상업이 발달하지 못한 것이 큰 원인이라 생각된다. 소설에 그림을 넣지면 품이 많이 들고 품을 들이자면 제작비가 비싸진다. 비싼 소설에 선뜻 돈을 쓸 수요자가 많지 않은 상황에서 소설에 삽화를 넣기는 어려웠던 것이다. 아주 거친 종이나 이미 사용한 종이의 이면에 베낀 필사본 소설과 조잡한 판각과 빼곡한 글씨, 저질 종이에 인쇄된 판각본 소설을 보면 이런 소설에 삽화는 어쩌면 사치일 수 있겠다는 생각이 든다. 조선은 중국이나 일본에 비해 상업 출판, 소설 출판의 성장이 뒤늦었을 뿐만 아니라, 그 규모도 작았다. 상업적 소설 출판이 18세기 이후에야 서서히 늘어나기 시작했으니, 그 사정을 대략 짐작할 수 있다.

『구운몽』(1917) 표지. 박문서관에서 간행된 것이다.

조선시대에 소설 삽화는 없었지만 소설을 그린 그림은 있었다. 하지만 삽화가 하나도 없는 터에 소설 그림이 많을 리 만무하다. 조선 사람들도 다른 나라 사람들처럼 이야기를 그림으로 나타내기를 즐겼지만, 상대적으로 중국 고사와 연관된 것이 많고, 소설을 그린 것은 적다. 엄격한 유교사회에서 푸대접을 면치 못한 소설이, 종이다 채색이다 적지 않은 비용이 드는 그림으로 그려지기란 쉬운 일이 아니었을 것이다.

그나마 얼마간 찾아볼 수 있는 소설 그림이 중국 소설 『삼국지』를 그린 그림과 한국 소설 『구운몽』을 그린 것이다. 가회미술관의 윤열수 관장은 『민화이야기』에서 전라도 지방에 『춘향전』 그림이 많다고 했지만, 공개된 도록에서는 얼마 보이지 않는다. 경희대학교 박물관, 독립기념관, 전주역사박물관, 조선민화박물관 등에서만 확인될 뿐이다. 그것도 거의 20세기 이후 그려진 것인 데다, 관련 기록도 없어서 조선시대 소설 그림에 넣어 논의하기는 어렵다. 이밖에 중국 소설로 『수호지』, 한국 소설로 『토끼전』『심청전』 그림이 사찰 벽화나 조선민화박물관과 전주역사박물관 등에서 드문드문 보이지만 따로 논의할 정도는 못 된다.

「구운몽도」 이전의 소설 그림으로는 「삼국지도」가 유일하다. 『삼

구운몽 권지단

텬하 명산 다엿시이스니 동은 태산이오 셔난 화산이오 남은
형산이오 북은 항산이오 즁은 숭산이라 오악 즁의 형산
이 가쟝 즁국의 머러 구의산 이 그 남의 잇고 졍화금북의 잇서
숑챵 강이 그 삼 면을 둘너 빗시 졔일 슉려호니 긔이라 그가
온디 면 화봉이 스니 봉만 이은북의 잔겨 령명호늘 이
너변 ...을 볏 ...

경판본 29장본『구운몽』, 효교신간, 영국도서관.

조선 후기 소설 출판은 크게 서울과 전주 두 지역에서만 이뤄졌는데, 특히 서울에서 찍은 것이 더욱 '경제적'인 형태를 띠었다.

국지』는 임진왜란 훨씬 이전에 수입되었을 뿐만 아니라 수입되자 곧 활자로 간행되기까지 했다. 『삼국지』는 임진왜란 당시 이미 종교적 차원까지 연결되었다. 임진왜란 때 명나라의 원병이 왔을 때 조선 정부는 그들의 요구로 동묘를 세웠다. 동묘는 동관왕묘東關王廟의 준말로 관왕은 곧 『삼국지』의 명장 관우를 가리킨다. 관우의 사당을 서울 동대문 옆에 세운 것이다.

이 동묘에는 대형 「삼국지도」 걸개그림이 있었다. 현재 서울역사박물관에는 거기에 걸렸던 총 아홉 장의 「삼국지도」가 있다. 물론 현전하는 그림은 19세기 것이지만, 그 이전에도 「삼국지도」는 있었을 것이다. 퇴계 이황(1501~1570)의 시에 이미 「삼국지도」의 대표 장면이라 할 수 있는 '삼고초려三顧草廬'를 그린 그림이 나온다 (정자중구제병화팔절鄭子中求題屛畫八絶). 동묘가 세워진 지 10년 남짓한 시점에 광해군은 벽에 쓴 글 등이 더러워졌으니 훼손된 곳을 수리하라는 명령을 내렸다. 동묘 벽에는 글만이 아니라 그림도 있었을 것이다. 그때 이미 관우의 화상畫像과 소상塑像은 물론이고, 「삼국지도」도 있었을 것으로 짐작한다.

『구운몽』은 『삼국지』가 간행되고 또 동묘가 만들어진 뒤로부터도 근 100년이 지나서야 간행되었다. 그러니 「구운몽도」의 제작은 「삼국지도」보다도 한참 더 뒤라고 볼 수 있다. 「구운몽도」는 일러야 18세기 중반 이후 처음 그려지지 않았나 추정된다. 「구운몽도」의 제작 시기는 「삼국지도」보다 훨씬 후대이지만 「삼국지도」와 전혀 다른 성격을 지닌다는 점에서 그 가치는 조금도 떨어지지 않는다. 『삼국지』가 국가적 대사 또는 집단의 문제를 주로 전쟁이라는 해결 방식으로 풀어나간 데 반해, 「구운몽」은 개인적인 사랑을

「삼국지도」, 서울역사박물관.

예술과 놀이 형식으로 풀어가는 작품인 까닭에, 두 작품은 물론이고 두 작품을 그린 그림도 성격이 전혀 다르다.

「구운몽도」는 언제부터 그려졌을까? 앞에서 18세기 중반 이후라고 추정했지만 분명한 증거는 그로부터도 한참 뒤에 나온다. 현재 알려진 「구운몽도」에 대한 최초 기록은 「한양가」에 보인다. 「한양가」는 1844년에 지은 서울의 풍물을 노래한 가사다. 여기에 청계천 광통교 남단에 있던 그림 가게에 대한 묘사가 있는데, 거기서 팔리는 여러 그림 가운데 「구운몽도」가 보인다. 그 「구운몽도」는 횡축橫軸 곧 두루마리 그림으로 돌다리 장면이라고 했다. 이밖에 『춘향전』에서 춘향이 방을 묘사할 때나, 판소리계 소설인 『계우사』에서 주인공인 서울의 왈짜 무숙이가 약방기생 의양이를 첩으로 들이면서 새로 첩 집을 꾸밀 때 방 안 치레를 묘사하는 대목에 보인다. 그런데 이 증거들을 가지고 「구운몽도」가 19세기 중반에 이르러서야 그려졌다고 말할 수는 없다. 「한양가」에서 「구운몽도」를 판 광통교 그림 가게는 강이천(1769~1801)의 「한경사漢京詞」에서도 성업 중으로 그려져 있다. 18세기 후반 조선의 출판, 유통 등 상업적 상황을 고려할 때, 강이천이 「한경사」를 쓸 당시 이미 「구운몽도」가 있었을 가능성이 있다. 1687년 『구운몽』 창작, 1725년 『구운몽』 간행, 1750년대 영조 임금의 『구운몽』 탐독 기록, 그리고 1762년 사도세자가 명하여 만든 『중국소설회모본』의 제작, 뒤이은 18세기 후반의 속화俗畫의 유행 등 여러 정황을 고려할 때 18세기 중반에는 「구운몽도」가 생겨나지 않았나 추정하는 것이다. 단 현전하는 「구운몽도」는 대개 20세기 이후 제작된 것이다.

현전하는 「구운몽도」 중에는 도록에 그 제작 연대를 18세기 후반 또는 심지어 17세기 후반으로까지 적은 것도 있지만, 그것을 그대로 받아들이기는 어렵다. 김호연 선생의 『한국민화』에 실린 부산 허만하 시인 소장품과 대구 김준기 소장품은 제작 시기가 각각 18세기 후반과 17세기 후반으로 적혀 있는데, 이들은 사진만으로도 상당한 고조古調가 느껴진다. 그렇다고 해도 그것의 제작 시기가 18세기 후반을 넘어서기는 어려울 듯하다.

어느 정도 제작 시기의 하한선이 잡히는 작품은 프랑스 파리 기메박물관에 소장된 족자 「구운몽도」다. 지금까지 전해지는 「구운몽도」는 거의 병풍 형태인데, 19세기 중반 기록에 남은 「구운몽도」는 모두 단면의 족자 또는 두루마리 형태이며 성진이 팔선녀를 만나는 장면을 그렸다. 이런 초기 형태를 그대로 유지하고 있는 것이 기메박물관 소장품이다. 이것은 1888년경 샤를 바라가 수집한 것이니, 그 무렵의 작품으로 짐작된다. 이밖에 하한선을 잡을 수 있는 것으로 제임스 게일James Gale(1863~1937)이 영어로 번역해 영국에서 출간한 영문본 『구운몽The cloud dream of the nine』에 수록된 판화다. 이 판화를 보면 지금 남아 있는 「구운몽도」 병풍과는 구도가 사뭇 다르다. 「구운몽도」의 구도와 스타일이 어떻게 형성·변화되어왔는지를 밝히는 일은 앞으로의 과제다.

「구운몽도」의 그림들은 어떻게 탄생했을까

「구운몽도」는 이야기 그림이다. 따라서 그 연원은 일차적으로 이야기 그림에서 찾아야 할 것이다. 이야기 그림으로 가장 멀리 소급할 수 있는 것은 불화다. 특히 부처의 일생은 그 자체가 한 편의 전기傳記여서, 그것을 그린 팔상도八相圖는 소설 그림의 본이 되기에 충분하다. 조선에서는 1447년에 간행된 『석보상절釋譜詳節』 등에서 전기 불교 그림의 형태를 볼 수 있다.

이야기 그림 가운데 불화보다 더 직접적인 영향관계를 볼 수 있는 것이 중국 희곡과 소설의 삽화다. 『구운몽』은 잘 알려져 있다시피 중국 애정소설 또는 재자가인소설로부터 일정한 영향을 받았다. 그러니 이 영향은 소설 내용뿐만 아니라 삽화에도 있을 가능성이 있다. 「구운몽도」의 대부분을 차지하는 것이 남녀의 상봉 장면인데, 이런 장면은 불화나 「삼국지도」에서는 거의 보이지 않는다. 중국 소설 삽화와 비교할 필요가 있는 것이다.

16, 17세기 이후 쏟아져 들어온 중국 소설류 가운데 쉽게 비교해볼 만한 것으로는 『서상기西廂記』가 있다. 『서상기』는 이미 16세기에 조선에 들어와서 17세기에는 양반 독자층에서 서서히 읽히고 있었다. 이건李健(1614~1662)의 「제서상기題西廂記」라는 시를 봐도 짐작할 수 있다. 이후 『서상기』는 조선에서 가장 널리 읽힌 중국 희곡이 되었다. 그런데 『서상기』의 삽화를 보면 「구운몽도」와 흡사한 것이 적지 않다. 『서상기』의 여주인공 최앵앵이 장생張生이 거문고 연주하는 것을 시녀 홍랑과 함께 듣고 있는 장면을 보자. 작품의 분위기가 「구운몽도」의 정경패 그림과 매우 흡사하다. 여성으로 변장한 양소유가 거문고를 연주하는 것을 정경패가 어머니와 함께 듣고 있는 장면이다. 『서상기』 삽화는 명나라 때 간행된 『서상기』에 수록된 것이니 이런 책들이 조선에 전래되어 영향을 끼쳤을 가능성이 농후하다. 이밖에 1617년에 간행된

「서상기」, 베이징 국립고궁박물관.

「구운몽도」정경패 장면, 경기대박물관.

「모란정환혼기」, 베이징 국립고궁박물관.

「구운몽도」백능파 장면, 세명대박물관.

중국 오대五大 명극名劇 중 하나인『모란정환혼기牡丹亭還魂記』의 한 삽화는 백능파 장면처럼 꿈을 연기로 처리하고 있다. 이런 중국 희곡과 소설의 삽화가「구운몽도」의 형성에 큰 영향을 끼쳤을 것이다.

그런데「구운몽도」형성과 좀 더 직접적인 연관이 있는 자료로『천고최성첩千古最盛帖』『만고기관첩萬古奇觀帖』『중국소설회모본』등의 화첩을 들 수 있다.『천고최성첩』은 중국 역대의 시문詩文과 관련된 그림을 그려 편집한 화첩이다. 1606년 명나라 사신 주지번朱之蕃이 조선에 전해주고 간 것이라고 한다. 이 화첩은 뒤에 조선에서 많은 모사본을 남겼다.『만고기관첩』역시『천고최성첩』과 비슷하게 중국 역대의 시문과 고사故事를 그림으로 옮긴 화첩이다. 18세기 초반에 여러 궁중 화원이 함께 그렸으며, 정조가 감상평을 남기기도 했다.『만고기관첩』에서「학루취적鶴樓吹笛」의 피리 부는 사람과 그에 따라 춤추는 학의 모습은「구운몽도」의 '난양공주 장면'을 연상케 하고,「동정비음洞庭飛吟」의 신선 여동빈이 구름을 타고 날아가는 모습은 '심요연 장면'을 떠올리게 한다.『천고최성첩』이나『만고기관첩』의 그림에서도「구운몽도」와의 연관을 찾을 수 있지만, 직접적인 연관성은『중국소설회모본』에 더욱 잘 나타난다.

『중국소설회모본』은 중국 소설의 삽화를 모아서 베낀 그림책이다. 그림이 총 128면 있는데, 그 그림 중에는『서유기』를 그린 것이 40면으로 가장 많고, 그다음이『수호지』29면,『삼국지』9면 순이다. 이밖에『열국지』『전등신화』등의 삽화가 있다. 이 책에는 서序와 소서小敍가 있는데, 1762년 윤5월 9일 사도세자가 궁중 화원

「구운몽도」중 양소유상경, 한국 ○○박물관.

「구운몽도」 잔치 장면, 개인(하단).

김덕성金德成 등 몇 명에게 그림을 그려 만들게 한 것임을 알 수 있다. 사도세자는 뒤주에 갇혀 죽기 나흘 전에 이 책의 서문을 썼다.

『중국소설회모본』 그림들을 보면 워낙 다채로워, 잘 뜯어 조합하면 「구운몽도」의 어떤 장면이라도 구성할 수 있을 정도다. '홍선투합紅線偸盒'과 '도출함곡盜出函谷'의 구름 탄 사람과 졸고 있는 문지기 모습은 마치 심요연 장면의 구름 타고 내려오는 심요연과 양소유의 군진에서 졸고 있는 군사들 같고, '장판구주長板救主'와 '신양동기申陽洞記'는 백능파 장면의 전투를 그린 듯하다.

마지막으로 거론할 수 있는 것은 「구운몽도」와 같은 범주의 민화들이다. 특히 「곽분양행락도」 「호렵도胡獵圖」 「백동자도百童子圖」 등 많은 인물이 등장하는 그림이 더욱 가깝다. 좋은 팔자의 대명사인 중국 당나라의 곽분양이 인생을 즐기는 모습을 그린 「곽분양행락도」는 양소유가 팔선녀와 모여 즐기는 장면과 비슷하다. 또 무인의 사냥 장면을 담은 「호렵도」는 「구운몽도」의 전쟁 장면이나 마상 무술 장면과 연관된다. 그리고 부귀한 백 명의 아이가 호화롭게 노는 모습을 그린 「백동자도」는 「구운몽도」의 잔치 장면이나 담소 장면과 비슷하다. 유득공의 문집에 실린 「맹영광백동도가孟永光百童圖歌」를 보면 「백동자도」는 효종이 봉림대군 시절 심양에 있을 때 중국 화가 맹영광이 헌상한 것을 귀국할 때 가져와 유포된 것이라고 하니 「구운몽도」의 연원이 될 만하다.

이처럼 「구운몽도」는 이야기 그림으로서의 불화와 중국 시문 또는 이야기 화첩, 중국 희곡과 소설의 삽화, 그리고 동일 장르인 민화 등의 복합적인 영향 속에서 형성되었다고 할 수 있다. 이런 연원에 약간의 변형을 가해 나름의 개성적인 장면을 창출한 것이다.

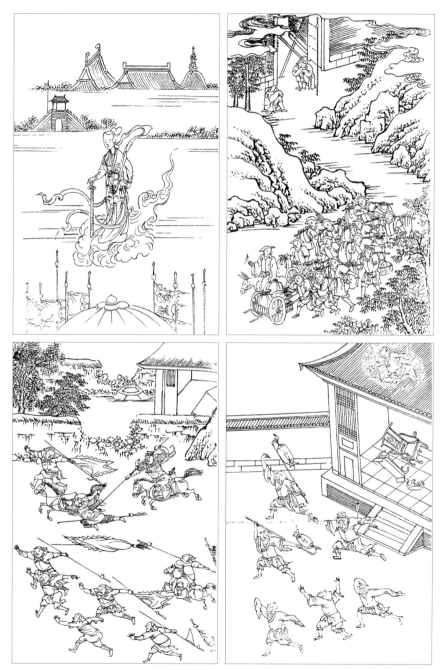

『중국소설회모본』, 국립중앙도서관.

「무후봉도」 낙가원 장면. 계명대박물관.

「구운몽도」와 어우러진 공간들

「구운몽도」는 어디에 놓였을까? 어느 곳에 가장 잘 어울리는 그림이었을까? 「구운몽도」는 민화民畫다. 그런데 민화라고 해서 화가가 서민 또는 아마추어이고, 구매층이 하층의 일반 백성이라고 생각하면 오산이다. 민화는 궁중 화원이 그린 것도 있고, 또 궁중 화원이 아니더라도 전문 화사의 그림이 많다. 1830년 불탄 경희궁을 중건하고 남긴 기록인 『서궐영건도감의궤西闕營建都監儀軌』를 보면 중건 사업에 참여한 화가로 '궁중 화원畫員'이 셋이고, '방외方外 화사畫師'로 서울 화사가 40명, 평양 화사가 10명 동원되었다고 했다. 또 경상남도 통영 같은 곳에는 관아에 화원방畫員房을 두었고, 여기에 수십 명이 근무했다고 한다. 그리고 중앙에서 화사군관畫師軍官 한 사람을 파견해 근무하도록 했다. 중앙에서 보내진 화사들 가운데는 김두량처럼 궁중 화원으로서 명성을 떨친 화가도 적지 않았다. 이처럼 조선 후기 화가들은 궁중 안팎은 물론 경향 간에도 교류를 했는데, 이들 또한 민화를 그렸던 것이다.

1960년대부터 민화를 수집한 조자용 선생의 말에 따르면, 자신이 민화를 수집할 초기에 민화는 대부분 기와집에서 나왔다고 한다. 민화의 수요층이 대개 부자들이었던 것이다. 민화는 그림의 한 종류일 뿐 그 수요층을 일컬어 쓴 말이 아니다. 그래서 요즘에는 오해를 피하기 위해 예전에 쓴 용어 그대로 속화俗畫라는 말을 쓰기도 하며, 김호연 선생은 아예 '겨레그림'이라고도 한다. 「구운몽도」도 먼저 경제적 여유가 있는 곳에서 소비되었음을 염두에 두어야 한다.

그림은 그 내용에 따라 놓일 자리가 처음부터 엄격히 정해져 있다고 볼 수는 없다. 다만 각 그림에 어울리는 공간이 있을 뿐이다. 서유구는 『임원경제지』 「섬용지贍用志」에서 "어버이의 장수를 빌거나 늙은 부모를 모시는 사람들은 「요지연도」나 「십장생도」를 많이 두고, 딸을 시집보내거나 며느리를 맞을 때는 「곽분양행락도」나 「백동자도」를 두어 복 받기를 바라는 일이 많다. 대저 재실齋室(제사 준비를 위해 마련한 집)에는 묵화 산수 병풍이 좋고, 규방에는 채색 인물 병풍이 좋다. 왜병倭屛의 금빛 그림은 침실에 펼쳐놓으면 좋은데 새벽 햇살이 막 오를 때면 사방의 벽을 밝고 환하게 만든다"고 하였다. 또 유득공의 『경도잡지』 「서화書畫」에는 「백동자도」 「곽분양행락도」 「요지연도」를 혼례용 병풍이라고 했고, 공적인 잔치에 쓰는 제용감濟用監에 있는 모란을 그린 큰 병풍은 양반 집에서 혼례가 있으면 빌려 쓰기도 한다고 했다. 이밖에 「책가도冊架圖」 병풍은 사랑방에 어울린다고 할 것이니, 이로써 대략 어떤 병풍이 어디에 어울릴지 짐작할 수 있다.

그림과 공간의 어울림을 구체적으로 살피자면, 대략 세 방향에서 자료 조사를 할 수 있다. 우선 그림이나 사진 속에 놓인 그림을 살필 수 있고, 다음으로는 어떤 장소에 그려진 벽화를 살필 수 있으며, 마지막으로 그에 대한 기록을 조사할 수 있다.

먼저 20세기 초의 각종 사진이나 엽서를 보면 인물 사진 뒤에 병풍이 놓인 것이 흔하다. 그런데 그 병풍들을 보면 글씨를 적은 것이 많으며, 그림이라면 난초 등 꽃을 그리거나 「소상팔경도」 등 산수를 그린 것이 대부분이다. 이야기 그림은 상대적으로 적은데, 「구운몽도」로 여겨지는 것은 한 점도 보지 못했다.

다음으로 벽화는 사찰에 많지만 그것은 거의 불교적 대상이나 이야기를 바탕으로 한 것이고, 관아의 부속 건물로는 충청, 전라, 경상 삼도의 수군 통제영이 있었던 통영의 세병관洗兵館과 제주에 있는 관덕정觀德亭 등에서 벽화를 볼 수 있다. 세병관은 원래 이순신 장군의 전공을 기리기 위해 만들었다고 한다. 삼도수군통제사의 본영이자 동시에 사신을 영접하고 의례를 행하는 건물인 객사로도 쓰였다. 이 건물 내부 분합문 위와 들보 아래 등에, 워낙 칠이 벗겨져 잘 알아볼 수 없으나, 「사군자도」「노송도老松圖」「비천도飛天圖」 외에 「호렵도」인지 「삼국지도」인지 모를 전쟁 그림이 몇 점 있다. 전쟁 그림은 무인의 집무처와 잘 어울린다고 할 수 있다.

관덕정은 제주 사람들이 활도 쏘며 무예를 닦고자 세운 건물이다. 관아 바로 옆에 있긴 하지만 세병관처럼 공무를 수행한 공간은 아니다. 몇몇 문집을 보면 여기서 기생 잔치를 벌이기도 했음을 알 수 있다. 건물 안에 걸린 '호남제일정湖南第一亭'과 '탐라형승耽羅形勝'의 편액도 그 유흥적 기능을 짐작케 한다. 단순한 군사훈련장이 아닌 것이다. 이 건물에는 대들보 등에 총 7점의 그림이 그려져 있다. 여기에는 「수렵도」「십장생도」 외에 이야기 그림이라 할 수 있는 「상산사호도」가 있고, 또 두목지의 '취과양주귤만거醉過揚州橘滿車' 고사를 그린 그림도 있다. 다양한 그림 구성을 보여준다.

그 가운데 두목지 고사를 그린 그림이 특히 흥미롭다. 두목지는 당唐나라 시인 두목杜牧으로, 자字가 목지牧之다. 두목은 시인으로도 유명하며 특히 미남의 대명사로 알려져 있다. 그는 승상 우승유牛僧儒를 따라 양주揚州에서 근무했는데, 종종 기생집을 출입하며 기생들 사이에 이름이 높았다. 인기가 얼마나 좋았던지 그가 술에 취해 양주 거리를 지나가면 그를 사랑하는 기생들이 사랑의 표시로 귤을 던져 그가 탄 수레에 금방 가득 찼다고 한다. '취과양주귤만거'는 '취해서 양주를 지나니 귤이 수레에 가득하네'라는 뜻이다. 관덕정은 기생 잔치에도 쓰인 곳이니 이런 그림이 흥을 돋우었을 것이다.

위의 여러 예를 보면 『구운몽』이 어디에 어울릴지 짐작할 수 있다. 『구운몽』은 이야기의 중심이 한 남성과 여덟 여성의 결연에 있다. 분위기는 다분히 낭만적이고 환상적이다. 이런 분위기가 어울리거나 필요한 곳은 어디일까? 단정한 선비의 사랑방에 두기는 선비의 맑고 근엄한 정신세계와 어울리지 않고, 남녀칠세부동석을 어릴 때부터 들어온 잘 배운 규수의 안방에 두기에는 지나치게 외설적일 수 있다. 이런 사정을 감안할 때, 「구운몽도」와 가장 어울리는 공간은 향락 공간, 곧 기생방이라 할 수 있다. 물론 기생방이라고 해서 「구운몽도」 같은 그림으로만 장식되어 있지는 않았을 것이다. 20세기 초에 찍은 많은 기생 사진의 배경에서도 「구운몽도」 병풍은 볼 수 없다. 대개는 산수와 화초 그림이고, 가까운 것이라야 고작 「곽분양행락도」 또는 「백동자도」로 보이는 병풍뿐이다. 사정이 이렇다 하더라도 「구운몽도」가 어울리는 자리는 여전히 기생방 등으로 대표되는 향락 공간일 것이라 생각된다. 기생들이 사진을 찍을 때는 일부러 그런 향락적 배경을 피했을 가능성이 있다. 앞의 『춘향전』이나 『계우사』에서 본 것처럼 기생방을 꾸밀 때 「구운몽도」가 나왔음을 다시 떠올릴 필요가 있다.

통영 세병관과 벽화.

제주 관덕정과 벽화.

「구운몽도」, 메마른 현실을 분방하게 표현하다

「구운몽도」는 다양한 화격과 화풍을 보여주고 있다. 내가 접한 40점 남짓의 작품 가운데 어떤 작품을 그대로 모사한 듯한 것은 거의 볼 수 없었다. 모두 자기 나름의 필치와 화풍을 보여주었다. 「구운몽도」는 구도가 거의 유사하지만 그렇다고 베낀 것은 아니다. 모두 나름의 개성을 간직하고 있다. 선배들의 그림을 의식하되 자기식으로 재해석한 것이다.

「구운몽도」의 개성은 곧 자유로움이다. 어디에 얽매이지 않는 활달함과 분방함이 「구운몽도」의 정신이며, 이는 곧 『구운몽』의 정신이기도 하다. 『구운몽』에서는 누구도 억지로 혹은 강제로 일을 이루는 법이 없다. 양소유는 하고 싶은 대로 하는 인물이고 팔선녀도 그렇다. 진채봉, 백능파 정도가 일시적으로 억압을 경험하지만 모두 속박에서 해방된다. 임금이 억지로 양소유를 공주와 결혼시키려고 하지만 양소유의 결심을 꺾지는 못한다. 『구운몽』에서 강제란 불가능을 뜻한다. 2처6첩의 여덟 부인을 둔 것에서 제도적 속박을 떠올리겠지만, 불합리한 제도 속에서 그 누구도 구속감을 느끼지 않는다. 그것이 곧 육관대사가 성진을 속세로 보낸 이유이기도 하다. 『구운몽』의 맨 마지막 장면에서 성진이 육관대사에게 속세로 자신을 보내 세상사가 얼마나 허망한지 깨닫게 해주어 고맙다고 하자, 육관대사는 이렇게 말한다. "네 스스로 흥이 나서 갔고 흥이 다해 돌아왔으니, 그 사이에 내 무엇을 간여했겠느냐?" 육관대사에 따르면 성진은 자기가 가고 싶어서 갔고 돌아오고 싶어서 온 것이다. 이것이 『구운몽』의 주제다. 곧 자유와 해방이다.

자유와 해방의 공간에는 낭만적 사랑이 있다. 그리고 낭만적 사랑은 다양한 예술과 연결되어 있다. 시는 물론이고 거문고·퉁소·피리 등의 악기 연주, 그림·자수 등의 시각예술 등 생각할 수 있는 모든 예술 장르가 활용되고 있다. 예술에다가 신선 취향과 몽상적 세계가 낭만성을 더욱 높인다. 퉁소를 부니 청학이 날아들고, 꿈 속에서 다시 꿈으로 들어가는 등 신비와 환상은 이쪽 세계의 낭만이 저쪽 세계의 낭만과 연결됨을 보여준다. 「구운몽도」의 낭만성은 정경패 장면의 악기 연주, 난양공주 장면의 청학이 날아와 춤 추는 모습, 자객 심요연이 구름을 타고 내려오는 장면, 백능파 장면의 수중 전쟁, 낙유원에서 춤과 무예를 겨루는 장면 등에서 대표적으로 구현된다.

『구운몽』의 낭만성은 아주 현실적인 국면조차 낭만적으로 만들어버린다. 살인과 전쟁 등 죽음과 연관된 부분이 그렇다. 심요연이 칼을 들고 양소유를 찾아오는 장면을 보면 전혀 살기를 느낄 수 없다. 오히려 새로운 만남의 기대로 충만해 있다. 살인의 공포보다는 흥미롭고 환상적인 쇼의 기대감이 느껴질 뿐이다. 마찬가지로 백능파의 수중 전쟁 장면도 전쟁의 잔혹과 공포보다 이계異界에 대한 신비로움과 축제의 즐거움만 나타낼 뿐이다. 「구운몽도」는 죽음조차 낭만적으로 그린 낭만주의의 극치를 보여준 작품이다.

『구운몽』을 현실적인 맥락에서 읽으면, 양소유는 열 살 남짓한 어린 나이에 아버지를 잃었고, 처음 만난 여자 진채봉은 난리 통에 아버지가 역적이 시킨 벼슬을 맡았다 하여 벌을 받아 죽었다. 진채봉은 귀한 집안에서 태어나 아버지와 연좌되어 궁중의 천인

「구운몽도」, 종이에 채색, 각 58.0×28.0cm, 19세기, 영월 조선민화박물관.
왼쪽으로부터 돌다리, 진채봉, 계섬월, 정경패, 심요연, 백능파 장면.

으로 전락했다. 양소유 또한 태후와 임금이 부마로 삼으려고 하다가 여의치 않자 감옥에 보내 억울한 옥살이를 했다. 『구운몽』에서도 얼마든지 비극적인 국면을 추려낼 수 있지만, 『구운몽』의 비극은 비극이 아니다. 그저 더 큰 행복을 위한 준비 단계로 여겨질 뿐이다.

『구운몽』이 그리는 낭만의 세계는 하늘과 자연과 인간이 잘 어우러지고, 남자와 여자가 함께 누리며, 제왕부터 천인까지 자신이 원하는 바를 모두 자유롭게 행하는, 현실의 귀천과 빈부에도 불구하고 인간들끼리 아무런 간극 없이 사는 조화의 세계와 연결된다. 세로로 긴 직사각형의 전형적인 「구운몽도」에는 상단에 하늘과 구름과 산이, 중단에 나무와 집과 인간이, 그리고 하단에는 물이 흐른다. 상단의 환상적 신선세계와 중단의 우아한 풍류세계, 그리고 하단의 청담淸淡한 자연세계가 조화를 이루며 최상의 이상공간이 표현되고 있는 것이다.

물론 『구운몽』이 그린 세계는 작가 김만중이 살았던 현실의 모습이 아니다. 오히려 현실과는 크게 동떨어진 세계다. 김만중은 유배의 고통을 견디며 이 작품을 썼다. 평안도 선천의 벽지에서 언제 사약을 받을지 모를 상황에서 불안과 공포를 잊기 위해 『구운몽』을 썼다. 세상에 알려져 있기로는 유배지에서 어머니를 위로하기 위해서 썼다고 한다. 자기가 겪는 어려움보다 어머니가 아들 걱정에 더 큰 고통을 겪을 것이니 그것을 염려해 소설을 썼다는 것이다. 김만중은 참으로 효자다. 김만중의 정치적 반대파조차 그의 효성은 인정했으니 충분히 그럴 수 있을 것이다. 김만중은 병자호란의 피란지 뱃속에서 태어났고, 피가 튀도록 매를 맞고 유배 가고 목이 잘리는 조정의 쟁투 한가운데에 있었다. 인간들이 서로 목숨을 건 싸움을 벌이는 현실을 모를 리 없는 김만중이 이런 사랑과 낭만, 해방과 조화의 세계를 그린 것이다.

사실주의적 관점에서 보면 『구운몽』은 현실의 고통을 잊게 하는 마약과 같다. 현실적 각성을 막는 장애물일 뿐이다. 옳은 말이다. 하지만 사람들을 언제나 지옥 같은 처참한 현실에만 맞닥뜨리게 할 수는 없다. 척박하고 엄혹한 현실을 몰라서가 아니라 눈만 뜨면 마주해야 하는 고통스런 현실을 잠시라도 잊기 위해서 이런 작품이 필요하다. 김만중도 그렇고, 김만중의 어머니 윤부인도 그렇고, 『구운몽』을 즐겨 읽은 영조 또한 마찬가지였을 것이다. 영조는 조선 제일의 군왕이었지만 평생 여러 가지 일로 마음고생이 심했다. 그런 사람에게 『구운몽』은 살벌하고 메마른 현실에서 살짝 빠져나오게 하는 탈출구이자 위로처였다.

5장

그림이 삶의 행복을
가져다줄 수 있을까?

조선 사람들의 바람을 담은 민화

정병모

"그림에는 반드시 뜻이 있고 뜻은 반드시 길상이다"

    2013년 3월 경주에서 '민화란 무엇인가'라는 주제로 경주민화포럼이 열렸다. 토론회에서 일본 도시샤 대학의 기시 후미카즈岸文和 교수는 민화를 '행복화幸福畫'라고 부르자고 제안했다. 몇몇 소장학자 사이에서 행복화란 말이 잔잔한 반향을 일으켰다. 한 발표자는 신문에 「행복화라고 부릅시다」라는 칼럼을 싣기도 했다. 행복화 덕분에 행복했던 포럼이었다. 이에 앞서 2007년 필자는 부산박물관에서 개최한 민화전에 '행복이 가득한 그림, 민화'라는 제목으로 자문을 한 바 있다. 민화에 깃들어 있는 상징코드는 '행복'이다. 행복한 가정을 꾸리고 행복한 생활을 영위하기 위한 다양한 이미지가 민화를 구성하고 있는 것이다.

    행복이라는 상징세계는 민화에만 국한되지 않는다. 청나라 시기에 전하는 말로 "그림에는 반드시 뜻이 있고, 뜻은 반드시 길상이다圖必有意, 有必吉祥"라는 것이 있다. 그림 속의 이미지는 모두 상징성을 지닌다는 의미다. 그것은 행복을 빌고 출세를 염원하며 장수를 소망하는 복록수福祿壽의 길상吉祥이다. 길상의 원뜻에는 기복적인 바람뿐만 아니라 윤리적 덕목도 포함되어 있다. 후한 때 허신許慎이 편찬한 『설문해자說文解字』를 보면, 길吉은 선善이고 상祥은 복福이라 했다. 착하고 복되게 사는 것을 길상이라 여겼다. 길상의 의미에는 윤리적인 선과 기복적인 복이 복합되어 있다. 당나라 때 성현영成玄英(601~690)은 『장자莊子』에 나오는 길상지지吉祥止止에 대해서 "길이란 행복하고 선한福善 일이며, 상이란 아름답고 기쁜嘉慶 일의 징후다"라고 소疏를 달았다. 행복하고 선하고 아름답고 기쁜 일이 길상이란 뜻이다. 길상을 통한 행복은 기복과 윤리 양면이 조화를 이룰 때 진정으로 느낄 수 있다.

민화는 단순히 아름다운 이미지만을 추구하지 않는다. 아름다움과 더불어 행복을 염원하고 장수를 기원하며 출세를 꿈꾼다. 아름다운 이미지임과 동시에 기복의 상징체다. 복잡한 이미지로 구성된 조선 민화와 인상파 회화를 비교해보면 그 의미가 좀 더 선명해질 것이다. 첫 번째는 19세기 무명 화가가 그린 「책거리」다. 책갑들 주위로 두루마리, 주전자, 바구니, 술병, 필통, 향로, 모란꽃, 작약, 연꽃, 오이, 참외, 수석 등이 한데 어우러져 있다. 서안과 연상의 가구로 복잡하게 놓여 있는 기물과 식물들을 정리하려고 하나 역부족이고, 가야금이 이들 사이로 비녀처럼 질러져 있어 복잡함의 극치를 보여준다. 저마다 한껏 목소리를 내는 이들 기물과 식물은 개성을 살리며 어울림을 꾀하는 재즈풍의 합창을 연상케 한다.

두 번째는 복잡하다기보다는 어지럽혀졌다고 보는 것이 더 적절한 작품이 있다. 위의 그림과 비슷한 시기에 제작된 인상파 화가

「책거리」, 종이에 채색, 107.5×61.6cm, 19세기 후반, 개인.

「파일바구니가 있는 정물」, 세잔, 캔버스에 유채, 65.0×81.0cm, 1888~1889년경, 프랑스 오르세미술관.

폴 세잔이 그린 「과일 바구니가 있는 정물」이다. 식탁 위에 과일바구니, 항아리, 주전자, 과일들이 어지럽게 놓여 있고, 게다가 구겨지고 더럽혀진 하얀 식탁보가 이들을 쓸고 떨어질 태세다. 세잔은 일상과 평범함을 드러내 보이기 위해 서민의 식당을 배경으로 택했고 그것도 사소한 과일과 기물을 소재로 등장시켰다. 아울러 그것을 표현하는 방식도 세련됨보다는 질박함을, 시각적 사실성보다는 촉각적인 느낌을 강조했다. 세잔이 전하려는 메시지는 사소하고 평범한 소재가 하찮은 것이 아니라 아름답고 가치 있는 것임을 역설하고 있다.

두 그림 모두 흐트러짐 속에서 아름다움을 추구한 점이 공통된다. 그런데 결정적인 차이가 있다. 민화 책거리는 세잔의 정물화와 달리 단순한 장식이나 이미지 표현에 머물지 않았다. 그림 속의 기물과 식물들은 각기 의미하는 상징들이 있다. 책과 문방구는 학문의 중요성을 강조하고, 작약과 모란은 행복을 추구하며, 오이와 참외는 씨가 많기 때문에 다산, 그중에서 다남多男을 염원하고, 수석은 장수를 기원한다. 이 그림은 사내아이를 많이 낳고 공부를 열심히 해서 출세하여 행복을 누리며 장수하라는 염원을 담고 있다.

민화는 서양화의 이미지와 달리 복합적이고 총체적인 특색을 보였다. 이미지를 통해서 상징적인 의미를 은유했고, 상징성을 통해서 궁극적으로 인간의 행복을 꿈꿨다. 과연 민화에 나타난 행복의 세계는 어떤 것인지 그 유형별로 살펴보자.

불교와 유교를 넘나들었던 모란
연꽃과 함께 그려진 새와 물고기

민화 속에 펼쳐진 행복의 조건은 '가정의 평안'이다. 화조화에
조차 다정한 부부의 모습이 보이고 화목한 가정이 펼쳐져 있다.
많은 학자는 다른 사람들과의 관계가 원만할 때 행복지수가 높아
진다고 보았는데, 우리에게 있어서는 가정이 무엇보다 우선순위
다. 이는 가족을 중심으로 생활이 이뤄진 전통사회의 특색을 보
여준다.

새 가운데 금슬이 가장 좋은 새는 원앙이다. 물새인 원앙은 암
컷과 수컷이 결코 서로 떨어지지 않는다. 누군가가 한 마리를 잡아
간다면, 남은 한 마리는 제 짝을 그리다가 죽고 만다. 그래서 원앙
을 필조匹鳥, 즉 배필 새라 한다. 쌍으로 그려진 새들은 음양의 조
화이자 부부 화합을 상징한다. 또한 백두조는 할미새의 종류로 머
리가 검지만 눈썹 뒤는 희다. 이 때문에 주례사의 단골 문구로 등
장하는 검은 머리 파 뿌리가 되도록 해로하라는 축원의 의미가 새
형상에 담겨 있다.

단란한 가정의 상징은 상상의 동물에서도 예외가 아니다. 봉황
은 상상의 새이지만 구추도九雛圖라 하여 암수 봉황이 아홉 마리
새끼와 단란하게 그려지고, 기린이나 해태도 화목한 가정을 이룬
다. 이들 화조도 병풍은 주로 안방의 부인들을 위해 제작되는데,
그것은 이들 그림이 가정의 행복과 화합을 기원하기 때문이다.

가족 개념은 민화뿐만 아니라 궁중 회화 및 문인화에서도 마찬
가지로 나타난다. 하지만 민화에서는 가족관계가 고상하게 그려

「물가의 원앙」, 종이에 채색, 158.0×77.5cm, 19세기, 국립광주박물관.

질 뿐만 아니라 매우 현실적이고도 해학적으로 표현된다는 점에서 다른 유의 그림과 차이가 난다.

삼성미술관 리움 소장 「화조도」는 궁중 장식화다. 치밀하고 세련된 묘사와 고급스러운 채색화풍을 보여주고 있다. 화면 한쪽 면에 기대어 부드러운 곡선을 그리며 기어오르는 듯한 형상의 바위와 그 위에 부드럽게 휘어진 나뭇가지 사이에 날카롭게 사선 방향으로 곧게 뻗은 공작의 꼬리가 강한 대비를 이루고 있다. 이 작품에 등장하는 새들은 모두 쌍을 이루고 있다. 부부 화합을 상징한 것이다.

파리 기메동양박물관의 민화 「화조도」에서도 새들이 짝지어 노

「송학봉황도」, 한지에 채색, 104.0×56.0cm,
19세기 후반, 온양민속박물관.

「화조도」, 종이에 채색, 각 132.8×48.0cm, 18세기, 삼성미술관 리움.

「화조도」, 종이에 채색, 각 102.0×35.5cm, 19세기 후반, 파리 기메동양박물관.

「모란 병풍」, 종이에 채색, 각 124.5×34.5cm, 19세기, 온양민속박물관.

닐고 있다. 그런데 자세히 보면 궁중 회화와 차이점이 드러난다. 새들이 벌레와 물고기 등의 먹이를 두고 서로 나눠 먹는 모습을 볼 때 한편으로 매우 따뜻하고 인간적인 면모가 보이면서 다른 한 편으로 흥부네 가족처럼 치열한 모습도 엿보인다. 의외의 장면에 해학적인 요소를 더한 발상은 서민 화가만이 구사할 수 있는 자유 로움이다. 이미지의 변형과 해학적인 친근감은 민화다운 맛을 풍 부하게 한다.

행복의 꽃이라면 단연 모란을 꼽을 수 있다. 화려하고 아름다운 외형에 부귀를 상징한 까닭에 모란은 다른 꽃보다 더 큰 각광을 받았다. 송나라 유학자 주돈이周敦頤는 「애련설愛蓮說」에서 "모란은 꽃 가운데 부귀한 것이다"라고 읊었다. 모란 이미지의 쓰임은 궁중 과 민간을 가리지 않았고, 사찰에서도 연꽃 못지않게 많이 쓰인 이미지였다. 뿐만 아니라 살아 있을 때는 물론 죽음을 맞았을 때 에도 모란문으로 치장되었다. 특히 혼인, 회갑연, 회혼례 등 잔치 때에는 모란병풍이 필수적이라 할 만큼 인기를 끌었다. 궁중에서 는 가례, 길례, 흉례 등 행사에 모란병풍을 많이 쳤고, 여유가 없 는 사대부는 잔치 때 제용감濟用監이란 관청에서 모란대병을 빌려 쓰기도 했다. 경기도 화성지역 성주굿의 사설은 "모란병풍에 인물 병풍 화초병풍을 얼기설기 쌍으로 쳐놓고"로 시작된다. 모란병풍 을 앞세운 것은 다른 병풍보다 사용 빈도가 높았음을 시사한다.

모란도와 더불어 인기를 끈 꽃그림은 연화도다. 연꽃은 그 의미 가 풍부하고 상징의 역사가 매우 오래되었다. 연꽃 하면 불교의 전 용적인 상징으로 여겨지지만, 불교 전래 이전에 이미 건축이나 예 술품의 무늬로 쓰였다. 이때 연꽃은 하늘을 상징하게 된다. 연꽃

「연화도」, 비단에 채색, 101.1×38.5cm,
19세기 후반, 도쿄 일본민예관.

문양이 천장 중앙에 그려진 것도 그러한 의미로 파악된다. 불교에서 연꽃은 진흙탕 속에서도 청결한 꽃을 피우는 속성에 비유해 더러운 속세에서 맑은 진리를 피어내는 정결의 상징이 되었다. 특히 초창기 불교미술에서는 연꽃을 통해서 보살, 천인 등과 같은 이상적인 존재로 새롭게 태어나는 연화화생蓮華化生의 의미로 많이 활용되었다. 장천1호분, 오회분4호묘, 오회분5호묘 등 고구려 고분 벽화에 그려진 연꽃도 연화화생의 의미였다. 그런데 연꽃은 불교를 상징하는 데만 머물지 않았다. 유교에서 연꽃은 주돈이가 언명했듯이 군자를 상징한다.

　민화 속의 연꽃은 불교나 유교의 상징과 달리 여러 길상적인 의미를 지닌다. 연꽃이 어떠한 소재와 짝을 짓느냐에 따라 그 의미도 변화한다. 물총새가 연밥을 쪼면 다산이나 출세를 기원한다. 연밥에 촘촘히 박힌 씨들은 귀한 아들을 빨리 낳기를 기원하는 '인하득우因何得耦'를 의미하고, 그 씨를 쪼는 행위는 출세하기를 바라는 뜻을 담고 있다. 연꽃과 물고기가 그려지면 해마다 넉넉하고 풍족한 생활을 영위하기를 기원하는 '연년유여連年有餘'를 뜻한다. 연꽃의 연蓮은 잇따를 연連 자와, 물고기의 어魚 자는 여유로울 여餘 자와 중국 발음이 같아 서로 바꿔 쓸 수 있기 때문이다. 연꽃과 물고기는 우의寓意적으로 매년 풍요롭기를 바라는 의미가 된다. 제비가 연꽃 위를 나는 그림은 천하가 태평하여 살기 좋은 세상이 되기를 축원하는 '하청해안河淸海晏'의 의미다. 때문에 여러 형식의 연꽃 그림을 한 병풍에 모두 담아 방에 친다면, 거주자는 "행복의 연못" 속에서 사는 셈이 된다. 이러한 이유로 연화도가 많은 사랑을 받았고, 그 조형적 표현 또한 다채로웠다.

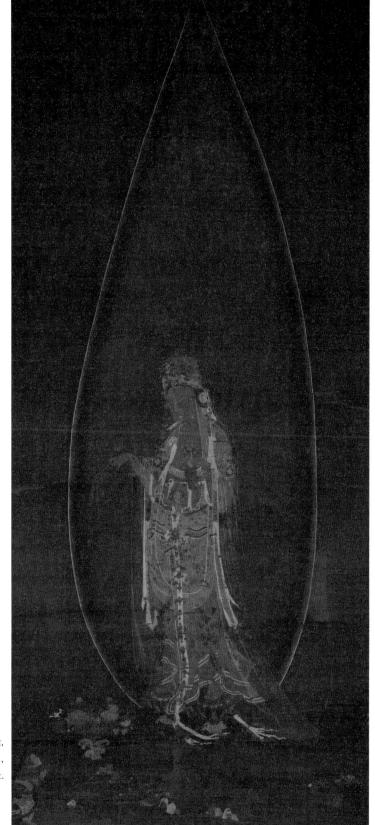

「수월관음도」, 혜허慧虛,
비단에 채색, 144.0×62.6cm,
일본 센소 사浅草社.

백 명의 아이를 그린 까닭
포도와 오이와 가지가 상징하는 것

대를 이어 자손이 번성하는 것은 전통사회에서 매우 간절한 소
망 중 하나였다. 특히 사내아이로 대를 잇는 것은 소망을 넘어 간
절한 신앙의 경지에 이르렀다. 『동국세시기』에 기록된 충청도 진천
의 풍속에 대한 짧은 언급에서도 절박함이 여실히 느껴진다. 3월
3일부터 4월 8일까지 여자들이 무당을 데리고 우담牛潭에 있는 동
서東西 용왕당龍王堂, 삼신당三神堂으로 가서 아들을 낳게 해달라고
기도했다. 그런데 그 행렬이 끊이지 않고 사방의 여인들이 모두 와
서 기도하여 시장판처럼 1년 내내 들끓었다고 한다. 대를 이을 아
들이 없어 양자를 들일 때에도 혈족 가운데서 찾았다.

사내아이를 낳을 수 있다면 무슨 일이든 서슴지 않았다. 용하다
는 산신, 용왕신, 삼신, 칠성신, 미륵부처에게 빌고, 남녀의 성기
모양을 한 돌이나 나무에 비벼대며, 몸속에 부적이나 은장도를 지
니고, 심지어 수탉의 생식기까지 날것으로 먹었다. 생명을 존중하
고 생산력을 중요시하며 가부장적인 권위가 지배한 전통사회에서
는 사내아이를 낳기를 바라는 소망이 단연 우위를 차지했다.

다남의 소망을 담은 고사인물화로는 「곽분양행락도郭汾陽行樂圖」
와 「백동자도百童子圖」가 대표적이다. 「곽분양행락도」는 당나라 때
분양왕汾陽王으로 봉해진 명장 곽자의郭子儀(697~781)가 자손과 신
하들에 둘러싸여 연회를 베푸는 장면을 묘사한 그림이다. 곽자의
는 복장福將, 복성福星으로 불릴 만큼 만복을 상징하는 인물이다.
그런 까닭에 「곽분양행락도」는 궁중의 가례嘉禮 때 이를 축하하는

그림으로 제작되었고, 민간에서는 혼례 장식화로 쓰이곤 했다.

「백동자도」는 많은 어린이가 놀고 있는 장면을 그린 것이다. 원래 이 그림은 지혜롭고 재주와 학식이 많은 백 명의 아들을 둔 주周 문왕에 대한 이야기를 담은 것인데, 조선에서는 궁중에서 「곽분양백자도」라는 제목의 그림이 존재했듯이 곽자의가 백자천손을 거느린 팔자 좋은 사람의 대명사로 인식되었다. 흥미로운 점은 동자들의 놀이가 초기에는 목마, 연놀이, 연꽃놀이 등 중국의 놀이에서 점차 닭싸움, 술래잡기, 소꿉장난, 미역 감기, 재주넘기 등 조선의 놀이로 바뀐 것이다.

국립민속박물관 소장 「백자도」는 더 이상 중국을 배경으로 삼지 않고 훈련각訓鍊閣이라는 편액이 달려 있는 우리 관아 건물에 우리 복식을 한 어린아이들이 벼슬놀이를 하고 있는 장면을 담고 있다. 어사화를 쓰고 목마 탄 미래의 과거급제자 일행이 악대의 음악에 맞춰 행진하는 모습은 영락없이 평생도의 과거급제 장면이고, 훈련각에 앉아 병사들을 호령하는 것은 무관의 모습을 흉내 내고 있다. 이 그림은 더 이상 주나라 문왕을 운운할 필요가 없을 만큼 한국화되었다. 이처럼 고사인물화는 대부분 중국 이야기를 대상으로 삼았지만 민화가들은 우리 이야기인 양 친숙한 모습으로 각색하는 데 능했다.

그림 속에 깃든 다남의 소망은 매우 은유적으로 표현된다. 씨가 많거나, 넝쿨이 이어지거나, 남근을 연상케 하는 과일이나 채소는 영락없이 다산의 상징이다. 포도, 수박, 석류, 불수감, 연밥 등 씨가 많은 과일이나 채소는 씨 하나하나가 사내아이를 상징한다. 포도, 오이, 참외 등 넝쿨이 있는 것은 자손이 끊이지 않고 이어지기

「곽분양행락도」(8폭 병풍 중 제4폭), 종이에 채색, 각 71.0×42.0cm, 19세기 후반, 국립민속박물관.

「백저도」(8폭 병풍 중 제1폭), 종이에 채색, 60.0×34.0cm, 20세기 전반, 국립민속박물관

를 바라는 기원을 담고 있다. 오이나 가지같이 남근을 연상케 하는 채소는 남아에 대한 간절한 소망의 직설적인 표현이다.

이들 상징 가운데 비교적 오랫동안 각광을 받은 소재는 포도다. 포도는 넝쿨식물로서 열매가 많이 열리기 때문에 그 열매는 자손이고 그 넝쿨은 자손의 번창을 의미했다. 우리나라에 포도가 전해진 시기를 확실히 알 수 없으나, 포도가 미술의 문양으로 사용된 것은 일찍이 통일신라시대의 기와에서부터 나타난다. 암막새의 드림새에 아름다운 곡선의 넝쿨과 싱그러운 포도 알갱이들이 어우러진 문양이 새겨졌다. 고려시대에도 포도는 문양으로 애용되었다. 포도문동경, 청자상감포도문병 나전칠기포도문함 등 여러 공예품에 사용되었다. 조선시대에는 포도문과 더불어 포도도葡萄圖도 즐겨 그려진다. 특히 16, 17세기에는 황집중, 이계호 등 포도를 전문으로 그리는 화가까지 등장했다. 19세기에 그려진 것으로 추정되는 프리어 갤러리의 「포도도병」은 주렁주렁 매달린 포도송이로 동자의 모습을 형상화했다. 포도와 동자상이 중

「포도도」, 종이에 먹, 82.0×37.0cm, 19세기, 도쿄 일본민예관.

첩되어 있는 독특한 작품이다. 이 작품은 포도가 무엇을 상징하는 식물인지를 직접적으로 보여주고 있다. 포도와 넝쿨에 다른 이미지를 중첩시켜 그리는 방식은 중국의 민간 연화에서도 발견된다. 우창武強의 민간 연화 중에는 용쟁호투의 장면을 포도로 이미지화한 작품이 있다.

전통사회에서 다남은 행복한 가정을 꾸려가기 위한 조건이었다. 서민들은 백동자처럼 직설적으로, 또는 씨가 많은 과일이나 남근을 상징하는 채소를 통해 은유적으로, 민화를 통해 다남을 염원했다. 그러다가 현대에 와서는 남녀차별이 점점 더 옅어지고 다산의 효용도 약해졌다.

양반이 되길 꿈꾸고 양반처럼 행세하길 바라다

민화 고사인물화는 실제로 전하는 작품이 많지 않지만, 기록상으로는 그 선호도가 매우 높았다. 조선 후기의 고소설『옥단춘전』을 보면 월매의 집이 그림으로 가득해 언뜻 미술관에 들어온 듯한 느낌이 들 정도다. 그런데 그 집에 붙어 있는 그림 대부분이 고사인물도. 위수渭水가에 문왕文王이 만나러 왔지만 강태공姜太公이 곧은 낚싯대를 강물에 넣고 의연히 앉아 있는 모양을 그린「강태공조어도姜太公釣魚圖」, 당나라 시인 이태백李太白이 채석강의 밝은 달밤에 포도주를 취하도록 마시고 물에 비친 달을 잡으려고 섬섬옥수를 넌지시 집어넣는 장면을 그린「이태백급월도李太白汲月圖」, 한漢나라 종실宗室 유비가 제갈량을 만나러 풍설 중에 걸음이 좋은 적토마를 뚜벅뚜벅 몰아가는 모양을 그린 「삼고초려도三顧草廬圖」, 네 노인이 바둑판을 앞에 놓고 흑기백기黑碁白碁 두는 모양을 그린 「상산사호도商山四皓圖」 등이다. 『옥중가인』에 묘사된 월매의 집에 걸린 그림들은 『옥단춘전』에서보다 더 많은데, 모두 16점으로 그 가운데 고사인물화가 13점을 차지한다.

소설뿐 아니라 19세기 서울의 정경을 묘사한 『한양가』에서도 같은 추세를 읽어낼 수 있다. 광통교 아래에서 파는 그림들은 「구운몽도」 「강태공조어도」 「상산사호도」 「삼고초려도」 「귀거래도」 등 고사인물화가 주류를 이룬다. 18, 19세기 국문소설, 판소리, 무가巫歌 등 기록에 열거된 민화의 제재를 보면 단연 고사인물화가 압도적이다.

왜 민화에서 고사인물화 비중이 높은 것일까? 그것은 양반 문화에 대한 서민의 동경에서 비롯되었을 것이다. 민화가 유행한 19세기에 양반 수가 급증했고 양반의 신분을 돈으로 사고파는 일까지 벌어졌다. 이는 양반이 세상을 지배한 조선의 기강이 흔들리면서 나타난 현상이다. 고사인물화는 사대부 사이에서 인기가 높았던 장르인데, 서민들도 이를 선호했던 것이다.

그런데 민화로 표현된 고사인물화는 사대부 회화에서와 다른 면모를 보였다. 바로 오랜 신분사회에서 뿌리박힌 수직적 관계를 수평적인 관계로 과감히 바꾸려는 인식의 전환이다. 「삼국지연의도」에 등장하는 영웅을 우스꽝스러운 캐릭터로 끌어내리고, 백수의 왕 호랑이를 바보 호랑이로 전락시키며, 임금의 상징인 용은 뱀처럼 그리고, 봉황은 닭처럼 묘사했다. 어떠한 권위도 민화 속에서 금세 거세되어 그들은 평범하고 친근한 존재로 탈바꿈한다. 서

「삼국지연의도」, 종이에 채색, 각 76.0×33.0cm, 19세기 말~20세기 초, 가나아트센터.

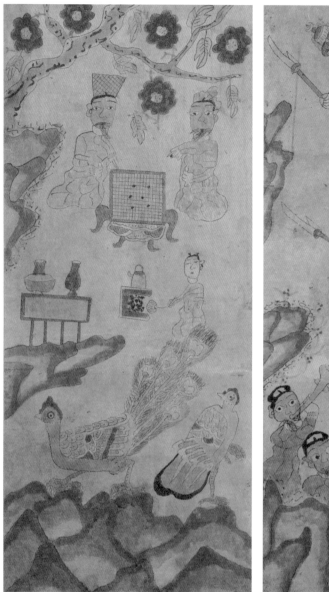

민들은 이러한 신분 변화 속에서 또다른 행복을 느꼈을 것이다.

민화 「삼국지연의도」는 관성묘에 모신 예배화와 달리 그저 흥미진진한 이야기 그림일 뿐이다. 그런 까닭에 등장인물들도 더 이상 엄숙하지 않다. 삼성미술관 리움에 소장된 민화 「삼국지도」에서는 장비가 장판교長坂橋 위에서 고리눈을 동그랗게 뜨고 손에 장팔사모를 움켜쥔 채 위세를 부리고 있다. 의심이 많은 조조는 말을 타고 급히 달려왔으나 다리 부근에 있는 무기와 깃발 등을 보고 감히 공격할 엄두를 내지 못한다. 이를 눈치 챈 장비가 우레와 같은 소리를 버럭 지르자 조조 곁의 하후걸夏侯傑은 간담이 서늘해져 말 아래로 고꾸라지고 만다.

여기에 등장하는 인물들은 누구든 간에 한결같이 우스꽝스럽게 표현되어 있다. 이는 지나치게 이상화한 영웅보다 자신들처럼 평범하고 친근한 캐릭터를 원하는 서민의 세계관이 반영되었기 때문이다. 민화 작가들이 추구한 삼국지 세계는 나관중의 『삼국지연의』와 전혀 다른 면모를 보여준다. 민화에서는 하늘을 찌르는 영웅호걸들의 기상이 온데간데없다. 그들은 우리처럼, 아니 우리보다 못한 존재로 격하된다. 민화 작가들은 나관중이 묘사한 영웅들을 그대로 받아들인 것이 아니라 '우리들의 일그러진 영웅'으로 각색했다. 중원을 호령하던 삼국지 영웅들을 우리처럼 평범한 존재로 내려앉혔다. 그것도 웃음을 통해서 아주 간단하게 말이다. 적어도 민화의 세계는 불필요한 권위의식을 용납하지 않고 평등을 추구한다. 그것이 민화가 우리에게 전하는 소리 없는 메시지다.

파리 기메동양박물관의 민화 「강태공조어도姜太公釣魚圖」는 보통의 「강태공조어도」와 다른 면모를 보인다. 등 뒤로 병사들이 떠

「강태공조어도」, 종이에 채색, 90.0×57.0cm, 19세기, 파리 기메동양박물관.

들고 있지만 강태공은 꼼짝 않고 낚시에 열중하고 있다. 서백은 사모를 올려 쓴 단정치 못한 모습에 강태공의 눈치를 보는 표정이 역력하다. 여기서는 강태공과 서백의 처지가 바뀌었다. 일흔이 넘도록 기다렸던 기회가 왔지만, 강태공의 태도는 오히려 당당하다. 그의 등 뒤로 말과 개 울음소리, 사람들이 떠드는 소리가 들려왔다는 이야기가 전하지만 민화에서는 정도를 지나쳤다. 병사들은 상관이 무슨 일을 하든 말든 시끌벅적한 모습이다. 엄숙한 분위기가 감도는 양기성의 그림에서 볼 수 없는 인간적인 풍경이다.

이것이 바로 서민 입장에서 바라본 강태공 이야기다. 그림은 권력을 지닌 사람을 우스꽝스럽게 표현해 권위를 깎아내리고 힘없는 사람은 당당하게 그려 위상을 높였다. 이와 더불어 중국 이야기를 조선의 것으로 재해석한 면도 돋보인다. 중국이 아니라 조선의 옷에 조선인의 면면을 한 인물들이 등장하는 것이다. 오랫동안 우리 귀에 익은 까닭에 어느새 강태공 이야기가 우리 것으로 자리잡았음을 보여준다.

이야기 그림은 서민들이 좋아하는 제재다. 할아버지가 손자 손녀를 무릎 위에 앉히고 하는 이야기와 재담으로 뛰어난 어른이 동네 사람들을 모아놓고 이야기를 하는 모습이 이들 그림에서는 선하게 떠오른다. 중국 전래이고 오래전의 이야기이지만 마치 우리 이야기처럼, 지금 일어나고 있는 일처럼 실감나게 바꿔놓았다. 민화 속 이야기 그림은 중국 것이든 아니든 쉽게 우리 것으로 녹여 풀어놓는 수용 능력을 보여주었다. 어떤 권위에 어떤 원칙에 전혀 얽매일 필요가 없는 자유로움이 돋보인다. 그런데 조선시대 민화에서 이야기 그림이 유행한 것은 양반이 주도하는 사회에서 당연한 귀결이다. 양반을 꿈꾸고 양반처럼 행세하며 양반 문화를 선망하는 서민의 바람이 그림 속에 표출되어 있기 때문이다.

삼천 동자를 이끌고 남해를 거쳐간 진시황 천도산의 성모 설화가 탄생한 배경

진시황은 중국 천하를 최초로 통일하는 위업을 성취했다. 그런데 여기서 만족하지 못한 진시황은 신하들에게 오래 사는 방책을 찾게 했다. 사회적 행복을 쟁취했던 그는 한낱 인간에 불과한 자로서 넘볼 수 없는 행복까지 가지려 했다. 자신이 누리고 있는 부귀영화를 오랫동안, 될 수 있는 한 영원히 지속시키려 했던 것이다. 그는 불사약인 불로초를 구하려고 서복徐福 혹은 서불徐市이라 불리는 신하와 동자 3000명을 동쪽 나라, 즉 한국과 일본으로 보냈다. 그가 부산, 거제도, 남해, 제주도까지 거쳐간 흔적이나 설화를 통해 이를 짐작할 수 있다. 결국 한국에서는 불사약을 찾지 못하고 일본으로 건너갔다. 그런데 일본에 이르러 진시황이 죽고 진나라가 망하는 바람에 중국으로 돌아오지 못하고 일본에서 생을 마쳤다고 한다.

이런 연유로 장수의 유토피아가 있다는 믿음이 퍼져 있는 우리나라에서는 장수를 염원하는 그림이 발달했다. 그 가운데 하나가 「십장생도十長生圖」다. 장생도는 중국에도 있지만, 열 개의 도상을 하나의 세트로 조합한 십장생은 우리나라에서만 보인다. 이 그림은 고려시대부터 시작되었다. 고려시대 동경인 버밍햄미술관의

「십장생도」, 비단에 채색, 42.5×215.3cm, 19세기 후반, 통도사성보박물관.

「요지연도」(8폭 병풍 중 4~5폭), 비단에 채색, 각 134.2×47.2cm, 19세기, 경기도박물관.

「왕세자두후평복진하도병풍」, 비단에 채색, 병풍 180.5×57.5cm, 1879, 국립고궁박물관. 화면 중앙에 십장생도 병풍으로 장식된 것이 눈에 띈다.

「십장생 동경」은 고려시대 십장생 도상과 이미지를 보여주는 좋은 예다. 소나무, 대나무, 사슴, 학, 거북, 산, 구름, 돌, 물, 해로 구성되어 있다. 이러한 도상은 고려 때 이색李穡(1328~1396)이 건강을 회복하고 오랫동안 살기 위해 세화歲畫로 제작한 「십장생도」와 그 도상이 일치한다.

고려시대 십장생은 조선 전기 성현成俔(1439~1504)의 글에서 해·달·산·내·소나무·대나무·거북·학·백록·영지로 도상의 조합이 약간 바뀐다. 구름과 돌 대신 달과 영지가 등장한 것이다. 조선 후기에는 「십장생도」에 해·산·거북·학·대나무·소나무·영지·물·사슴과 더불어 반도蟠桃가 등장한다. 반도는 이 시기에 유행한 서왕모의 신선 사상과 연관이 깊은 나무다. 「십장생도」는 고려 때에는 민간에서 시작되었지만 조선 전기에는 궁중의 세화용으로 그려졌고, 후기에는 궁중 잔치인 가례嘉禮 때 10첩의 병풍으로 제작되었으며, 19세기에 민간으로 널리 퍼지면서 민화로 그려졌다.

서왕모와 관련된 그림도 「십장생도」 못지않게 많이 제작되었다. 「요지연도」 「반도도」 「동방삭도」 등이 그러한 예다. 서왕모는 서역 곤륜산에 사는 중국 신들 가운데 왕으로, 장수를 상징하는 서방의 유토피아를 주재한다. 서왕모 설화는 신라시대에 선도산仙桃山의 성모聖母 설화로 신라화될 만큼 고대사회에 끼친 영향력이 대단했다. 고구려 고분벽화에 나오는 신선이나 신라의 천마도 등도 신선 사상과 관련된 도상들이다. 그런데 조선 후기 양 난 이후 신선 사상이 부흥하면서 서왕모 신앙과 관련된 신선도가 다수 제작되었다.

서왕모는 자신의 생일인 3월 3일에 주나라 목왕과 여러 신선을 초대해 궁궐 옆에 있는 요지瑤池에서 잔치를 벌였다. 서왕모의 생일잔치를 그린 그림을 「요지연도瑤池宴圖」라 부른다. 이때 요지 옆에 있는 복숭아밭인 반도원에서 딴 반도를 메뉴로 제공하기 때문에 반도연蟠桃宴이라고 한다. 반도는 가지의 길이가 3000만 리나 뻗어 있고, 3000년 만에 한 번 꽃을 피우며 다시 3000년 뒤에 열매를 맺는 복숭아다. 이 복숭아를 먹으면 장수한다고 하여 장수의 상징이 되었다.

「수성노인도壽星老人圖」도 장수에서 빠질 수 없는 그림이다. 수성노인은 사람의 수명을 관장하는 별인 남극성南極星의 화신으로 장수를 상징한다. 짧게 수노인壽老人이라 부르기도 하고, 남극성에 사는 노인이란 뜻으로 남극노인南極老人이라고도 한다. 그는 3척의 작은 키에 몸과 머리 길이가 반반이며 덥수룩한 구레나룻이 빼어난 모습을 지녔다.

장수는 인간의 원초적 소망이자, 지금도 장수를 위한 여러 산업이 각광을 받을 만큼 모든 개개인이 바라는 행복의 조건이다. 이미지를 통해서 장수를 기원하는 것은 동아시아의 독특한 문화다. 민화에서는 불사약이 나는 장수의 나라라는 자부심답게 「십장생도」가 기본이 되었고, 이와 더불어 서방에 있는 서왕모 설화와 관련된 그림도 제작되었다.

「수성노인도」, 종이에 채색, 104.0×74.0cm, 19세기 중반, 개인.

용문을 뛰어오른 단 한 마리의 잉어
수탉의 벼슬과 공작의 꼬리털이 담은 의미

출세란 높은 벼슬에 올라 많은 봉급을 받고 안정되며 풍요로운 경제생활을 영위하는 것을 뜻한다. 우리는 늘 자식이나 자손들이 귀하게 되기를 바라는데, 여기서 귀함이란 높은 지위, 높은 벼슬을 일컫는다. 그 높은 벼슬은 오늘날 월급처럼 보수로 받는 녹봉祿俸의 녹祿으로 대변된다. 그런데 흥미로운 점은 우리나라에서 문자로 표현된 길상어吉祥語 중에서 복福·수壽·다남자는 많으나 녹은 매우 드물다는 사실이다. 이는 개인보다 가족의 행복을 우선시했던 조선시대의 가족주의적 성향이 어느 정도 작용했을 것으로 짐작된다.

잉어는 출세의 대표적인 상징이다. 민간에 많이 알려진 등용문登龍門의 고사가 바로 잉어가 용이 되는 출세 이야기다. '어변성룡魚變成龍' 또는 '어도용문魚跳龍門'이라 부른다. 360마리의 잉어가 황하를 거슬러 올라와 용문산 아래에 다다랐을 때, 새끼를 낳아 실제로는 이미 숫자가 3600여 마리가 된다. 그 가운데 가장 용감할뿐더러 신령스러움을 갖춘 한 마리 잉어만이 용문을 뛰어오를 수 있다. 용문에 오른 잉어는 잇몸 아래쪽에 36장의 비늘이 거꾸로 돋으며 몸을 흔들어 용으로 변하는데, 어떤 물건이라도 그 거꾸로 선 비늘에 한 번 닿기만 하면 곧 부서져버린다고 한다. 그리고 용문에 오르지 못한 잉어는 뺨 위에 흑점이 찍힌다. 중국의 「이어도용문」은 등용문의 고사대로 용문을 앞에 두고 한 마리 잉어가 용문을 통과하기 위해 U자를 그리면서 힘차게 뛰어오르는 모습을

「어변성룡도」, 종이에 채색, 114.0×57.0cm, 19세기, 가나아트센터.

그렸다. 같은 제재를 한국 민화인 「어변성룡」에서는 우리 식으로 변용시켰다. 잉어가 목표로 삼은 대상이 용문이라고 쓰여 있는 패방 대신 구름 위로 떠오르는 해로 대체되었다. 중국 마을의 입구를 표시하는 패방은 우리에겐 낯선 문화다. 그런 까닭에 잉어가 해를 품어 용이 된다는 숭고한 광경으로 표현한 것이다.

민화의 책거리도 출세를 염원하는 대표적인 그림이다. 원래 책거리는 18세기 후반 정조가 패관잡기稗官雜記 대신 고전을 장려해 문체를 순화시키고 학문을 증진시키기 위해 화원들로 하여금 제작하도록 한 것이다. 이를 고관대작들이 본떠서 자신의 집 안에 설치했다. 책거리가 다시 민간으로 널리 퍼지면서 학문에 진보를 보이는 것과 같은 거대한 포부가 아니라 책 읽고 공부 열심히 하며 과거급제를 해 출세를 바라는 간절한 염원으로 의미가 변한 것이다. 또한 책거리에는 사슴, 수탉, 공작 등 출세를 상징하는 기물들이 곳곳에 배치되기도 한다. 사슴鹿은 녹祿과 발음이 같아 출세를 의미하고, 수탉의 벼슬이나 공작 꼬리털은 그 화려함 덕분에 출세의 상징으로 인식된다.

지금 우리나라 국민이 교육과 대학입시를 위해 투자하는 비용은 막대하다. 부모가 자식을 위해 쏟는 정성과 경제적인 투자는 자식의 앞날을 위한 것이다. 대학 수능 입시날 국가 전체가 출근 시간을 늦추고 한바탕 난리를 치르는 것도 이러한 국민적 관심에 따른 것이다. 민화에서도 다른 상징 못지않게 출세를 위한 그림이 인기를 끌었다는 것은 그러한 관심이 오늘날만의 일이 아니었음을 보여준다.

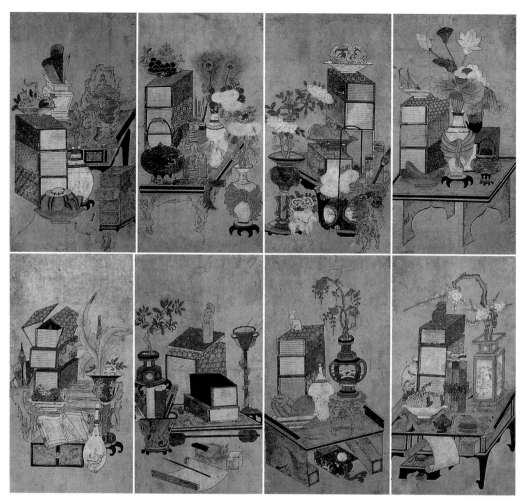

「책가도」, 종이에 채색, 각 67.5×36.5cm, 조선 후기, 경기도박물관.

『책가도』, 장한종, 종이에 채색, 195.0×361.0cm, 19세기 전반, 경기도박물관.

민화, 인간의 원초적 욕망에 충실하다

　민화가 궁극적으로 소망하는 것은 행복이다. 장수로부터 가정의 행복, 사회적으로 출세하는 일에 이르기까지, 개인의 행복에서 사회적 행복까지 망라한다. 이 가운데 가장 중시한 것이 가정의 행복이다. 행복한 가정을 꾸리고 행복하게 살려는 소망이 민화 속에는 넘쳐난다. 그러한 점에서 민화는 행복이 가득한 그림이다. 복을 많이 받고 출세하며 오래 살게 되니, 이보다 더 행복한 그림이 어디 있겠는가? 행복은 민화의 키워드이자 다른 회화와 구분되는 중요한 상징코드인 것이다. 민화의 아름다운 이미지는 대부분 행복을 추구하는 상징이 바탕이 되어 있기에 그 이미지가 더욱 소중하고 풍요로워 보이는 것이다.

　민화는 인간의 원초적인 욕망에 기초하고 있다. 격조와 이성의 세계를 중시하는 문인화와 달리 민화에서는 감성과 욕망을 거침없이 풀어놓았다. 민화 속에 펼쳐진 행복의 세계는 매우 현실적이고 인간적이며 탈권위적인 성격을 띤다. 우아함보다는 실질적인 것을 추구하고, 이념적이기보다는 따뜻한 인간미를 중시하며, 권위로 지배하기보다는 평등한 세상을 꿈꾼다. 서민의 정서와 감성과 위상이 숨김없이 드러난 것이다. 민화는 궁중 장식화나 문인화와 더불어 행복이라는 공통된 가치를 추구한 그림이지만, 이들과 다른 세계가 펼쳐져 있다. 민화의 상징세계가 이들 그림으로부터 영향을 받았다는 점에서는 보편성을 지니지만, 귀족적이고, 권위적이며, 이상적인 세계를 대중적이고, 해학적이며, 현실적인 코드로 풀어나간 점에서 독특한 면모를 보여준다.

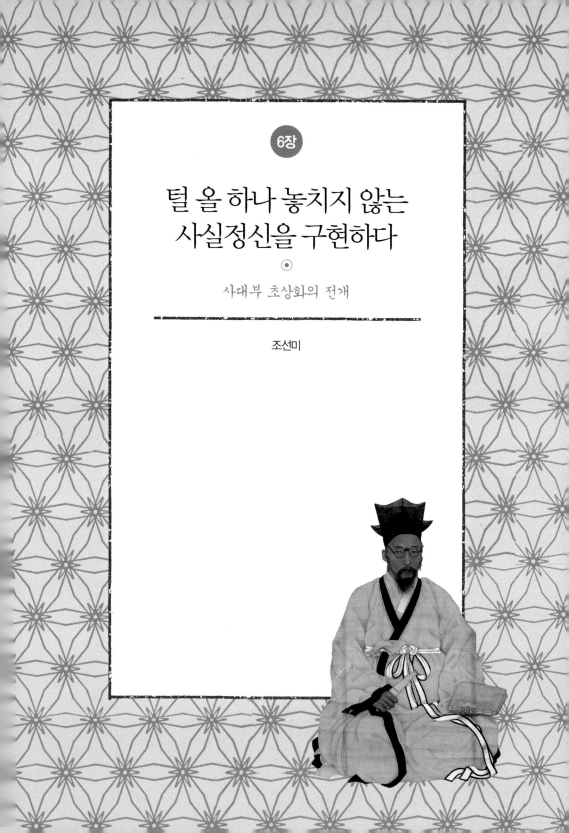

6장

털 올 하나 놓치지 않는 사실정신을 구현하다

◉

사대부 초상화의 전개

조선미

　조선왕조는 나라가 세워질 때부터 유교를 실천적 지도 이념으로 내세웠던 만큼 이른바 충효 사상을 기반으로 한 보본報本 관념이나 숭현崇賢 사상을 중시함으로써 각종 사묘와 서원이 적극적으로 세워졌다. 따라서 여기에 모실 사대부士大夫(조선조에는 문관 관료로서 4품 이상을 대부大夫, 5품 이하를 사士라고 했지만 때로는 문무 양반 관료 전체를 일컫는 명칭이기도 했는데 여기서는 뒤의 용례를 따른다) 초상화에 대한 수요 또한 엄청났다. 조선시대에는 물론 이러한 사대부 상만이 아니라 진전眞殿에 모셔질 왕의 초상화인 어진御眞을 비롯해 나라에 큰일이 있을 때마다 각종 공신상功臣像이 제작되었고, 그 밖에 기로소입사耆老所入仕를 기념하기 위한 기로도상耆老圖像, 사찰에 봉안하는 승상僧像류의 초상화도 발달했다. 그렇더라도 그 수효나 예술성에 있어서, 또한 양반사회로서 조선의 성격을 여실히 보여준다는 점에서 사대부 초상화 장르는 단연 주목할 만하다.

보본반시 사상에서 비롯된 사대부 초상화

사묘祠廟라 함은 선인의 신주나 영정을 봉안하고 1년에 수차례에 걸쳐 제향을 드리며 영혼을 위안하는 곳인 사당묘우祠堂廟宇를 두루 일컫는다. 이 사묘는 특히 유교 관념이 지배했던 조선에서 각별히 발달했다. 그 심층적 근원은 물론 선조가 사람과 가족의 근본이므로 이에 보답해야 한다는 보본반시報本反始 사상에서 발단한 가묘家廟(사당)에 있었다. 그런데 가묘가 신주를 받드는 데 반해, 초상화를 받들고 시속時俗에 따라 제향하는 사묘의 일종으로 영당影堂이라 일컫는 것이 있었다.

한편 더 나아가 혈족관계가 아닌 위인이나 선현을 우러러 숭배하는, 이른바 숭현 사상을 기반으로 설립된 것이 일반 사우였다. 더욱이 조선 후기로 접어들면 유교문화를 주도했던 서원 안에 추숭하는 인물의 초상화나 위패를 모신 선현 사우가 건립되었다. 『증보문헌비고』에 기록된 각 도 사원의 총수는 무려 670여 개에 달했다. 그러나 1871년(고종 8)에 엄명한 서원철폐령에 따라 학문과 충절이 뛰어난 인물에 대해서만 1인 1원一人一院을 허락함으로써 서원과 사우는 단 47개소만 남겨졌다.

그 뒤 일제강점기, 연이어진 한국전쟁으로 인해 각 사원에 봉안되었던 영정들은 거의 흩어져 사라지고 말았다. 물론 모든 사원에서 초상화를 받들었던 것은 아니며, 위패를 받드는 곳도 많았다. 그러나 영당이나 서원 수가 워낙 많았을뿐더러, 특히 일반 사우나 서원 부설 사우처럼 혈족관계가 아닐 때는 오히려 초상화를 모셔두곤 했다. 그 까닭은 일반 백성에게는 나무로 만든 딱딱한 위패보다는 그림이 그 인물을 존경하고 회상하는 데 더 적합했기 때문이다. 게다가 서원은 그곳에서 받드는 선현이라면 가히 일급 사대부이므로, 초상화가를 선택하는 데도 평범한 솜씨를 지닌 자를 쓰지 않았으며, 유림들의 보존 또한 어떤 의미에서는 개인보다 더 잘 이행되었기에 서원 봉안 초상화가 흩어진 일은 초상화 역사에서 큰 유감일 수밖에 없다.

조선왕조의 사대부 초상화를 살펴보면 그 종류는 대략 둘로 나뉜다. 하나는 심의深衣에 복건이나 사방모四方帽 혹은 평량자平凉子 등을 쓴 야복野服 차림의 초상화로 한거하는 모습을 그려내 유학자로서의 풍도를 표현하려 한 작품이며, 다른 하나는 오사모烏紗帽에 단령團領을 착용한 정장관복正裝官服 차림으로 품계 높은 문무관의 모습을 그려내 그 인물이 지닌 고매한 신분과 위엄을 표현하려 한 작품이다. 조선 초기에는 야복본이 먼저 유행했다가 후기로 오면서 정장관복본이 함께 그려져 조선 말기에는 웬만한 고관이면 정장관복본 초상화 한두 폭은 가지고 있을 정도로 크게 성행했다.

그러면 이제 조선시대에 제작된 사대부 초상화 가운데 대표적인 작품들을 통해 그 형식 및 기법을 살펴보자.

여말 선초 유풍의 지속
부부 초상화의 유행

현재 전해오는 조선조의 사대부 초상화로 시대가 가장 올라가는 것은 「최덕지 초상」이다. 최덕지崔德之(1384~1455)는 남원부사

「최덕지 초상」,
작자미상,
비단에 채색,
74.0×53.0cm,
1635년경 이모,
전주 최씨 문중.

「최덕지 초상〈지초본〉」, 작자미상, 종이에 먹, 118.0×68.8cm, 1635년경, 전주 최씨 문중.

와 예문관직제학을 지냈는데, 노령으로 사직하자 신숙주, 성삼문 등 조정의 선비들이 시부詩賦를 지어 그의 높은 덕을 기릴 정도로 존경받던 인물이었다.

「최덕지 초상」은 얼굴을 좌안 8분면左顔八分面(얼굴을 오른쪽으로 20도가량 돌려 주로 왼 얼굴을 보여줌), 몸체 역시 10도가량 오른쪽으로 돌린 9분면을 취하고, 대나무 서안書案을 앞에 두고 앉은 전신좌상이다. 머리에는 일종의 발립鈸笠을 쓰고 질손質孫(포袍의 일종)을 입고 있는데, 특히 안면 묘사가 뛰어나다. 한 올 한 올 밑으로 숙여지게 표현된 짙은 눈썹, 작지만 생기 있고 명상에 잠긴 듯한 눈매, 공들여 묘사된 풍성한 수염 등은 화가가 인물을 앞에 두고 사실에 입각해 제작했음을 알려준다. 이 초상화에서는 손이 소매 바깥으로 나와 있는데, 이것은 조선 말기까지도 공수拱手 자세를 시종일관 고집했던 조선시대 여타 초상화와는 구별되는 것으로, 고려 말의 유풍이 남아 있다고 볼 수 있다. 현재 대폭의 유지초본도 함께 전해 화가의 초안 과정을 엿볼 수 있다.

한편 조선 초기에는 부부를 함께 그리는 풍조가 상당히 유행했던 듯하다. 비록 이모본이기는 하지만 현재 전해오는 작품만 해도 「조반 및 부인상」「하연 부부 초상」「박연 부부 초상」 등을 꼽을 수 있다. 이처럼 부부 초상화를 제작하는 경향은 고려 말기에 이미 볼 수 있었으니, 「공민왕 노국대장공주상」이 그 예다. 그 원류를 더듬어보면 원나라 벽화 부부상에서 보듯이 원나라로부터 유입된 것으로 추정된다.

溪以此寶之　管常精竹庚一卒丑大夏丑陽奕此文此
樂丑案華公田之以通帛變公年　祖授宮宗人坦公戲蘭
祖夢異使之古東副樂之遭八戌　學判佐父諱公祥
以人歎教制樂使學而功寅十　書　王　密堧像朴

「박연 부부 초상」, 비단에 채색, 99.0×53.0cm, 조선 후기, 국립국악원.

「무덤 주인 부부 정좌상」, 회벽에 먹과 채색, 무덤 높이 274.0cm, 1269, 산서성 소재.

평량자를 쓴 야복 차림의 초상화들

15~16세기에는 평량자를 쓴 야복 차림의 사대부 초상화가 유행한다. 그 가운데 부여 무량사에 전해오는 「김시습 초상」은 이른바 '사형寫形'만이 아니라 가히 '사심寫心'을 이루었다고 일컬을 만한 작품으로서 주목된다.

「김시습 초상」은 복부까지 내려오는 반신상으로, 좌안 8분면에 평량자平涼子형의 입笠을 쓰고, 거기에 밀화영蜜花纓의 끈을 달고 있는 야복 차림의 상이다. 안면 및 옷주름 처리가 후대에 다시 칠한 흔적이 조금도 없는 조선 초기 초상화 기법을 그대로 보여준다. 안면은 전반적으로 옅은 살구색으로 맑게 처리하고 얼굴의 외곽선

「김시습 초상」, 비단에 채색, 71.8×48.1cm, 보물 제1497호, 무량사.

및 이목구비를 옅은 갈색 선으로 묘사했으며, 얼굴의 움푹한 부위는 얼핏 봐서는 의식되지 못할 정도로 미세한 선염으로 표현했다. 안면이든 의복이든 간에 옅은 살구색과 그보다 약간 더 짙은 색상의 미묘하고 절제된 조화로 화면이 구성되어 있다. 수염은 검은 묵선으로 되어 있는데, 기법에서는 담묵으로 회색 선염을 칠한 위에 묵선으로 세심하게 그어나가는 방법을 취했다. 무엇보다 눈의 총기가 대단한데, 결국 이곳을 전신의 집산처集散處라고 봐야 할 것이다.

이 초상과 더불어 주목할 만한 것으로는 「이현보 초상」이 있다. 「이현보 초상」은 옥준상인玉峻上人이라는 스님이 그렸다 한다. 이 초상화는 좌안 8분면의 전신좌상으로 특이한 복장과 모제帽制를 보여준다. 위가 뾰족한 평량자를 쓰고 있으며, 흉배를 부착한 공복이 아니라 담홍포에 서대만 착용하고 있다. 또한 조선시대 초상화에서는 일반적으로 손이 나타나지 않는 데 반해 이 초상화에서는 한 손은 불자拂子를, 나머지 한 손은 서대를 쥐고 있는 점 역시 독특하다. 인물 앞쪽에 놓인 서안 위에는 펼쳐진 책과 벼루집이 놓여 있으며, 인물과 서안이 모두 그 시점의 각도를 달리해 나타나 있고 서안 밑으로는 흑피화黑皮靴가 보인다. 그런데 이런 특이한 상용에도 불구하고, 화법은 안면 처리에서부터 옷주름 처리까지 모두 구륵鉤勒(윤곽을 가늘고 옅은 쌍선으로 그리고 그 가운데를 색칠하는 화법)에 의존하고 있어 상당한 고격을 띠고 있다. 또한 인물의 묘사나 표정에서 다분히 과장된 느낌이 엿보이지만, 전체적으로는 농암 선생의 곧은 기개와 활달한 성품의 일단이 묘출되었다고 할 수 있다.

「이현보 초상」, 전傳 옥준상인玉峻上人, 비단에 채색, 126.0×105.0cm, 보물 제872호, 유교문화박물관.

「이현보 초상」세부.

유학계 거목들의 초상
내적 성품을 담아내다

  뒤이어 17세기의 대표적 사대부상으로는 유학계를 주름잡고 벼
슬도 재상에 이르렀으며 당대의 대현大賢 및 영수領袖로서 추앙받
던 두 사람, 즉 허목과 송시열의 초상화를 들 수 있다.

  「허목 초상」은 좌안 7분면에 전신부 좌상인데, 오사모에 담홍포
를 입고 서대를 두르고 있다. 안면은 갈색 선으로 윤곽을 잡고 눈,
양 뺨, 턱 등에는 옅은 음영의 줄기가 드리워져 있어 수척한 노인
의 모습을 그대로 드러낸다. 그보다 좀 더 절묘한 것은 7분면으로
인한 양어깨의 높이 차가 자연스럽고 안정적인 앉음새를 불어넣어
주며, 시선의 각도는 결국 내적 성품에까지 연결된 듯하다는 점이
다. 담홍포의 주름은 선염 효과 없이 포착했는데, 그 밑에 있는 깡
마른 몸체가 간결한 필선에 의해 시사되어 있다.

  「송시열 초상」 역시 주목할 만하다. 사후 우암 선생을 추모해 수
많은 영당 및 서원이 건립되었으며, 그중에는 위패만이 아니라 영
정을 봉안했던 곳도 적지 않은 수에 이른다. 이 가운데 제천에서
받들던 「송시열 초상」은 화면 상단에 적힌 권상하 및 김창협의 찬
문을 통해 김창집이 초를 잡은 본임이 확인된다. 제기에 의해 74세
진임을 알 수 있는데, 이때(1680)는 우암이 덕원, 웅천, 거제 등지
로 유배되었다가 마침내 영의정 허적의 서자인 허견의 모반사건으
로 남인이 실각하자 영중추부사를 배임받은 해다. 찬문의 내용을
보면, 오랜 연거燕居 동안 우암의 깊은 탄식과 고요한 가운데 학문
과 덕행을 닦음으로 인한 각도覺道에의 고통이 암시되어 있다. 이

十八年甲寅 上曠感眉宇許文正欲得
七分小真以覽乃 命臣濟恭與士林議乃
北秋七月辛亥自連上恩居堂奉先生八十二歲
真入京師使當世善畫者命基模以進
上覽之別備絹 命基移摸作貼置諸
所進本還下其後孫於是士林合辭言嶺南
鄒魯鄉也況順興之白雲洞奉孔聖曁四聖十
哲七十子實傾我 朝如周愼齋李晦齋先生
影本俱在焉令是真也非是之歸將安之乎
議遂合奉詣于順興書院以安之嗚呼今天下
陸沈吾道東東畫在代南令先生之真又南
矢此天之意也宣人力所使然歟況搰里即先生
之師友知己易曰同聲相應同氣相求聖人
不我欺也不亦奇哉標題即濟恭所書直書
先生姓諱者以仰備 御覽而然也記之使
後之祇謁者知其事焉

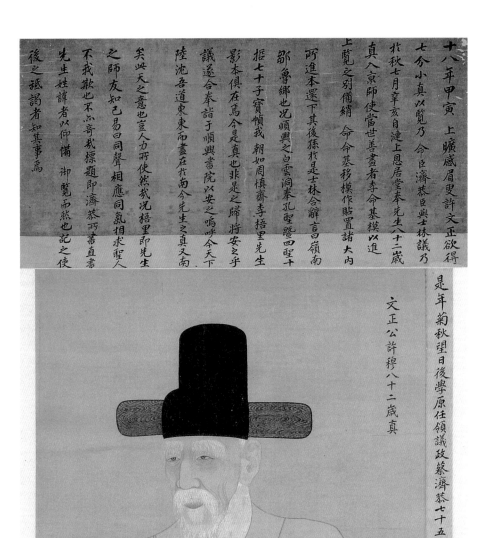

文正公許穆八十二歲真

是年菊秋望日後學原任領議政蔡濟恭七十五敬題

「허목 초상」, 이명기, 비단에 채색, 72.1×57.0cm, 보물 제1509호, 1794, 국립중앙박물관.

「송시열 초상」, 김창업, 비단에 채색, 91.0×62.0cm, 1680, 제천 황강영당.

초상화는 얼굴을 굵은 갈색 선으로 몇 개의 주름을 포착해 울퉁불퉁한 골격을 표현해내고 있으며, 옷주름은 상당히 모나면서도 암시적으로 처리되어 있다. 이 초상화에는 어깨가 올라가고 얼굴을 앞으로 내민 노인 특유의 몸체가 잘 표현되어 있지만, 특히 찬문에서도 지적했듯이 '우뚝 솟은 산악의 기상과 넓디넓은 하해와 같은 마음'이 잘 드러나 있다. 한편 심의의 양 깃에서 내려오는 검은 선襈과 옷소매의 검은 찬이 ×자를 이루는데, 여기에 각진 외곽선이 어우러져 이 초상화에 무언가 동적인 느낌을 부여한다.

사대부상의 새로운 흐름, 정면상과 운염법

18세기로 들어서면서 여태껏 사대부 초상화의 주류를 이뤘던 유풍儒風이 감도는 야복본野服本(심의에 복건이나 사방모 차림)의 부좌상趺坐像 형식과 아울러 정장관복본正裝官服本(오사모에 흉배가 부착된 단령 차림)의 전신교의좌상全身交椅坐像 형식이 함께 유행하게 된다. 원래 정장관복본 차림은 조선 초기부터 공신도상에서 주로 취해졌던 것으로, 조선 후기에 이르면 일반 사대부 사이에서도 널리 그려진다.

이러한 정장관복본 차림의 초상화 중 대표적인 것으로 「남구만 초상」을 들 수 있다. 현재 국립중앙박물관에 전해오는 「남구만 초상」은 관복을 착용한 전신교의좌상으로 정면상이며, 오사모에 녹포 단령 차림을 했고 쌍학 문양의 흉배에 서대를 착용하고 있다.

특히 「남구만 초상」은 회화사적으로 아주 중요한 의미를 지닌

「남구만 초상」, 작자미상, 비단에 채색, 163.4×88.5cm, 18세기 초, 보물 제1484호, 국립중앙박물관.

「남구만 초상」 안면 세부.

다. 그것은 이제까지의 초상화가 대개 7, 8, 9분면으로 그려져왔던 것과 달리, 정면상이라는 새로운 취각과 운염법暈染法이라는 새로운 기법이 이 초상화에 쓰였기 때문이다. 실록이나 『승정원일기』에 따르면 정면상은 그리기가 가장 어렵긴 하나 어진을 제작할 때에는 만조백관滿朝百官을 대하는 왕의 위용을 나타내기 위해 이 구도가 가장 바람직하다고 한다. 그런데 사대부상에서는 「남구만 초상」부터 정면상이 시도되고 있다. 이것은 바로 영·정조 연간 중국 북경으로 가는 사신들이 가지고 들어온 중국 초상화로부터 영향을 받은 것이라 할 수 있다. 당시의 연행록 등을 살펴보면 조선 사신들이 중국 사행을 갔을 때 호기심 때문이었던지 중국 화가로 하여금 자신의 초상화를 그리도록 해 가지고 들어온 일이 제법 눈에 띈다. 문헌 기록이나 작품에서 확인되는 것만 해도 「김육 초상」 「정곤수 초상」 「이광정 초상」 「이덕수 초상」 「김재로 초상」 등 적지 않은데, 현전하는 이들 작품은 모두 「남구만 초상」과 거의 동일한 형식을 취하고 있다. 다만 조선시대에는 공수 자세를 고집했기에 손의 포즈만 다를 뿐이다. 즉 정면상, 호피虎皮 깔린 의자, 발받침 대足座臺 위에 놓인 '八' 자형 화靴 등 남구만 초상화가 보여주는 형식들이 모두 17세기 이래 청나라 말기까지 중국의 정장관복본 초상화에서 크게 유행하던 형식이었음은 흥미로운 사실이다.

한편 「남구만 초상」은 표현 기법 면에서도 주목할 만하다. 즉 이 초상화에서부터 운염법이 사용되고 있다. 「남구만 초상」의 안면 기법을 살펴보면, 안면에서 어떤 부분은 선으로 포착해 그 근간을 그려넣고 또 어떤 부분은 음영 위주로 선염 처리를 해, 즉 음영 붙이기의 섬세한 변조로 눈 주위의 미륜尾輪 및 산근山根 등 육리문肉

「김육 초상」, 작자 미상, 비단에 채색, 272.0×119.5cm, 조선 후기, 실학박물관.

理紋(피부 자체가 가지고 있는 보편적인 결)들이 잘 묘사되어 있다. 그리하여 안면에서 도드라진 부분은 자연히 엷게 칠해지고 움푹 들어간 부분은 짙게 칠해진다. 이런 기법상의 진전은 바야흐로 안면의 높낮이를 표현해내 정면상을 그려낼 수 있는 원숙한 경지에 도달했던 것이다.

하지만 중국 초상화는 정면상이라는 취각이 청말까지도 유행을 지속한 데 비해, 조선에서는 이 정면상을 이내 기피한다. 그 이유가 정면상이 보여주는 일종의 현시적 포즈에 대한 기피였는지는 단정하기는 어려우나, 어쨌든 이후로는 다시 7, 8분면의 각도가 유행하며 조선 말기에 채용신이 그린 일련의 초상화에 이르러서야 정면상이 다시 택해진다.

미미함 속에서 가장 빛나는 그림, 자화상

초상화라는 장르에는 그림을 그리는 화가와 그려지는 대상 인물이 같은 경우가 있으니, 그것이 곧 자화상이다. 자화상은 이미 고려시대에도 있었던 듯 「공민왕조경자사도恭愍王照鏡自寫圖」(『미수기언眉叟記言』)가 기록에 보이며, 조선조에 들어오면 김시습도 노소老少 두 점의 자화상(『매월당집梅月堂集』)을 그렸다고 한다. 하지만 작품으로 전하는 것은 「윤두서 자화상」 「이광좌 자화상」 「강세황 자화상」 등이 있을 뿐이다.

자화상은 흔히 자아의식의 발로라는 지표 아래 화가 자신이 인식하는 자아라는 차원에서, 뒤러, 렘브란트, 반 고흐 등 서양의

「문두서 자화상」, 종이에 엷은색, 38.5×20.5cm, 국보 제240호, 1710, 개인.

걸출한 화가들이 이런 작업에 심취해왔다. 다시 말해 개성이나 천재성의 입증과 함께 서양 미술의 흐름에 있어 흥미로운 장르로서 르네상스 이래 계속 그려져왔다. 한편 동양에서도 자화상은 꽤 일찍부터 발달했던 듯, 중국에서는 이미 한대漢代에 조기趙岐라는 사대부 화가가 자기 묘에 자신이 숭배하는 선현들의 초상화를 그리고 아울러 자화상도 그려넣었다고 한다. 그 뒤에도 진대晉代의 왕휘지王羲之나 당대唐代의 왕유王維의 자화상를 비롯해 이후 수많은 사대부 자화상에 대한 기록과 작품이 전해온다.

　이에 반해 조선시대의 자화상은 기록이나 작품 면에서 모두 미미하지만 그중에서 단연 가작이라 일컬을 만한 것은 「윤두서 자화상」이다. 종이에 먹으로 그린 이 자화상은 소폭 가득히 안면만 사출해냈다. 초상을 보는 사람이 똑바로 쳐다볼 수 없을 정도로 화폭 가득히 박진감이 들어차 있는데, 마치 자신과 대결하듯이 그려낸 이러한 자화상은 그 유례를 찾기 어렵다. 화법은 당대의 것을 응용했으니, 즉 안면은 깔끔한 구륵보다는 무수한 붓질을 가해 그 붓질이 몰리는 곳에서는 어두운 부위가 형성되었는데, 점정點睛의 맑음이 전신傳神의 효과를 거두고 그리 많지 않은 연발수連髮鬚 형태의 수염은 안면을 떠밀듯이 부각시키고 있다. 당대 사대부의 자아 인식이 수준 높고도 완벽하게 묘사된 작품이다.

　또한 자화상 가운데 이른바 태서법泰西法(서양화법)을 구사해 새로운 면모를 보여준 것으로는 강세황의 작품이 있다. 그의 자화상은 여러 점이 전하는데, 그중 「강세황 70세 자화상」은 오사모에 짙은 옥색 도포 차림을 한 좌안 7분면의 전신부좌상으로 흥미롭다. 이러한 특이한 차림새에 대한 해답은 화면 상단부에 적힌 그의 자찬문에서 읽어볼 수 있으니, 머리에 오사모를 쓰고 야복을 입은 것은 곧 마음이 산림山林에 있으나 이름은 조적朝籍에 있음을 나타낸 것이라 한다. 안면은 육리문肉理文을 살리기 위한 도말塗抹 처리의 시초를 보여주며, 이제는 어두운 부분에 모두 음영이 들어가 있다. 옷주름 처리도 옥색 도포에 짙은 옥색 선을 긋고 거기에 덧붙여 밝은 빛깔의 선염을 바탕 빛보다는 짙게, 그러나 주름선보다는 묽게 처리해 선의 결을 따라 칠했다. 그런데 흥미로운 것은 안면처리법은 물론 안면의 각도나 시선이 멈추는 곳까지 똑같은 모습을 지닌 표암의 정장관복본이 전래된다는 점이다. 이 초상화는 제기로 미루어 「강세황 71세 초상」임을 알 수 있는데, 어제찬문御製贊文이 붙어 있다. 따라서 이것은 앞서 말한 표암의 자화상을 보고 화사가 사후 추화追畫한 본이 아닌가 생각된다. 이 상은 원숙한 화가의 솜씨로 명암이 더 능숙하게 처리되었으며, 옷주름 처리역시 앉음새로 인해 그늘질 수밖에 없는 흉배 밑과 양 무릎 사이, 나아가 흉배도 양팔과의 연접 부분을 어둡게 칠해 소위 그림자에 대한 경험적 사실을 강하게 의식했다. 또한 조선시대 전반에 걸쳐 초상화에서 거의 나와 있지 않던, 혹은 예외적으로 나타났다 해도 아주 소홀히 취급된 손이 이 초상화에서는 얼굴이나 의복과 마찬가지로 당당한 하나의 구성 요소로 재현되어 있다. 그 비례는 어긋남 없이 손가락 마디마디의 생김새까지도 여실히 표현해내 회화사적으로 큰 진전을 이뤄냈다.

彼何人斯鬚眉皓白
頂烏帽披野服作以
見心山林而名朝籍
胸藏二酉筆搖五嶽

人那得知我自爲樂
翁年七十翁號露竹
其眞自寫其賛自作
歲在玄黓攝提格

「강세황 70세 자화상」, 비단에 채색, 88.7×51.0cm, 1782, 보물 제590호, 국립중앙박물관.

豹菴姜公七十一歲眞

御製祭文

疎襟雅韻粗跡雲煙揮毫萬紙內屏宮樣
卿官不冷三絶則處北惼華國西樞踵先
才難之思薄醉是宣

曺允亨謹書

「강세황 71세 초상」, 이명기, 비단에 채색, 145.5×94.0cm, 보물 제590호, 국립중앙박물관.

세련, 습화 그리고 복고

19세기에 들어서면 사대부 초상화에서는 18세기부터 대두되고 그 후반에 이르러 완연히 하나의 전형을 예시했던 음영법 위주의 초상화법이 더욱 발전한다. 그러나 이런 완숙한 기법은 빈틈없이 세련된 초상화들을 탄생시켰지만, 다른 한편 기교가 세련됨에 따라 고정관념과 매너리즘을 피하지 못했다.

19세기 초상화 중 전자를 대표하는 것이 「이채 초상」이다. 이 초상화는 어느 한 개인의 모습을 재현했다기보다는 오히려 노유老儒의 한 표징이라 할 수 있다.

그의 초상화는 정면상으로서 복부까지 내려오는 반신상이다. 이 상은 유한준의 찬문에서 '오우오십구세화천옹호吾友五十九歲華泉翁乎'라 했으므로 1803년 작임을 알 수 있다. 동파관東坡冠에 유복 차림의 이 상은 흑백 대비가 빚어낸 회화적 묘미 외에도 육리문을 따른 무수한 붓질이 자아내는 효과가 안면의 돌출된 부분과 오목한 부분을 무리 없이 표현해내고 있다. 정면상을 그린다는 작업 자체의 어려움을 이제는 완전히 떨쳐내고 오히려 당당함과 의젓함이 작가의 세련된 기법과 대상에 대한 관조 뒤에 숨어 있다. 화면 좌우 공간 여백에 적힌 찬문들은 각기 다른 서체로, 이 초상화의 품격을 떨어뜨림 없이 오히려 한껏 앙양시켜준다.

그런데 19세기에는 이처럼 음영법 위주의 육리문에 따른 준찰皴擦이 주도적으로 사용된 초상화가 더욱 많이 제작되었지만, 반면 「김정희 초상」에서 보듯이 구륵으로 외곽선 및 이목구비를 규정하면서 이에 곁들여 선염이 오목한 부분에만 삽입되는 복고적 화법

「이채 초상」, 작자미상, 비단에 채색, 99.2×58.0cm, 보물 제1483호, 국립중앙박물관.

「김정희 초상」, 이한철, 비단에 채색,
131.5×57.7cm, 1857, 보물 제547호,
국립중앙박물관.

「이하응 초상」(금관조복본), 이한철·유숙 추정, 비단에 채색,
132.6×67.8cm, 1869년경, 보물 제1499호, 국립중앙박물관.

余年於庚辰摹像
於乙丑年五十

畫士李漢喆劉淑繼韓祉迪

「이하응 초상」(와룡관본), 이한철·유숙 추정, 비단에 채색,
133.7×67.7cm, 1869년경, 보물 제1499호, 서울역사박물관.

으로 그려진 초상화도 제작되었다.

한편 19세기에는 사대부 초상화에서 다양한 복식을 착용하고 그리거나, 사대부들이 향유하는 문방청완취미文房淸琓趣味를 반영하는 작품들이 유행하는데, 흥선대원군 이하응의 조복본朝服本과 와룡관본臥龍冠本이 그 전형적인 예로 주목할 만하다. 특히 와룡관본은 당시 조선 선비사회를 풍미했던 문인취미를 잘 보여준다. 18세기 후반에 접어들면 명나라 말기로부터 문인 문화의 풍조가 전래되고, 여기에 조선사회를 지배해왔던 유교 관념에 의한 학문 숭상 정신과 복고 사상이 결합되면서, 여러 문방구를 애호하고 수집하는 취미가 사대부 계층에서 크게 유행한다.

실험정신의 성과, 석지화법의 초상화 출현

19세기 말엽에서 20세기 초에 걸쳐 초상화라는 화목에서는 채용신이라는 걸출한 화가에 의해 '석지화법石芝畫法'(석지石芝는 채용신의 호임)이라 일컬어질 만한 기법이 대두된다. 물론 이 화법은 화가 채용신 개인이 일조일석에 이뤄낸 기법이라 할 수는 없다. 그것은 18세기 이래 여러 작가가 계속해서 탐구해온 실험정신의 한 성과다. 그러나 채용신은 여기서 한 발짝 더 나아가 사진술과 음영법의 영향을 기반으로 자신만의 기법을 확고히 했다. 특히 그가 그린 초상화 중에는 「고종어진」을 비롯해 「황현 초상」 「전우 초상」 「최익현 초상」 등 항일지사를 대상으로 한 것이 많았다.

그중 가장 탁월한 작품으로는 「황현 초상」을 꼽을 수 있다. 황현黃玹(1855~1910)은 학자이자 우국지사憂國志士로서 1885년(고종 22)에 생원시에 장원급제했으나 시국의 혼란함을 개탄하고 향리인 구례로 은퇴했다. 1910년 국치를 통분하고 절명시絶命詩 4편을 남긴 채 음독자결해 일제에 대한 소극적 반항의 자세를 보여준 인물이다.

「황현 초상」은 정자관을 쓰고 학창의를 입은 채 화문석에 앉아 있는 전신부좌상으로, 화폭 뒤에 적힌 제기題記로 미루어보아 1911년 작임을 알 수 있다. 다시 말해 이 초상화는 이미 황현 사후에 제작된 것으로서, 전해오는 자료를 통해 천연당 사진관에서 찍은 사진을 보고 채용신이 추화追畫한 것임을 알 수 있다.

사진과 그림은 얼굴의 취각取角(완전 정면은 아니다), 사팔 눈, 안경, 앉음새, 지물持物(갖고 있는 물건) 등이 모두 동일하다. 그러나 사진에서는 갓에 두루마기를 입고 한 손은 부채를, 다른 손은 서탁書卓 위에 펼쳐진 책으로 가려져 있어 황현의 모습이 전체적으로 옹색하고 답답해 보이는 반면, 화가가 그린 초상화에서는 정자관에 학창의를 입고 의연하게 정면을 바라보고 있는 품위 있고 의연한 유학자로 그 모습이 바뀌어 있다. 또한 사진에서는 얼굴에 비해 몸체가 상당히 빈약한 데 반해, 그림에서는 얼굴을 실제보다 조금 작게, 몸체는 상대적으로 크게 그려 전체적으로 인물에 당당한 비례감을 부여했다. 이것이야말로 초상화가로서의 채용신이 얼마나 뛰어난 기량을 지녔던가를 말해준다.

하지만 이 상의 핍진성은 황현이 쓰고 있는 정자관이 속 망건이 비쳐 보일 만큼 투명성이 재현되어 있으며, 올의 겹침조차 여실히 표현되어 있는 데서 잘 드러난다. 얼굴 피부는 마치 살아 있는 사

「황현초상」안면 세부.

「황현 초상」, 채용신, 비단에 채색, 120.7×72.8cm, 보물 제1494호, 매천사.

「황현 사진」, 김진규 촬영, 15.0×10.0cm, 보물 제1494호, 개인.

람의 살갗을 재현해놓은 듯 표면 처리가 되어 있으며, 안경 속에 빛나는 눈동자, 살갗 속에 배어 있는 주름은 육리문 그대로다. 콧날의 백광highlight을 비롯해 콧구멍을 중심으로 한 정위正尉 및 난대蘭臺의 윤곽이 저절로 나타나 있으며, 입술의 생태감 역시 살아 있고, 수염은 바람이라도 불면 금방 나부낄 듯하다. 이 초상화를 바라보노라면 그림이 아니라 마치 황현이라는 인물이 앞에 있는 듯, 우리는 외경심에 절로 옷깃을 여미게 된다.

* * *

　사대부 초상화의 주류는 위에서 살펴보았듯이 어디까지나 사묘 봉안용이었다. 그런데 사묘에서의 향사 때 종손이라면 사당 안에 들어가 예를 올릴 수 있지만, 그 외 후손들은 마당에서 배례를 한다. 또한 일반 사우(서원 부설 포함)에서도 향사 때 초헌관初獻官, 아헌관亞獻官 등 중요 직책을 맡은 유자儒者들은 사당 안에 들어가 예를 올리지만 나머지 유림들은 마당에 머무르므로, 사당에 걸리는 초상화는 여러 사람이 모두 바라보고 절하며 숭앙심을 불러일으킬 정도로 커다란 크기의 것이 있어야 했다. 따라서 현존 작품들을 살펴보면 대개 축軸 형식에 100×180센티미터 정도로 큰 폭인 것이 적지 않다. 물론 크기는 시대가 내려올수록 대체로 작아진다.
　또한 조선시대의 초상화는 대개 화면 속 인물로 한 명만 그렸고, 배경이나 여러 비설물備設物, 설화적 첨가물이 들어간 예가 드문데, 사대부상 역시 그러하다. 이것은 어떤 인물에게서 위엄을 느끼고 존엄성을 기리려 할 때 오로지 숭배하는 그 인물에게만 그림을 바라보는 자觀者의 시선이 집중되도록 한 의도에서 비롯된 듯하다. 한편 중국 사대부상은 명·청대에 이르면 조선의 초상화와 같은 형식도 있지만 또 달리 자연 풍광 속에 앉아 있거나 산림 속을 유유히 거니는 모습, 실내에서라도 여러 가구와 기물 등에 둘러싸여 있거나 시녀나 동자들을 대동함으로써 그 인물의 기호나 신분 과시를 강조하는 초상화가 여럿 눈에 띈다.

　나아가 조선 사대부 초상화는 한결같이 절제된 표정과 자세로 그려져 있다. 시선은 얼굴의 각도取角와 똑같은 각도로 처리되어 있으며, 몇몇을 제외하고는 대부분 공수拱手한 모습이다. 이 점은 동시대인 명·청대의 중국 사대부상들이 한 손은 무릎 위에 얹고 다른 한 손은 각대를 붙잡아 자못 자기 현시적인 포즈를 즐겨 취했던 것과 역시 차이를 보인다. 또한 이 점은 일본 사대부상들 중에는 시선의 각도를 얼굴의 각도와 달리 자유롭게 취함으로써 대상 인물의 속내를 바깥으로 드러내는 경우가 적지 않은 것과도 구별된다. 조선 사대부상들은 항상 깍듯하고도 단정하게 그리고 엄숙히 그려져 있다. 심지어는 자화상이나 감상용 화첩본에서조차 초상화 속 주인공들은 흐트러짐 없는 긴장감과 의연함을 보여준다. 이를테면 강세황의 자화상은 여러 점이 전해오지만, 얼굴 표정이나 경건한 자세에 있어 직업화가가 그린 초상과 판에 박은 듯이 똑같다. 조선시대 자화상에서는 「오카다 베이산진 자화상」에서 발견되는 술에 취해 한껏 긴장이 풀린 이미지로 자신을 희화한다거나 혹은 「임옹 자화상」처럼 세상과 한번 맞붙고 싶어하는 젊은 화가의 압도적인 자기과시욕 같은 유는 찾아보기 어렵다.

　그렇다면 무엇이 우리 초상화로 하여금 이런 특징을 지니게 했던 걸까?

「강순부 초상」, 종이에 채색,
161.0×67.0cm,
15세기 말~16세기 초,
난징박물원.

齊乾坤眼前何
物斬嫲笑側身長藥
覺惠事飾之絮摩傳此則
談何容易試說豪華金張
許史劉如今饒幾還五惜鏡檢青𩯭
蔓掩白頭一㮾奔馳無計
夏譯人間嶙青史一字何曾輕記公子馮虛
先生有托茫茫萬古來陳創誰是慕豪澤
算少年原孤是超郎寫知旦放謌起舞
全世意任醜狀一醉然水燦苎淮美者
調十二崎源長任渭侯雄也
賢哲我也

「임웅 자화상」, 종이에 채색,
177.5×78.8cm, 19세기 전반,
베이징고궁박물원.

모든 초상화가는 동서양을 막론하고 외적 닮음만이 아니라 정신의 표현을 목표로 한다. 조선의 화사들 역시 마찬가지였다. 하지만 여기서 표현해내려는 정신의 내용은 시대나 지역에 따라 다르게 나타난다. 조선의 화사들이 화폭 속에 구현하고자 했던 것은 당시 초상화를 바라보는 사람들이 그 대상 인물로부터 어떤 모습을 바라는가였다. 초상화를 첨배하고 향사하는 조선의 관자들이 보고자 했던 것은 두고두고 기억하고 숭배하고픈 대상 인물의 이른바 '바람직한 성정性情의 표현'이었다. 그것은 결코 대상 인물 심층부에 도사린 개별적 성향이나 심적 경향성의 묘사는 아니었다. 보는 이들은 현실적으로 존재하는 어떤 인간의 특정 순간이나 어떤 장소에서의 적나라한 모습의 형상화를 원한 것이 아니었다. 날씨에는 맑은 날, 어두운 날, 안개 낀 날, 비바람 부는 날이 있지만 가장 반듯한 날씨는 맑게 갠 날이듯, 조선의 화사들은 그 대상 인물이 지니고 있는 가장 반듯하고 흐트러짐 없는 모습을 그려내야 한다고 생각했던 것이다. 따라서 우리 초상화는 다양한 형식을 보이지 못하고 전형성을 상당히 강하게 띤다. 물론 이러한 측면은 우리 초상화만이 아니라 동양 초상화 전반이 한켠에 지니고 있는 특색으로, 웨일리Arthur Waley는 '전기傳記＋상像 만들기imagery'라는 공식으로 동양 초상화의 성격을 풀이하기도 했다. 하지만 조선조에서는 중국이나 일본에서보다 이런 면이 더욱 강하게 드러나고 있으며, 그 주된 원인은 조선의 초상화가 향사, 첨배용이 대부분이었다는 그 사회적 기능에 기인한다고 여겨진다.

하지만 이처럼 천편일률적으로 그 모습을 담아내는 형식이 전형성을 띰에도 불구하고, 조선 사대부 초상화에는 가작이 많다. 그것은 아마도 '털끝 한 올이라도 틀리면 그 사람이 아니다—毫不似 便是他人'라는 초상화의 명제를 화가들이 마음속 깊이 따르고 있었던 데에서도 연유할 것이다. 수염 그리기에서 이 점은 확연히 드러나는데, 수염이 난 부위에 먼저 살색을 칠한 뒤 흑과 백으로 한 올 한 올 정성스레 그려낸 것은 한자문화권의 다른 어느 나라에서도 찾아보기 어려운 핍진한 재현적 묘사력을 보여준다. 또한 선조와 선현들의 모습을 그려냄에 있어 까다로운 감식안을 작동시켜 아무리 걸작이라도 '7분모七分貌(10분의 7의 성취도)'라는 평점을 내렸던 사대부 계층의 수준 높은 안목 또한 초상화의 질을 높여주는 계기가 되었을 것이다. 그러나 조선 사대부들의 올곧은 신념이야말로 이들의 초상화를 지켜온 진정한 동인이었을 것이다. 그들은 조상과 스승의 모습을 그리기 위해 힘닿는 한 훌륭한 화사를 구하고, 사묘에 정성스레 모시고 향사했으며, 전쟁이 일어났을 때는 등에 지고 피난하거나 땅속 항아리 안에 묻으면서 초상화를 마치 신줏단지 모시듯 했다. 그들에게 있어 초상화란 단순한 회화작품이 아니라 '조상'이자 '스승', 즉, 그 '사람'이었다. 그리고 바로 이러한 굳건한 신조 덕택에 우리 후손들은 오늘날 이 초상화 작품들을 음미하고 감상할 수 있는 것이다.

7장

섬세한 그림으로
예禮의 모든 것을 표현하다

그림으로 보는 종묘

이욱

그림으로 그려진 의례
왕명으로 종묘 병풍을 제작하다

    화가가 아니라면 고등학교를 졸업한 뒤 그림을 그리기 위해 도화지를 펼치고 붓을 잡을 기회가 많지 않았을 것이다. 노래방처럼 그림방이 있다면 가끔씩 그림을 그려볼 수 있겠지만 상황이 여의치 않으니 명절날 이따금 '동양화'를 치는 것으로 마음을 달랠 뿐이다. 만화가가 되겠다는 맹세는 첫사랑의 치기처럼 사라진다. 우리는 어른이 되면 왜 그림과 멀어지는 것일까?

    이러한 문화적 정황에는 그림이란 '어린아이들'의 표현 수단이란 전제가 깔려 있다. '그림일기'란 글을 제대로 쓸 수 없는 단계에 있는 어린이들이 그날에 본 것을 그리는 것이다. 그림은 글을 익히기 전에 배우는 것으로 간주하는 것이다. 거꾸로 본다면 그림은 교육을 제대로 받으면 버려야 할 표현 수단인 셈이다. 최근에 많이 바뀌었지만 만화에 대한 인식도 마찬가지다. 미술 치료 역시 이러한 전제를 깔고 있다. 자기 감정이나 생각을 정확히 표현할 수 없을 때 무의식적인 방식으로 그리는 그림을 통해 그 내면을 들여다보고자 하기 때문이다. 그림은 유아기, 감정, 무의식 등과 서로 관련지어 이해된다.

조선시대에도 이러한 의식이 있었을까? 유아기나 무의식이란 관념이 생겨나지 않았던 시기였기에 그림을 어린이의 전용 도구로 여기기는 어려웠을 것이다. 또한 그림을 그릴 붓이나 물감을 구하기 어려운 시대였으므로 그림을 그릴 수 있는 특권이 어린이에게 쉽게 주어지지 않았을 것이다. 반면 그리기에는 연령 제한보다 신분 제한이 더 뚜렷하던 시절이었다. 글을 모르는 집단은 어린아이가 아니라 사대부와 대비되는 백성이었다. 그러나 그림을 생산하고 향유하는 것은 백성의 몫이 아닌 사대부 또는 사대부를 위한 중인들의 것이었다.

이러한 계급적 한계에도 불구하고 당시 그림에 대한 이해 가운데 흥미로운 것은 글과 그림의 공존이다. 조선시대에는 '도圖' '도설圖說' '도식圖式' '도해圖解' 등의 그림 자료가 생산되었다. 그런데 이러한 도상 자료들은 그림 단독으로 존재하기도 하지만 대부분 일정한 '글說'이 뒤따를 때가 많았다. 그림과 글이 서로를 배제하지 않고 공존하면서 사물이나 개념을 설명하는 양식을 '도설'이라 일컫는다. 도설의 그림은 형상을 모사한 것에서부터 설계 도안이나 순서도와 유사한 것에 이르기까지 매우 다양하다. 그림 속에 글자가 들어가는 것도 있지만 도설은 대개 그림을 중심에 두고 그 아래 또는 좌측에 설명을 붙였다. 그림과 글의 장점을 동시에 이용하는 도설은 작성자의 감정을 드러내기보다 정확한 정보를 전달하는 데에 유효한 도구였다.

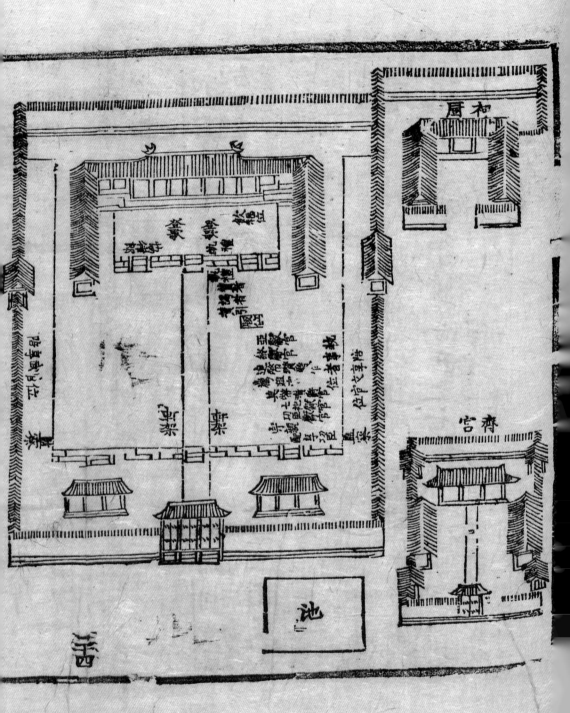

『국조오례서례』「단묘도설」에 실린 종묘, 규장각한국학연구원.

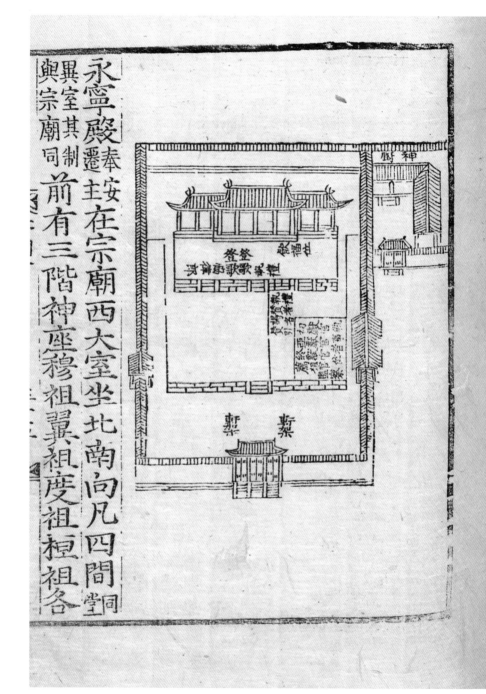

永寧殿奉安遷主在宗廟西大室坐北南向凡四間堂同異室其制與宗廟同前有三階神座穆祖翼祖度祖桓祖各

神門

『국조오례서례』「단묘도설」에 실린 영녕전, 규장각한국학연구원.

이러한 도설의 표현 양식을 쉽게 볼 수 있는 곳이 국가 전례典禮와 연관된 의례서儀禮書다. 조선시대 주요 전례서인 「(세종실록)오례五禮」『국조오례서례國朝五禮序例』『국조속오례의國朝續五禮儀』『국조상례보편國朝喪禮補編』『춘관통고春官通考』 등은 모두 도설을 통해 단과 묘, 의물儀物과 악기의 모양과 제작 방식을 설명하고 제기와 제관 등의 진설과 위차를 표시했다.

의식의 기념이자 전범이 되는 의궤 역시 풍부한 그림 자료를 가지고 있다. 의궤를 오히려 유명하게 만든 것은 다양하고도 섬세한 그림일 것이다. 의궤가 담고 있는 내용은 국상國喪, 종묘와 사직 등의 제례, 단묘壇廟나 능원陵園의 축조와 개수, 책봉冊封, 왕실의 관·혼례, 진연進宴 등 국가 의례 전반에 관한 것이다. 여기에는 삽도揷圖 형식의 그림에서부터 전례서 형식을 빌린 도설, 그리고 기념하기 위한 기록화 형식의 그림까지 매우 다양한 형태의 시각 자료가 등장한다.

조선시대 국가 의례와 관련된 도설의 마지막 장르로 도병圖屛이 있다. 이는 책이 아니라 병풍에 전례 관련 그림과 의절 또는 규례 등의 설명을 같이 나타낸 것이다. 병풍은 바람을 막거나 무언가를 가리기 위해 세우는 접이식 판이다. 별도의 지지대 없이 서 있게 하기 위해 분절된 판을 연결시킨 병풍의 독특한 형태는 액자와 달리 연관된 주제를 연속해서 보여줄 수 있다. 또한 대부분 실내에서 사용하기에 도병은 일상에서도 늘 가까이서 대하며 감상하고 익힌다는 유학적 공부법과도 상통했다. 조선 후기 국가 전례를 수행하는 과정에서 이러한 병풍의 장점을 이용해 제례 관련 도설을 기록한 병풍이 제작되었다.

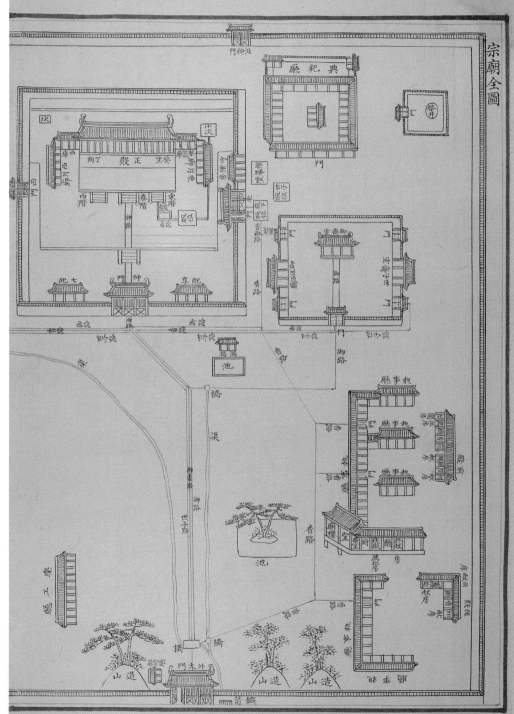

『종묘의궤』에 실린 '종묘전도', 규장각한국학연구원.

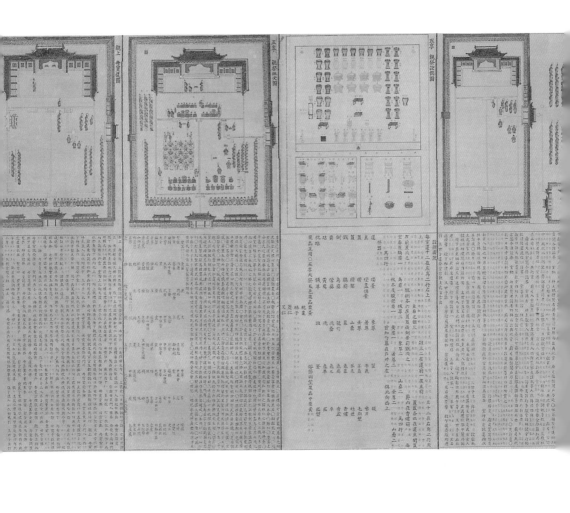

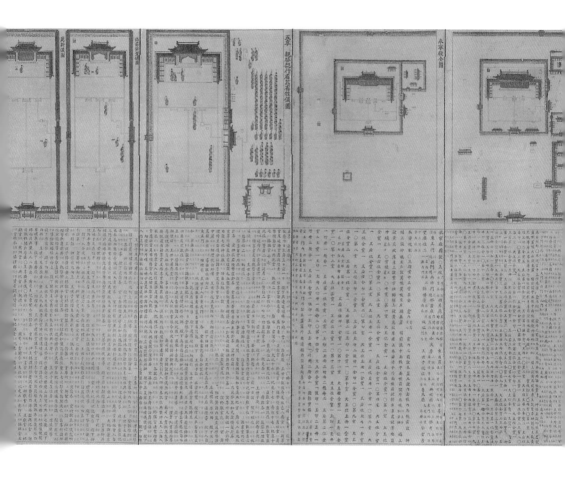

「종묘친제규제도설병풍宗廟親祭規制圖說屛風」, 비단에 채색, 화면 전체 141.0×423.4cm, 19세기 후반, 국립고궁박물관.

고종대에 제작된 병풍 중 「종묘친제규제도설병풍宗廟親祭規制圖說屏風」이 있다. 전체 8폭인 이 병풍의 각 면을 보면 이등분하여 상단에는 그림을, 하단에는 의주나 규례의 내용을 적었다. 상단의 그림을 오른쪽에서부터 살펴보면 제1폭 '종묘전도宗廟全圖', 제2폭 '영녕전전도永寧殿全圖', 제3폭 '오향친제친행성기성생의도五享親祭親行省器省牲儀圖', 제4폭 '속절삭망의도俗節朔望儀圖'와 '천신의도薦新儀圖', 제5폭 '전알의도展謁儀圖', 제6폭 '오향친제설찬도五享親祭設饌圖', 제7폭 '오향친제반차도五享親祭班次圖', 제8폭 '친상책보의도親上冊寶儀圖' 등 9개의 그림이 그려져 있다.

각 그림 아래에는 도설이 있다. 제1폭의 '종묘전도'에는 '종묘도설宗廟圖說'이란 제목 아래에 종묘의 위치, 규모, 모양, 봉안 규제 등을 기록하고 있다. 제2폭에는 '영녕전도설'이 있다. 그렇지만 그림과 도설 내용이 완전히 일치하지 않을 때도 있다. 제3폭에는 '오향친제친행성기성생의도'의 그림이 있지만 그 하단에는 '오향친제의五享親祭儀'가 실려 있다. '오향친제의'는 그 내용이 길어서 다음의 제4폭 하단까지 이어진다. 그리고 4폭의 '속절삭망의도'와 '천신의도'에 관한 의주는 제5폭의 그림 하단에 있다. 다행히 '전알의도'의 내용이 길지 않아 전알의 의주도 제5폭 하단에 같이 있다. 그리고 제6폭 하단에는 '설찬도설設饌圖說'이 있고, 제7폭 '오향친제반차도' 하단에는 악장樂章, 악기樂器, 제복祭服 등에 대한 규식, 마지막 제8폭 하단에는 '친상책보의親上冊寶儀'가 있다.

그림과 도설 또는 의주가 완전히 일치하지 않는 것은 병풍의 제한된 크기 때문이다. 그런 가운데 가능한 한 그림과 도설의 내용을 맞추고자 한 노력을 볼 수 있다. 전반적인 내용의 흐름은 그림보다 도설의 순서가 더 자연스럽다. 즉 종묘와 영녕전의 공간을 먼저 설명한 다음 주요 의례의 의주를 제시하고, 그다음으로 그와 관련된 기물, 악기, 복식을 설명하고, 마지막으로 비정기적인 의식이면서도 조선 후기로 갈수록 빈번하게 거행했던 '상책보의'를 기록했다. 이러한 흐름 속에서 주요 장면을 선택해 이미지화했다.

한편 이러한 병풍의 제작 목적은 이 병풍을 설치했던 곳을 보면 알 수 있다. 이런 종묘 관련 병풍의 제작을 처음 지시한 정조는 이 병풍을 재전齋殿, 재실齋室, 묘사직소廟司直所, 전사청典祀廳 등에 보관하고, 사직에서도 전사청典祀廳에 두도록 했다. 이러한 공간은 재전을 제외하면 제향을 준비하고 집행하는 관원이 거하거나 활동하는 공간이었다. 이는 정조가 종묘 병풍을 만들면서 '향소享所에 두어 각자 늘 보고 준행하게 할 것'이라는 의도에 부합하는 것이었다. 제향을 지내러 온 헌관이나 집사자, 그리고 종묘에 제향을 담당하고 관리하는 관원들로 하여금 늘 보고 쉽게 익히도록 하고자 이 병풍을 만들었던 것이다. 이렇게 도병이 제향의 실무 담당자를 위해 제작되었다는 사실은 종묘나 사직서 도병 이외에 봉상시奉常寺의 「태상도병太常圖屛」, 상의원尙衣院의 「상방도병尙方圖屛」, 장악원掌樂院의 「악원도병樂院圖屛」 등을 통해서도 알 수 있다.

신과 주제자의 권위를 창출하다

「종묘친제규제도설병풍」의 제1폭과 제2폭은 각각 '종묘전도'와 '영녕전전도'다. 광의의 종묘 영역은 이 두 그림을 합친 공간이다.

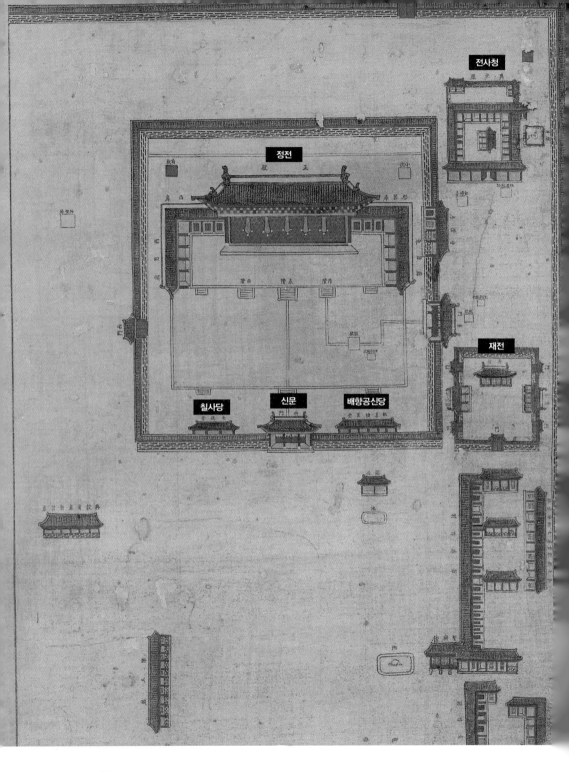

「종묘친제규제도설병풍」 중 제1폭 '종묘전도'.

○在東部蓮花坊

○正殿七間十六間祭器庫六官西門○祭器庫祀官○正廟壬祭獻眼

○正殿當中主壁奉安龕內鑿花付龕內之前設朱簾又設榻上

第五室
第一位 金寶一 玉冊一
大王位 金寶一 玉冊二
王后第一位 金寶一
王后第二位 金寶一

○第三室
金寶三
大王位 金寶一 玉冊一
王后第一位 金寶一 金印一
王后第二位 金寶一
○第四室
大王位 金寶一 玉冊一

第一位 金寶一 玉冊二 英片廟同戌寅爲得英謚 玉寶三 金寶三
○第十室
大王位 金寶二 玉寶二 玉冊四 玉印一 教命一

○第十一室
大王位 金寶三 玉寶一 玉冊二 玉印一 教命二 玉

二玉位 金寶二 玉冊四 玉印一 教命一
○第二室 金寶三 玉冊二 玉印一

龕內鑿花付上紅方紬爲命軸同龕爲奉上

御齋殿 御香大廳 樂工廳 典祀廳 大門 典樂器庫 東廊 西廊 北門

殿東月廊 正殿 望瘞位 內正門 內版位御香大廳製揭板 王世子望瘞位 神門

「종묘친제규제도설병풍」 중 제1폭에 실린 '종묘도설'

'종묘정전' 하단의 대문에서 시작되는 좌우 담장은 영녕전의 주변 담과 연결되어 있다. 종묘를 찾으면 가장 먼저 만나는 것은 담장과 대문이다. 조선시대 국가 제사 공간의 대부분은 이러한 담장으로 일반인의 출입을 통제했다. 이러한 통제는 신주가 있는 감실에 가까울수록 심해진다. 그림에 보이는 것처럼 대문을 통과해 넓은 뜰을 지나면 또 다른 문과 담장을 만난다. 아래쪽에 있는 문을 신문神門이라 부르는데 여기를 통과하면 비로소 정전正殿을 볼 수 있다. 종묘 정전은 넓은 뜰에 월대를 이중으로 쌓아 공간의 활용을 극대화하고 사당의 위엄을 높였다. 월대 위 정전의 문을 열고 안으로 들어가야만 신주를 봉안한 감실龕室을 볼 수 있다.

이렇게 폐쇄적인 구성은 유교 제향 공간의 특징이다. 출입의 제한을 통해 특정한 공간을 구별하고 성스럽게 만드는 것이다. 통제는 그곳에 거하는 신의 권위뿐 아니라 이를 만나러 가는 주제자主祭者의 권위를 창출하는 방식이다. 유교 제향에서 누구나 보편적으로 제사지낼 대상은 존재하지 않는다. 제사는 혈연과 신분의 표상이기 때문에 그 공간은 특정한 사람에게만 출입을 허용한다. 왕조 국가에 국체國體를 상징하는 공간인 종묘는 백성의 공간이 아니라 그 왕위를 이어받은 국왕의 공간인 셈이다. 담장 너머 신실에는 한 토막의 나무로 만든 신주만이 있을 뿐이다. 그 신주에 애초부터 무슨 매력이 있고, 그것이 어떤 거룩한 빛을 발휘하겠는가? 그 신주와 종묘를 거룩하게 만드는 것은 벽이 만들어내는 금기의 힘이다. 조선시대 한양 도성의 중심에 있었던 종묘는 당시 가장 번화한 거리와 대비되어 금역의 땅으로 권위를 지키고 있었다.

금기의 빗장을 열고 종묘 안으로 들어가보자. 종묘 내부는 꽤

넓은 영역에 많은 건물이 모여 있다. 이러한 건물들은 봉안을 위한 공간, 제향을 위한 공간, 관리를 위한 공간으로 구분할 수 있다. 봉안의 공간으로는 그림 북쪽 상단에 보이는 가장 큰 건물의 정전과 이를 마주보고 있는 공신당功臣堂과 칠사당七祀堂이 있다. 제향을 위한 주요 공간은 정전과 묘정廟廷이며 그 외 종묘 오른편에 있는 전사청典祀廳, 재전齋殿, 재실齋室, 향대청香大廳 등의 부속 건물들은 제향을 준비하는 데에 중요한 것들이다. 전사청은 희생을 비롯한 제물을 준비하는 곳이다. 반면 재전은 국왕이 재계하는 곳이고, 재실은 기타 헌관들이 재계하는 공간이다. 향대청은 제향에 사용할 향과 축을 보관하는 곳이다. 마지막으로 관리 공간으로는 대문, 수문장청守門將廳, 수복방守僕房 등이 있다.

이 가운데 중심 건물은 당연히 정전正殿이다. 이곳은 선왕과 선후의 신주를 봉안한 곳일 뿐 아니라 제향을 거행하는 곳이다. 그런데 이 그림에서 정전의 모습은 다른 어떤 것보다 왜곡이 더 심하게 그려져 오히려 흥미롭다. 기존의 전례서나 의궤에서 종묘 정전은 신실의 칸수를 실제와 같이 그려 그 규모를 가늠할 수 있도록 했다. 몇 번의 증축을 거친 종묘에서 칸수의 표현은 매우 중요한 사실을 기록하는 것이었다. 그런데 이 그림은 신실의 수를 가늠할 수 있는 기둥의 모습을 드러내지 않고 하나의 신실 모습으로 그렸다. 이미 좁은 그림에 표현하기에는 칸수가 매우 많아져버린 것이라 할 수 있다. 그리고 천자 7묘, 제후 5묘라는 명분을 이미 벗어나 세실世室이 범람해버린 조선 후기 상황에서 칸수를 굳이 드러낼 필요가 없었던 것이다. 그리하여 정전의 전면을 기둥과 각 신실의 지게문 대신 거북등무늬의 주렴珠簾으로 표현했다. 주렴에는

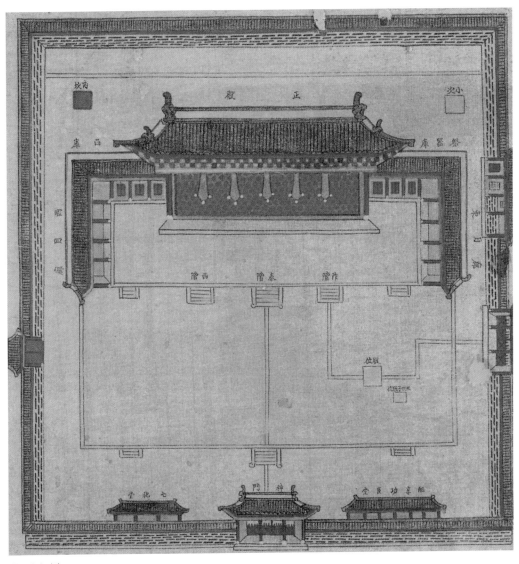

종묘 정전 세부.

면으로 만든 방울이 세 개씩 달려 있는 낙영落纓 다섯 개가 늘어뜨려져 있다. 이러한 주렴과 낙영은 종묘 정전 내부의 감실을 가리기 위해 설치한 것이다. 그리하여 정전이 하나의 감실과 같이 모양으로 구별되어 눈에 띄게 자리하고 있다.

까다로운 제향 준비 과정
국왕이 직접 희생을 살피다

세 번째 도설은 「오향친제친행성기성생의도」다. 제목을 풀이하면 '오향대제를 국왕이 직접 거행할 때에 제기와 희생을 직접 살피는 의식'이라는 뜻이다. 즉 그림은 제기를 살피는 모습과 희생을 살피는 모습을 한 화면에 동시에 담았다. 담장 안쪽 상월대 위에 보이는 다섯 명이 제기를 살피는 것이라면 담장의 오른편 위쪽에 보이는 아홉 명은 희생의 상태를 살피고 있다.

이 절차는 제향일 전날 거행하는 의식이다. 헌관과 집사자들은 하루 전에 재궁에서 재계를 행했다. 재계는 제향에 앞서 부정한 것을 삼가고 몸과 마음을 정결히 하는 것인데 종묘대제의 경우 7일 동안 재계를 한다. 국왕은 7일 중에서 산재散齋 기간인 4일 동안 별전別殿에 거하고, 치재致齋 기간인 3일 중 2일은 정전에 거하며 마지막 1일은 재전에 거했다. 이때 제향에 사용할 제기와 희생의 상태를 살피고 점검하는 것이다. 그 순서를 보면 국왕은 먼저 정전의 각 신실을 봉심한 뒤 제기위祭器位로 나아가 제기의 세척 상태를 살폈다. 이어서 국왕은 영녕전으로 가서 역시 봉심과 점검을

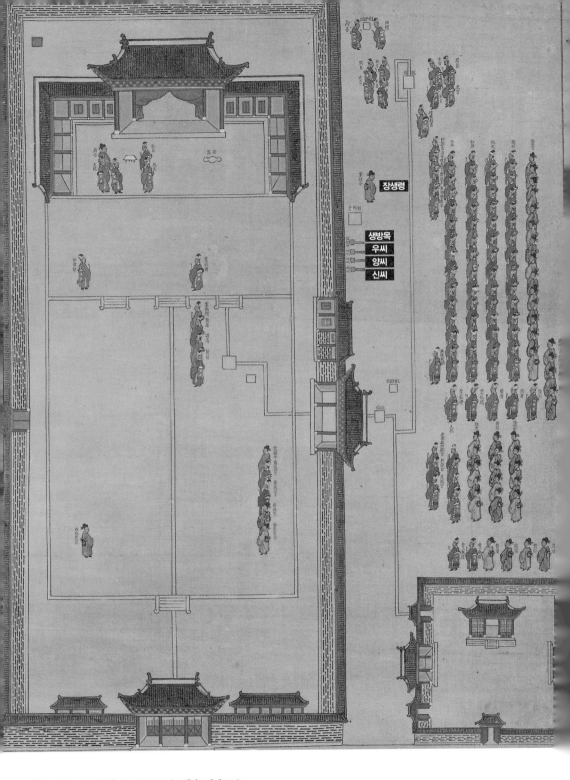

장생령

생방목
우씨
양씨
신씨

「종묘친제규제도설병풍」 중 제3폭 '친제친행성기성생의도'.

'친제친행성기성생의도' 세부.

「별방조점」,「탐라순력도」, 이형상, 56.7×36.0cm, 보물 제652-6호, 1702, 제주시청.

직접 거행한 뒤 재전에 들어간다. 조금 뒤 희생을 살필 시간이 이르면 국왕이 다시 성생위에 나아가 희생의 상태를 살폈다.

종묘 제향 때 올리는 희생은 어떤 것이 있을까? 그림 상단 우측의 동문 밖 찬만대饌幔臺 아래에는 주걱 같은 모양의 나무가 '생방목牲榜木' '우씨牛氏' '양씨羊氏' '시씨豕氏'라는 글씨와 함께 그려져 있다. 생방목은 희생을 묶어두는 나무를 가리킨다. 여기에는 우씨, 양씨, 시씨의 생방목이 설치되어 있다. 즉 종묘 제향에는 소, 양, 돼지를 희생으로 썼다. 여기서 잠시 이들 희생에 대해 살펴보자.

종묘 제향에 바치는 소는 어떤 것일까? 종묘 제향에는 흑우를 희생으로 썼다. 『주례周禮』 「목인牧人」에서 양사陽祀인 종묘에는 붉은 소騂를 사용하고 음사인 사직에서는 검푸른 소黝를 사용한다고 했다. 이에 따라 조선에서도 종묘에서 붉은 소를 써야 했지만 천자天子의 예를 함부로 사용한다는 혐의가 있어 검은 소로 대신했다고 한다. 또 다른 설에 따르면 동방이 목木이므로 마땅히 청우靑牛를 바쳐야 하지만 세상에 청우가 없으므로 검은 것으로 대신했다고도 한다.

그렇다면 흑우는 어디에 있을까? 우리나라의 대표적인 소는 황우이지만 흑우 역시 한반도에서 오래전부터 생존했다. 2013년 7월 문화재청에서는 제주도 흑우를 천연기념물 제546호로 지정했다. 이에 따르면 제주도 흑우는 한우, 칡소, 교잡우와 다른 고유 재래종이라고 한다. 그런데 조선시대에 이 흑우는 제사용으로 국가에서 관리하여 길렀다. 숙종대 이형상이 편찬한 『탐라순력도』의 「별방조점別房操點」을 통해 조선시대 제주에서 기르던 흑우의 모습을 볼 수 있다. 이 그림에서 '대랑수악大郞秀岳(다랑쉬오름)' 아래로 말들이 달리고, 그 옆에 '흑우둔黑牛屯'이라는 글자 아래 소떼가 풀을 뜯고 있다. 이렇게 조선시대에 나라에서는 제주도에 흑우 목장을 두어 이들을 사육했다.

제주도에서 매년 공물로 올려 보낸 흑우는 배를 타고 바다를 건너 육지에 도착하면 충청남북도 각 읍에 나누어 사육하다가 희생으로 썼다. 사육하는 일은 전생서典牲署에서 맡았다. 전생서는 남산 바깥쪽 용산 부근에 있었는데 현재 용산구 후암동 영락보린원 정문에 가면 '전생서 터'라는 표석을 볼 수 있다. 제향 때가 되면 전생서의 장생령이 희생의 가축을 끌고 이 자리로 나아가 대기한다. 희생으로 사용하는 소를 끌고 갈 때에는 이례吏隸들이 도와주지만 코뚜레를 하지 않아 다루기가 쉽지 않았다. 국왕이 판위에 나와 남쪽을 향해 서면 예조판서가 희생을 살필 것을 청하였다. 이에 장생령이 3, 4보 물러나 소를 살펴본 뒤 국왕께 나아가 '돈腯'이라 아뢰었다. 다음에 대축들이 희생의 주위를 한 바퀴 돌고 '충充'이라 아뢰면 희생을 살피는 의식은 끝났다. 희생은 곧바로 전사청의 재살처宰殺處로 끌려가 도살되었다.

종묘에서 한 번의 제향에 몇 마리의 소를 희생으로 썼을까? 희생은 한 신실에 한 마리를 통째로 바치는 것을 원칙으로 했다. 그러나 소는 머리와 네 다리의 다섯 조각으로 나누어 신실에 올렸다. 즉 소 한 마리로 신실 다섯 곳에 나누어 올린 것이다. 그러므로 고종대 종묘 17실에는 네 마리의 소가 필요했다.

마지막으로 기억할 것은 이 의식이 영조대에 새로 마련된 것이라는 점이다. 물론 제기와 희생을 살피는 일은 조선 초기부터 있었다. 그러나 기존에는 국왕이나 왕세자가 하지 않고 종헌관이 수행

屢洞

明禮坊

院樂掌

校書舘洞

哭大將洞

明礼洞

鬪壯洞

駝駱洞

洞貞長

水閣橋

好賢洞

宣惠

倉洞

南山洞

南山洞

西修堂

烽火峴

蚕頭

南関王庙

利泰院

南朝

典牲署

西氷庫

鑄成里

「도성도」,「여지도」, 규장각한국학연구원.
표시한부분이 희생을 사육하는 일을 맡았던 천생서다.

했다. 그런데 1745년(영조 21)에 영조는 국왕이 친행할 때 제기와 희생의 상태를 직접 살폈다. 영조는 왜 이러한 의식을 친히 행하고자 했을까? 제향 시간에 맞춰 종묘에 나아가 제사를 올리는 것보다 제향 전에 미리 제기와 희생의 상태를 살피는 것은 그만큼 제향에 대한 정성을 보여주는 것이다. 다른 한편으로 이러한 영조의 실천은 제향을 준비하는 관리들을 통제하는 것이기도 했다. 정조대 전생서 주부主簿에 임명되었던 이재頤齋 황윤석黃胤錫(1729~1791)은 당시 희생을 살피는 의식이 까다로워져 죄를 얻기 쉽다고 근심했다. 이처럼 「친림성생기의」는 종묘 제향을 소홀히 하는 관리들을 신칙申飭하고 이를 통해 선왕과 왕실의 권위를 높이기 위한 의례화儀禮化의 한 방식이었다. 그리하여 섭행攝行할 때에도 국왕이 제향 전날 종묘에 전알례를 거행한 뒤 제기와 희생을 살피고 돌아가는 경우가 많았다.

왜 제사를 지낼 때 희생을 바칠까? 왜 신神을 만날 때에는 희생을 바칠까? 이러한 물음에는 희생이 제사를 위한 수단이란 전제가 있다. 제사는 인간이 신에게 무언가를 얻기 위해서 거행하는 것이고, 그 목적을 위해 제물을 준비한다는 것이다. 또 한편으로 신에 대한 감사의 뜻으로 희생을 바칠 수 있다. 이렇게 희생은 일종의 뇌물이나 선물과 같은 것이 된다. 그런데 이를 바꿔서 생각할 수 있다. '제사'라는 행위가 일반 가축을 신이 먹을 수 있는 희생으로 변형시키는 과정은 아닐까? 사람과는 다른 존재인 신이 먹을 수 있도록 정결한 음식으로 변화시키는 과정, 곧 성화聖化라 할 수 있다. 이렇게 성화된 희생을 신에게 바치고, 신이 흠향한 희생을 다시 인간이 맛봄으로써 그 성스러움에 참여할 수 있다. 여기서 희생은 제사 수단이 아니라 제사의 본질인 것이다.

제기를 진설하는 방법
희생 살해 후 올리는 과정

병풍 제6폭의 그림은 '오향친제설찬도'다. 제물의 위치를 정해 그림으로 표기한 것을 진설도陳設圖, 설찬도設饌圖, 찬실도饌實圖 등으로 부른다. 이런 진설도는 대부분 제기 모양을 사각형 또는 원형으로 단순화시켜 표기하고 제물의 이름을 적어놓는 형식이다. 그러나 「종묘친제규제도설병풍」에 있는 '설찬도'는 제기 모양을 자세히 그려 실제 제향 때 제상祭床의 모습을 그려볼 수 있도록 도와준다. 이와 별도로 제기 모양을 자세히 그린 제기도설의 병풍이 있었지만 이 그림은 제기의 진설을 동시에 보여준다는 점에서 중요하다. 한편 그림 하단 도설에서 제시한 제기는 모두 45종이다. 이 가운데 손을 씻을 때 사용하는 이匜와 이반匜盤을 제외한 43종의 제기가 이 그림 속에 사리하고 있다.

이 그림은 세 부분으로 구분되어 있다. 상단에 큰 사각형과 그 아래에 두 개의 작은 사각형으로 나뉘어 있는데 이들은 각각 다른 공간의 제기를 보여준다. 상단의 진설은 신실 안쪽에 설치된 제상의 진설 상황을 그린 것이다. 제상에 펼쳐진 제기를 살펴보면, 가장 많은 수량의 변籩과 두豆가 제상 양쪽에 날개같이 2열로 놓여 있다. 신위를 기준으로 변은 왼쪽에, 두는 오른쪽에 있다. 변은 마른 음식을 담는 대나무 그릇이며, 두는 젖은 음식을 담는 나무

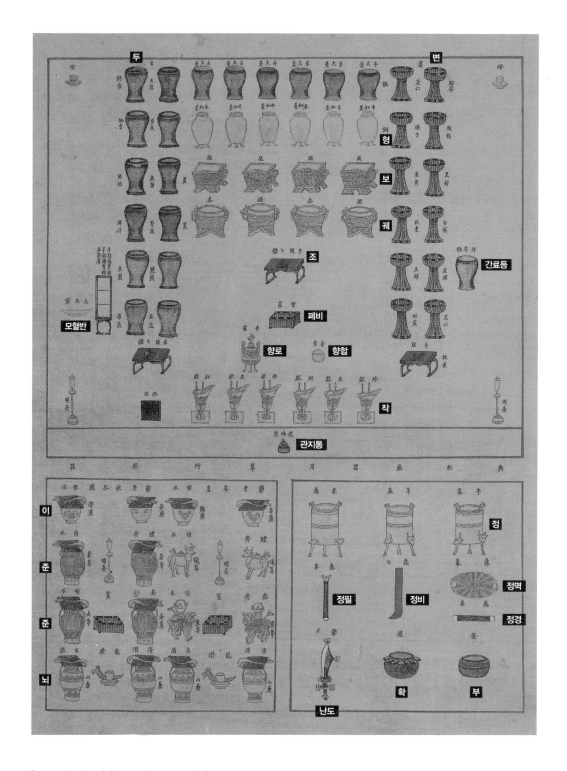

「종묘친제규제도설병풍」중 제6폭 '오향친제설찬도'.

제상에 놓인 두(위 오른쪽), 변(위 왼쪽), 궤(가운데), 보, 조선시대, 국립고궁박물관.

그릇이다. 이 변과 두 사이에 놓인 제기를 살펴보면 등甑과 형鉶이 각각 여섯 개씩 있다. 등과 형은 둘 다 국을 담는 그릇인데 항아리처럼 생겼고 뚜껑이 있다. 특히 형은 아래에 솥과 같이 세 발이 있어서 등과 구별할 수 있다. 그 앞쪽에 사각형 모양의 보簠와 원형의 궤簋가 네 개씩 있는데 도稻, 양粱(기장), 서黍, 직稷 등의 곡식을 담는 제기다.

한편 제상의 하단 왼쪽 그림은 신실의 지게문 밖에 설치되는 준상樽床의 진설이다. 준상이란 술항아리를 두는 상이란 의미다. 마지막으로 하단의 오른쪽 그림은 부엌에서 사용하는 제기들이다. 부엌에 제물을 요리하는 용기는 이보다 더 많을 것이다. 그러나 제기로 간주되어 소중히 다뤄지는 것은 희생을 삶거나 담는 데에 쓰는 용기들이다.

앞서 국왕이 희생을 직접 살피는 의식을 살펴보았다. 살펴본 결과 흠이 없는 소는 바로 전사청의 재살처로 끌고 가서 도살했다. 여기 제시된 칼은 희생을 도살을 할 때 썼던 '난도鸞刀'다. 원래 난도는 칼끝에 두 개의 방울을 달고, 손잡이 쪽 고리에 세 개의 방울을 달았기에 붙여진 이름이다. 다섯 개의 방울은 궁·상·각·치·우의 5음을 내어 절도와 조화를 얻은 뒤에 도살하기 위한 것이었다. 고대 제향에서는 임금이 희생을 끌고 종묘 문에 들어오면 경대부가 난도로 희생을 찔러 살을 가른 뒤 피와 발기름을 취했다고 한다.

도살한 희생은 크게 세 부분으로 나뉘어 제상에 올려졌다. 첫 번째는 살해 후 곧바로 취하는 털毛, 핏덩이血, 간肝, 그리고 율료膵膋 등이다. 핏덩이는 올리는 희생을 죽였음을 보여주는 것이고

난도, 길이 51.0cm, 조선시대, 국립고궁박물관.

조組, 23.0×50.0×24.0cm, 국립고궁박물관.
고기를 올려놓는 제기 조의 모습.

시정, 높이 37.4cm, 조선시대, 국립고궁박물관.

털은 희생이 순색의 온전한 것임을 나타낸다. 이 털과 핏덩이를 담는 그릇을 모혈반毛血盤이라 한다. 모혈반은 상향上香과 폐백을 드리는 절차(전폐례奠幣禮)가 끝나면 신위 앞에 올린다. 간은 울창주로 씻어서 율료와 함께 등甑이라 부르는 항아리에 넣어둔다. 율료는 뼈 사이에 있는 기름 덩어리를 가리킨다. 모혈반과 마찬가지로 전폐례가 끝나면 신위 앞에 올린다. 제상에 올린 간은 곧바로 축사祝史가 취하여 지게문 밖에 있는 화로火爐에 넣어 태운다.

둘째는 희생의 고기를 생체生體로 바치는 것이다. 이때 사용하는 제기가 조俎다. 조는 도마와 같이 아래에 양쪽으로 다리가 있고, 윗면 표면에 붉은색과 검은색이 칠해져 있다. 고대에 음식을 놓을 때 사용하던 그릇 중 하나다. 세 개의 조를 준비해 우성牛腥, 양성羊腥, 시성豕腥을 각각 구분하여 옮겼다.

희생의 세 번째 모습은 익힌 고기熟肉다. 종묘 제향에서 익힌 고기를 올리는 것을 '궤식饋食'이라 부르는데 절차상 가장 중요한 부분이다. 앞서 핏덩이와 날것을 그대로 올리는 것은 상고上古의 예식이므로 공경스럽게 행했지만 그 음식을 실제 맛볼 수 있는 것은 아니었다. 반면 궤식은 익힌 고기를 올려 봉양의 도리를 다한 것이라 여겨 중요시되었다. 여기에는 확鑊, 정鼎, 조俎, 갑匣 등의 제기들이 사용되었다.

확은 고기를 삶는 솥이다. 솥으로 번역하는 정鼎은 고기를 삶는 데에 쓰지 않고 확에서 삶은 고기를 담아 찬막饌幕 또는 찬만대饌幔臺로 옮기는 용도였다.

우정牛鼎, 양정羊鼎, 시정豕鼎과 같이 희생의 종류별로 정을 준비하는데 아랫부분 세 개의 다리에 해당 짐승의 형상을 만들어 구별했다. 그리고 위쪽 입구에는 두 개의 고리가 있어서 빗장扃을 끼울 수 있도록 되어 있다. 정의 덮개를 멱冪이라고 하는데 띠풀로 엮어서 만든 것이다.

솥이나 정에서 고기를 들어올릴 때에는 필畢 또는 비匕의 도구를 이용했는데, 필은 끝이 두 갈래로 갈라진 모양이고 비는 끝이 꺾인 모양이다. 찬만대에 옮겨진 고기는 나무 상자 모양의 그릇牲匣에 담아 제상에 올린다. 찬만대에서 생갑을 들고 가는 사람을 봉조관奉俎官이라 부르고, 신실에서 생갑을 신위전에 올려놓는 사람은 천조관薦俎官이라 부른다. 모두 제기 '조俎'가 직명職名에 있으나 실제로는 생갑에 고기를 담아 옮겼다.

지위와 권력을 섬세한 그림 속에 표현해내다

제7폭의 '오향친제반차도'는 이 병풍 9점의 그림 중 제일 중요한 의식을 아주 섬세하게 표현하고 있다. 오향은 사시제와 납향제를 합쳐 부르는 것으로 국가 사선에서 대사大祀에 속하는 가장 큰 제사였다. 이 대제를 국왕이 직접 거행하므로 더 큰 제사가 되었다.

우선 이 그림의 제목에 유의할 필요가 있다. '반차도'란 행사나 행렬 중에 관원과 의장의 위치를 표시한 그림을 가리킨다. 위계사회에서 자리는 지위와 권력을 가리키는 것이고, 행사는 그 지위를 확인하고 강화하는 메커니즘이다. 그러므로 국가에서 주요한 행사를 거행할 때에는 반차도를 미리 제작해 확인하고 승인을 받았다. 종묘 제향에 관해서는 『국조오례서례』나 『종묘의궤』에 그 반차도가 실려 있다. 이때의 반차도는 관원의 위치를 모두 글자로 표기했다. 그런데 이 그림에서는 관원들의 모습을 모두 이미지로 표현했다. 더욱이 배종하는 문무백관과 악공樂工의 위치 및 모습까지도 한 사람 한 사람 그림으로 살려 사실성을 높였다.

'종묘전도'에 보이는 공간과 같지만 참여자들의 모습이 좀 더 잘 보이도록 공간을 변형시켰다. 화면의 공간 구성은 층위에 따라 네 부분으로 나눌 수 있다. 종묘 정전과 좌우 행랑에 의해 만들어지는 공간은 실제 정전의 처마 밑 준소樽所의 모습을 그린 것이다. 그 아랫부분은 상월대로 등가登歌의 악기와 당상집례堂上執禮가 있는 곳이다. 또다시 이어지는 아래는 하월대의 넓은 부분인데, 가운데 신로를 사이에 두고 동쪽에는 헌관과 집사자가, 서쪽 편에는 일무佾舞를 추는 악공들이 있다. 하월대 끝 쪽에서 헌가軒架를 연주하고 있고 그 좌우에 칠사와 배향공신의 신위를 모신 천막이 있다. 하월대 아래 동서남쪽 면에 배향한 문무백관들이 일렬로 서 있다. 동쪽 편에 문관이 있고, 서쪽 편에 무관이 서 있다. 보통의 의례에서는 종친들이 문관의 동반에 같이 서 있는데 여기서는 동반 앞쪽 하월대 끝에 별도의 자리를 마련하여 서 있다. 이는 혈연적으로 연관된 종친의 지위를 보여준다.

그렇다면 종묘 제향에는 얼마나 많은 인원이 참여했을까? 이 그림에 나타난 사람의 수는 전체 228명이다. 그리지 않은 왕과 왕세자까지 포함한다면 230명의 인원이 제향에 참여하는 것이었다. 그런데 실제로는 그림에 나타난 것보다 더 많은 사람이 제향에 함께했을 것이다. 이 그림에 나타난 집사자들의 수는 1실에만 해당되

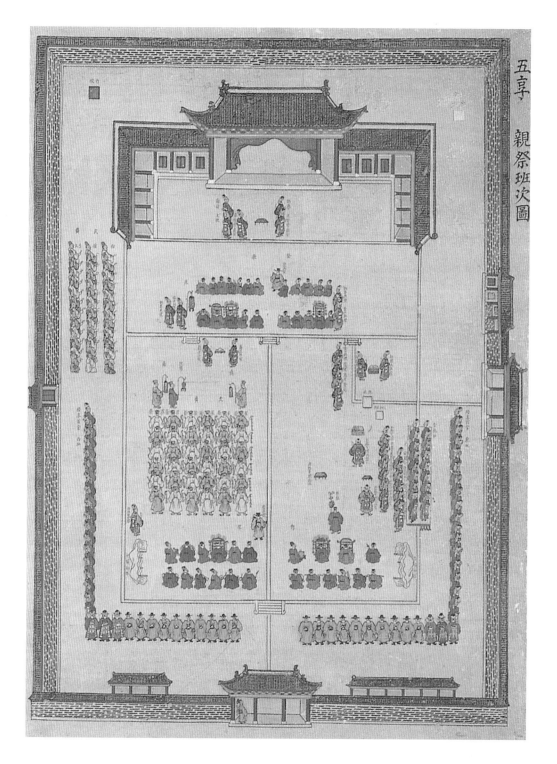

五享　親祭班次圖

「종묘친제규제도설병풍」중 제7폭 '오향친제반차도'

는 것이다. 대축大祝 1명, 축사祝史 1명, 재랑齋郎 1명, 집준執尊 1명, 봉조관捧俎官 3명은 각 신실에 배정된 인원이므로 신실이 늘어나면 숫자는 그만큼 더 늘어난다. 이 그림이 그려진 고종대에는 모두 17실에 선왕을 모셨다. 그러므로 이 그림에 포함된 것보다 112명의 수가 더 있어야 한다. 그러나 이 숫자는 『국조오례의』의 규정을 따른 것이다. 다행히 정조대에 봉조관의 수를 3명에서 1명으로 줄였기 때문에 전체 80명의 인원이 더 참여했다. 그 외에 배향 관원의 수가 형편에 따라 변동되었겠지만 총 320명이 넘는 인원이 종묘 제향에 참여했다.

조선 후기에 종묘의 신실은 계속 늘어났다. 세실世室이 증가했기 때문이다. 이렇게 신실이 증가하면 앞에서 언급한 것처럼 이를 준비하는 집사자들의 수도 같이 늘어난다. 그뿐 아니라 제향 시간도 길어진다. 신실이 늘어나더라도 초헌관, 아헌관, 종헌관, 그리고 천조관의 숫자가 늘지 않아 이들이 각각의 신실에 들어가 왕과 왕비에게 잔을 올리고 희생을 올려야 하기 때문이다. 한밤중인 자시子時에 시작한 제향은 언제 끝났을까? 5, 6시간을 훌쩍 넘기는 의례 시간, 이 시간을 바라보는 신하들의 눈에 공덕이 보이고 공경한 마음이 일어났을까? 더욱이 신실 안에 작爵을 올리는 모습은 보이지 않고 자리에 앉을 수도 없고, 추위와 벌레에 노출된 상태에서 밤을 새는 배향 종신들의 마음은 어떠했을까?

세실은 공덕을 찬양하기 위한 것이었다. 그러나 공덕의 증대가 의례에서는 시간으로 치환되면서 '공경'의 밀도가 해체되었다. 여기서 갈등과 변화가 생겨났다. 자기 조상에게 공경함을 표하기를 바라는 국왕과 몸을 비틀고 짝다리 짚으며 저항하는 관리들 사이에 일어나는 보이지 않는 갈등이었던 것이다. 변화는 그 갈등 속에서 생겨났다. 한쪽으로는 통제와 감시의 기술이 늘어났고, 다른 한쪽으로는 의례의 간소화가 생겨났다. 도병 또한 제향을 준비하는 관리와 수복들이 늘 가까이서 익히기를 바라는 국왕의 마음을 보여준 것이었다. 이 모든 것을 공경의 기술technique이라 할 수 있다. 그러면서 세속화도 조금씩 움텄다.

한결같이 성스러운 대상은 없다. 한국인의 종교심은 타고난 것도 아니다. 성스러움은 이념과 경험, 그리고 사회관계 속에서 늘 변하는 변덕쟁이다. 종묘가 우리에게 주는 영감 역시 영원한 왕조가 없듯이 영원한 성스러움도 없다는 것이다.

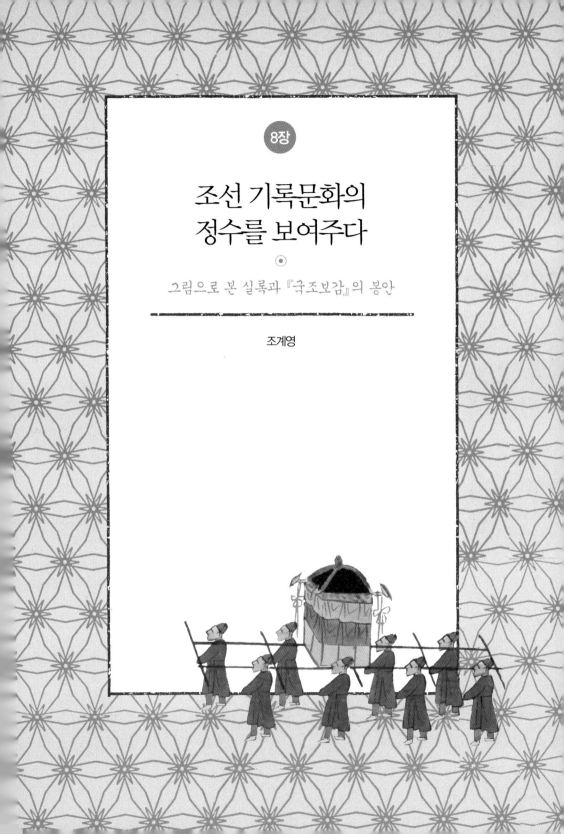

8장

조선 기록문화의
정수를 보여주다

◉

그림으로 본 실록과 『국조보감』의 봉안

조계영

실록을 보지 못하는 정조, 『국조보감』이 절실하다

　여기 우리 앞에 하나의 기록물이 놓여 있다. 이 기록물의 내용과 형태는 그것이 생산되고 활용되고 현전하기까지 자신의 역사를 오롯이 담고 있다. 우리는 이 기록물을 어떤 기준으로 선별하고, 어떻게 활용하며 무엇을 위해 보존할 것인가. 지난 2007년 남북정상회담 회의록이 국가기록원 대통령기록관에 이관되지 않은 것이 최근 이슈가 되었다. 당시 회의록의 생산과 폐기, 활용과 보존에 대한 기준이 무엇이었는지 짚어보면 조선시대에 실록을 두고 제기되었던 논쟁들과 닮았음을 알게 된다. 예나 지금이나 기록물을 활용하고 보존하는 데에는 저마다 처한 입장에 따라 이견이 분분하다.

　1438년(세종 20) 세종은 『태종실록』을 열람하려는 자신의 뜻을 신료들에게 밝혔다. 사실 세종은 즉위한 뒤에 선왕先王의 치적을 거울삼기 위해 『태조실록』을 보고자 했고, 신료들이 이런 왕의 뜻을 받아들여 『태조실록』을 볼 수 있었다. 이에 세종은 다시 『태종

실록』을 열람하고자 했지만, 신료들은 국왕이 실록을 보게 되면
사관은 자기 목숨을 보존하고자 국왕의 뜻에 따르게 되고 결국 실
록이 왜곡될 수밖에 없으니 천 년 후에 무엇을 믿을 수 있겠는가
라며 아뢰었다. 또한 세종은 태종이 나라를 다스리는 것을 직접
보았고, 『태종실록』을 편찬한 신료들이 지금 모두 살아 있으니 실
록을 열람하는 것은 타당하지 않다며 반대했다. 결국 세종은 『태
종실록』을 보지 않았다.

실록을 열람하려는 세종의 의지는 1781년(정조 5)에 『국조보감
國朝寶鑑』을 편찬하라고 명한 정조의 윤음綸音(국왕이 신하나 백성에
게 훈유하는 명령)을 떠올리게 한다. 이때는 선왕의 『영조실록』이
완성된 지 얼마 지나지 않은 무렵이었다. 그렇다면 『영조실록』이
있는데도 정조는 왜 『국조보감』을 편찬하려고 했을까. 정조는 『국
조보감』 서문에서 그 까닭을 명확하게 밝혔다.

『실록』과 『보감』은 모두 역사서이지만 그 체재는 같지 않다. 일의 크
고 작음과 득실을 빠짐없이 기록해 명산名山에 간직함으로써 천하 만
세萬世를 기나리는 것은 『실록』이며, 선대 국왕의 말씀이나 행적 가운
데 훌륭한 것을 취해 특별히 기록하여 후세 국왕들에게 모범이 되게
하는 것은 『보감』이다. 그러므로 『실록』은 비밀리에 간직하지만 『보
감』은 밝게 드러내는 것이며, 『실록』은 먼 훗날을 기약하지만 『보감』
은 현재에 절실한 것이다.

조선의 가장 대표적인 역사서라 할 수 있는 실록은 국왕이 사망
한 뒤에 편찬되는 기록물이다. 정조는 실록을 가리켜 '명산에 간

英祖大王 御眞 光武四年庚子摹摸

「영조 어진」, 조석진·채용신 등, 비단에 채색, 110.5×61.0cm, 보물 제932호, 1900, 국립고궁박물관.

직하여 만세 이후를 기다리는 역사서'라고 했다. 실록을 왜 봉안奉安했는가? 특정한 장소에 기록물을 받들어 모시는 봉안의 목적은 기록물을 영구히 보존해 후대에 전하려는 것이다. 실록은 깊은 산속에 위치한 사고史庫에 봉안되어 있기 때문에 국왕을 비롯한 사람들은 실록에 담긴 수많은 정보를 열람할 수 없었다.

반면 역대 국왕들의 덕업德業을 수록한 보감은 후계 왕에게는 절실한 기록이자 열람할 수 있는 역사서였다. 보감은 사실 송나라의 국사원國史院에서 정사正史인 실록을 찬진撰進한 뒤에 근신近臣들의 강독에 대비해 편찬한 『삼조보훈三朝寶訓』의 체재를 따른 것이었다. 1781년 『영조실록』을 완성할 당시에는 3종의 보감이 있었다. 1458년(세조 4)에 편찬한 『국조보감』은 태조·태종·세종·문종의 사실을 수록했다. 이때부터 역대 국왕들은 여러 번 『국조보감』을 이어 편찬하려 했으나 그 뜻을 이루지 못했다. 이후 1684년(숙종 10)에 『선묘보감宣廟寶鑑』을 편찬했고, 1729년(영조 5)에 『숙묘보감肅廟寶鑑』을 편찬해 3종의 보감이 있게 되었다.

역대 국왕 가운데 왕위에서 쫓겨난 연산군과 광해군을 제외하면, 정종·단종·세조·예종·성종·중종·인종·명종·인조·효종·현종·경종에 해당되는 12조朝 보감은 편찬되지 않았다. 따라서 선왕들의 덕업이 비록 실록에 상세히 기록되어 있다 해도 '석실石室금궤金櫃'인 사고에 봉안되어 있으니 국왕은 참고할 수 없었다. 이에 정조는 영조를 포함한 13조 국왕의 보감을 편찬하라는 명을 내린 것이다. 정조는 『국조보감』을 편찬해 선왕들의 덕업을 전하는 것은 자신이 종묘·사직을 받들어 전하는 의미라고 말할 정도로 중대하게 여겼다.

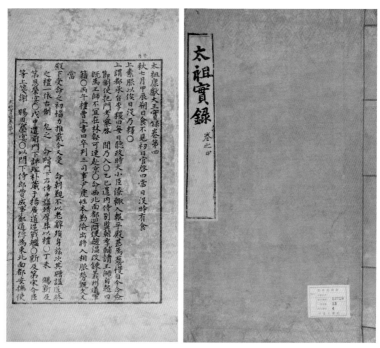

『태조실록』, 규장각한국학연구원.

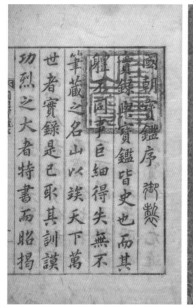

『국조보감』, 규장각한국학연구원.

실록을 꿰어 넣어 봉하는 '봉과식封裏式'

조선시대 실록은 언제 편찬했는가? 실록은 선왕의 졸곡卒哭 이후에 편찬을 시작하는 것이 관례였다.* 『영조실록』 역시 영조의 졸곡제를 거행했던 1776년 8월 9일 이전인 7월에 춘추관이 실록 편찬을 담당할 관원을 차출할 것을 아뢰었다. 그러나 『명의록明義錄』 편찬으로 인해 1777년 6월이 되어서야 실록 편찬을 위한 실록청實錄廳이 회동했고, 4년 뒤인 1781년 6월에 『영조실록』이 완성되었다.

춘추관은 시정時政을 기록하는 업무를 맡은 관청으로, 예문관藝文官에서 녹을 받는 한림 8원이 기사관記事官이 되어 '시정기時政記'를 작성했다. 춘추관에서 작성한 시정기는 실록을 편찬하는 데 가장 기초가 되는 기록물이다. 실제로 실록 편찬은 춘추관에서 주관해 설치한 실록청이라는 임시 기구에서 담당했다. 춘추관의 관직은 영춘추관사領春秋館事·감춘추관사監春秋館事·지춘추관사知春秋館事·동지춘추관사同知春秋館事·수찬관修撰官·편수관編修官·기주관記注官·기사관으로 구성되어 있는데, 모두 다른 관청에서 본직을 가진 관원이 겸직했다. 이처럼 춘추관의 관직을 겸하고 있는 관원을 겸춘추兼春秋라고 하는데, 그중 시정기를 기록하는 한림을 특별히 사관史官이라 불렀다.

조선 후기에는 활자로 실록 5건을 찍어내 춘추관 사고를 비롯해 정족산·적상산·오대산·태백산 사고에 봉안했다. 『영조실록』은

*졸곡은 상복을 평상복인 길복吉服으로 바꿔 입는 절차로 상중喪中이지만 정치를 해야 했던 국왕과 왕비의 상례였다.

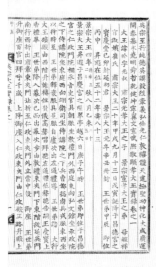

『영조실록』, 규장각한국학연구원.

127권의 내용을 83책으로 장책粧冊했다. 따라서 다섯 곳의 사고에 봉안할 『영조실록』은 모두 415책이었다. 옛 책의 '권卷'은 서책의 내용을 구분할 때의 단위로 지금의 '장章', 즉 챕터에 해당된다. '책冊'은 서책의 수량을 세는 단위로, 몇 권을 한 책으로 묶느냐에 따라 책수冊數가 달라진다. 재미난 사실은 조선시대에도 권과 책을 흔히 혼용했던 까닭에 권수만 언급할 때는 보통 서책의 수량을 가리킨다는 것이다.

1781년 6월에 『영조실록』의 장황粧䌙을 끝낸 실록청은 춘추관 사고에 실록을 봉안할 길일吉日을 택할 것을 아뢰었다. 장황이란 열람과 보존을 위해 서책을 장식하고 묶는 것으로 장정을 뜻한다. 완성된 『영조실록』을 봉안할 길일은 7월 6일로 확정되었다. 실록의 봉안일이 정해지면 실록청에서는 봉안을 위한 준비에 들어간다. 먼저 실록을 궤에 넣어 봉하는데 이 과정을 봉과식封裹式이라고 한다. 실록 편찬에 관한 의궤 중에서 『헌종대왕실록청의궤』에 기록된 봉과식을 통해 그 절차를 살펴보자.

봉과 절차

㉠ 실록 권질卷帙을 받들어 장황을 살펴본 뒤 궤를 받들어 지의地衣 위에 놓고 궤를 연다.

㉡ 다음 천궁말川芎末과 창포말菖蒲末을 담은 주머니 하나를 궤의 바닥에 넣고, 저주지 반장을 주머니 위에 덮는다.

㉢ 다음 홍정주紅鼎紬 4폭 보자기를 저주지 위에 펼치고 먼저 부록을 넣는다.

㉣ 다음 8권, 7권, 6권, 5권, 4권, 3권, 2권, 1권 순으로 넣는다.

㉤ 다음 홍정주 보자기의 네 귀퉁이를 접은 다음 저주지 반장으로 덮는다.

㉥ 다음 궁궁말과 창포말을 담은 주머니 하나를 넣고 이어 궤의 덮개를 덮는다.

㉦ 납염鑞染한 자물쇠를 저주지로 봉하고 '연월일신근봉年月日臣謹封'을 쓰고, 신臣 자 아래에 주관당상이 착함着銜한다.

㉧ 자물쇠의 열쇠는 저주지로 조리 있게 돌려 봉하고 '신근봉臣謹封'을 쓰고, 신臣 자 아래에 주관당상이 착함하고, 자물쇠 중간에 달아 묶는다.

㉨ 배안탁排案卓 위에 임시로 안치한다.

조선 후기의 실록은 황염수黃染水로 물들인 초주지草注紙를 가지

실록 궤, 규장각 한국학연구원.

고 책의冊衣를 만들고, 그 뒷면을 초주지로 배접한 뒤에 몸체와 함께 홍진사紅眞絲로 묶어 장황했다. 실록을 궤에 넣기 전에 장황이 잘되었나 살펴보는데, 이때라도 실록의 내용을 펼쳐볼 수는 없다. 사람이 인체를 보호하기 위해 옷을 입듯이 서책의 몸체를 감싸고 있는 외면外面을 조선시대에는 '책의'라고 불렸는데 요즘의 표지와 같다. 조선 전기에는 본래 실록을 비단으로 장황했는데 세월이 지나 책의가 훼손되면 황염지黃染紙로 개장했다.

궤에 넣은 실록을 습기와 충해로부터 막는 데 가장 큰 역할을 한 것은 천궁 가루와 창포 가루였다. 이 약재를 담은 두 개의 자루를 준비해 먼저 궤 바닥에 하나를 넣고 저주지로 덮었다. 그 위에 홍정주 보자기를 펼치고 실록을 넣은 뒤 보자기를 접고 다시 저주지로 덮는다. 그런 다음 나머지 약재 자루를 넣고 실록 궤를 덮었다. 실록 궤에 납염한 자물쇠를 저주지로 봉하고 주관당상이 봉과한 날짜를 기록했다.

봉안한 실록을 보존하기 위해 두 번째로 중요한 관리 방법은 포쇄였다. 포쇄란 그늘에서 바람을 쏘여 서책의 습기를 제거하는 것인데, 겨울이나 비 오는 날에는 온돌에 불을 때 방바닥에 서책을 펼쳐놓아 습기를 제거하는 작업도 포쇄라 했다. 실록을 포쇄한 뒤에는 약재 주머니를 다시 마련해 이전에 넣었던 것과 교체했다.

조선시대의 사고를 여닫을 수 있는 사관은 예문관의 관원인 봉교奉敎 2원員·대교待敎 2원·검열檢閱 4원으로 8명의 한림翰林뿐이었다. 8명에 불과한 사관이 실록의 봉안과 포쇄를 담당했기에 결원이 생겼을 때에는 업무가 원만히 이뤄지지 못했다. 따라서 실록의 봉안과 포쇄는 일단 그것을 담당할 사관이 갖춰져야 시행할 수 있었던 까닭에 사고마다 거행 시기가 달라지곤 했다.

실록을 봉안하는 날, 국왕에게는 실록부록을 바치다

봉과식을 마친 실록은 춘추관에 봉안하는 길일까지 실록청 탁자에 임시로 봉안되었다. 사실 실록을 봉과하기 전에 먼저 어람부록御覽附錄의 봉과가 이뤄진다. 어람부록이란 무엇인가? 실록을 볼 수 없는 국왕이 유일하게 열람할 수 있는 실록의 부록을 어람부록이라 한다. 실록청은 실록을 춘추관에 봉안하는 날 동시에 실록부록을 국왕에게 진상했다.

어람부록을 궤에 넣는 봉과식의 절차는 실록의 봉과식과 크게 다르지 않았다. 다만 진상하는 물품으로서 궤의 장식과 보자기의 격에서 차이가 났다. 실록부록은 실록과 비교할 때 책의 크기는 같지만 책수가 1책에 불과하므로 궤의 길이와 너비는 비슷하나 높이가 낮다. 또한 국왕이 열람하는 부록을 담은 궤에는 약재가루를 넣지 않았고, 홍정주 보자기로 밖을 다시 싸서 진상하는 것이 실록 궤와 다르다.

실록을 편찬하기 위해 임시로 설치한 실록청은 대부분 궁궐 안팎에 위치한 관청 중에서 여유 있는 공간을 사용했다. 따라서 실록을 봉안하는 의례인 봉안식奉安式은 실록청이 있는 곳에서 출발해 창덕궁 안의 춘추관 사고에 이르는 행렬에서부터 시작되었다. 실록을 봉안하기 위해 실록청 총재관·당상·도청낭청과 춘추관 당상은 흑단령黑團領을 갖추고 실록청에 모였다. 봉안 시간이 되면 어람부록 궤와 실록 궤를 채여彩轝에 싣고 홍목紅木 보자기로 덮는다. 이외에 시정기를 비롯해 실록을 편찬하는 과정에서 나온 초초初草·중초中草, 그리고 실록을 교정하기 위해 시험 삼아 두 차례 찍어내는 과정에서 나온 초견본初見本·재견본再見本 등을 가자架子에 싣고 홍목 보자기로 덮고 붉은 줄로 묶는다. 실록 정본正本이 완성되기까지 중간 과정에서 나온 이 기록물들은 세초洗草하기 전까지 춘추관 사고에 잠시 보관했다. 이처럼 실록청에서는 봉안 행렬을 위한 모든 준비를 마쳤다.

드디어 출발을 알리는 고취가 연주되면 봉안 행렬은 상마대上馬臺와 인로군引路軍이 앞에서 인도하고 의장儀仗과 고취, 향정香亭 순으로 실록청을 출발했다. 다음으로 행렬의 중심이 되는 어람부록 채여를 충찬위忠贊衛 2인이 따르고, 이어서 각 실록채여에도 충찬위 2인이 따랐다. 실록청의 분판粉板 낭청과 교수校讎 낭청은 나뉘어 채여를 모시고 따랐다. 채여 뒤를 춘추관 당상과 실록청의 총재관·주관당상·교정당상·교수당상·도청낭청의 차례로 따라가 창덕궁에 이르렀다. 이러한 실록 봉안 행렬은 반차도班次圖로 그려

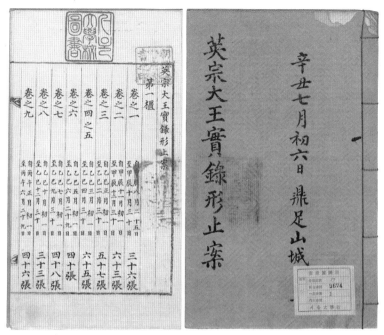

『영종대왕실록형지안』, 규장각한국학연구원. 1781년 7월 6일 정족산 사고 『영조실록』 봉안 형지안.

지지 않아 눈으로 확인할 수는 없다. 다만 『국조보감』을 봉안하는 반차도를 통해 그 모습을 짐작할 수 있다.

실록청에서 출발한 실록채여는 창덕궁의 정문인 돈화문으로 들어가 금천교를 건너 진선문進善門을 통과했다. 실록채여는 북쪽에 있는 인정문仁政門으로 들어가 인정전 월대 위의 임시 봉안처에 안치된다. 이에 반해 어람부록채여는 인정문 밖 동쪽에 있는 숙장문肅章門을 통과해 북쪽에 위치한 승정원으로 들어가는 연영문延英門까지 받들고 갔다. 연영문 밖에서 어람부록 궤와 함께 초기草記(중앙 관청의 제조가 일이 있을 때 국왕에게 올리는 문서)를 승정원에 올리면 국왕은 실록부록만 열람하게 되었다.

진선

이문원

금천교

돈화문

실록 봉안 진로

실록청

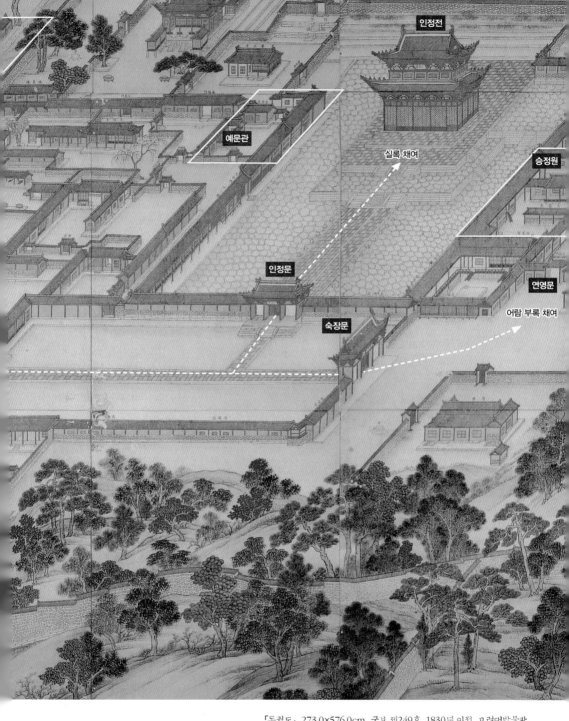

인정전

예문관

승정원

실록 채여

연영문

인정문

어람 부록 채여

숙장문

「동궐도」, 273.0×576.0cm, 국보 제249호, 1830년 이전, 고려대박물관.

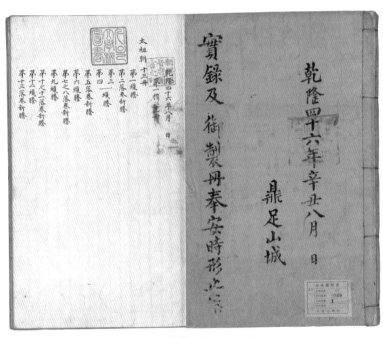

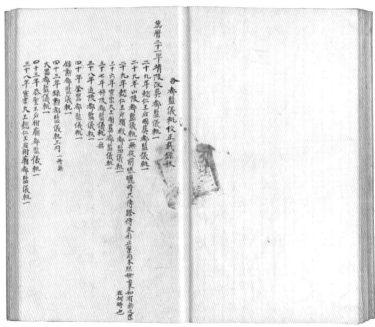

「실록급어제책봉안시형지안」, 규장각한국학연구원. 1781년 8월 정족산 사고.

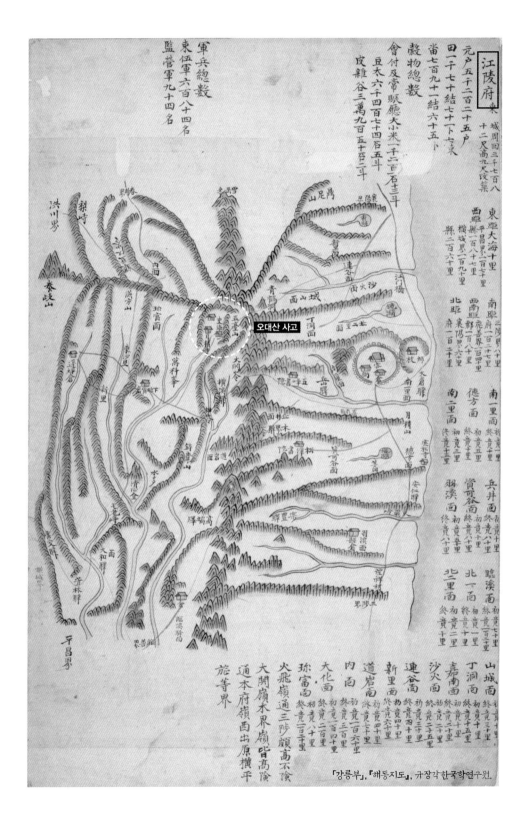

오대산 사고

「강릉부」, 『해동지도』, 규장각한국학연구원.

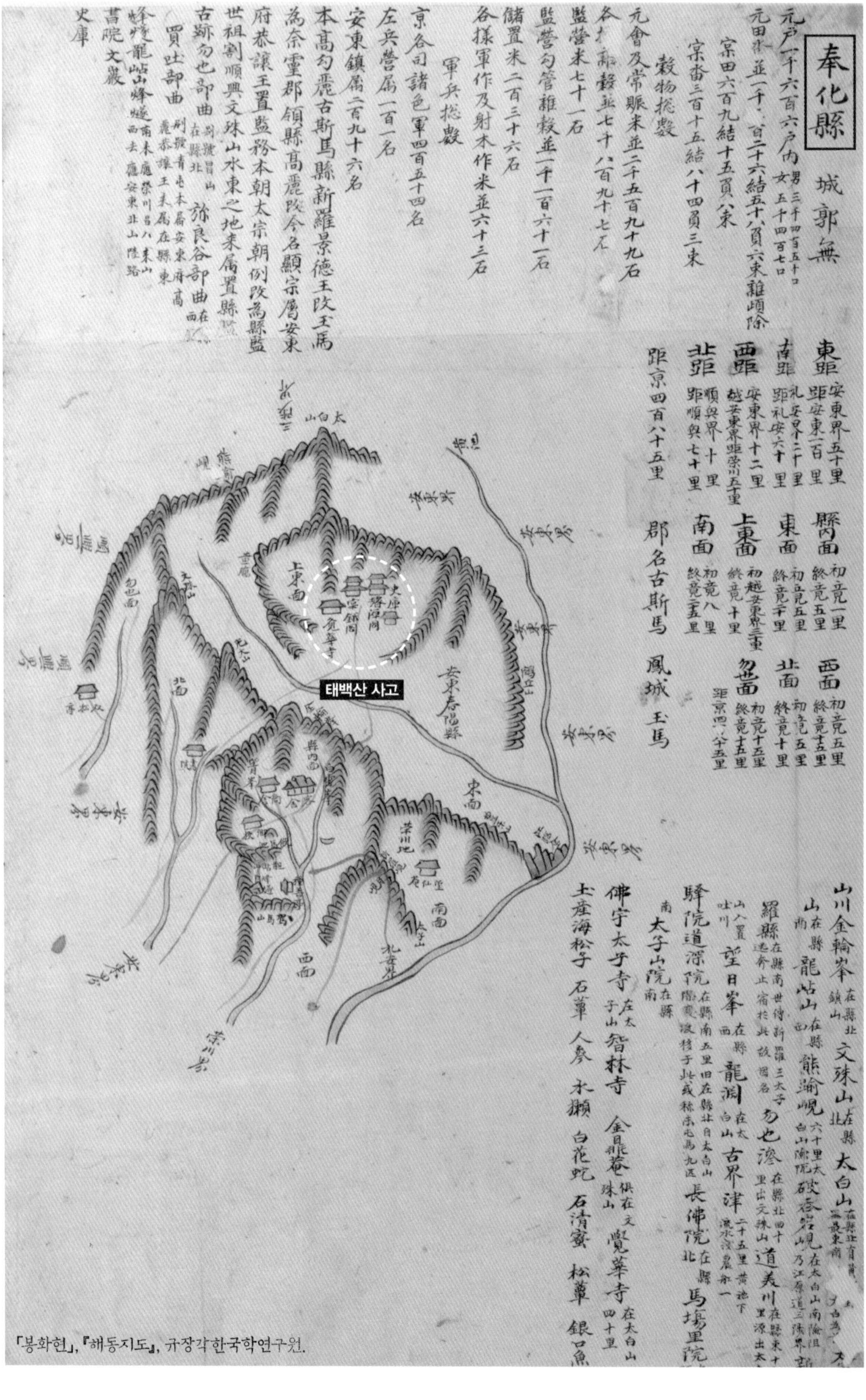

奉化縣

城郭無

태백산 사고

東　距安東界五十里
南　距禮安界二十里
西　距安東界十二里
北　距順興界十里
　　距京四百八十五里

郡名古斯馬　鳳城　玉馬

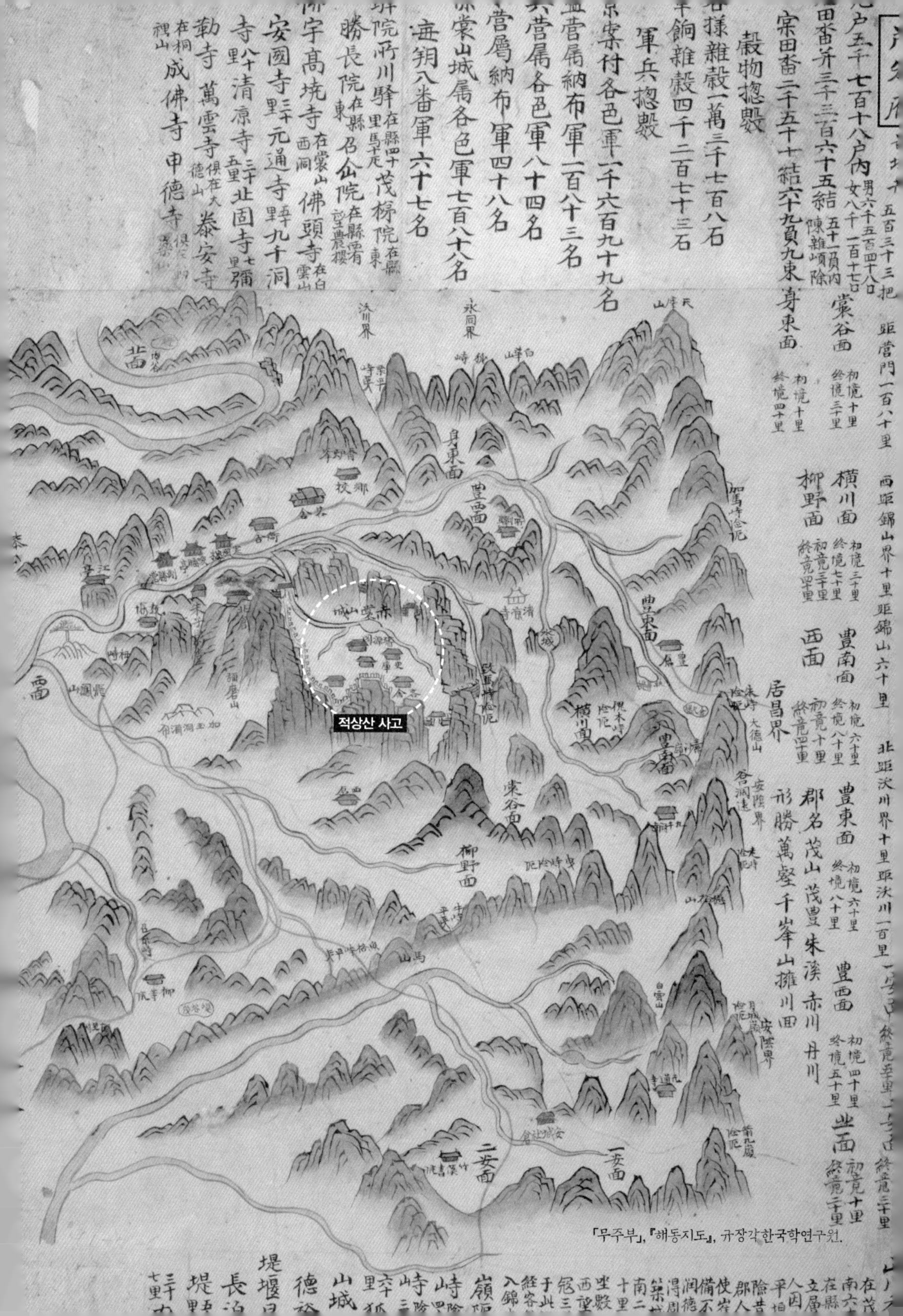

穀物摠穀

上穀雜穀一萬三千七百八十

盤營屬穀納各邑軍一百八十三石

京案付各邑軍八十四名

宗棠山城屬各色軍七百八十名

逐朔入番軍六十七名

柳院市川驛在縣四十茂橋院在縣東

勝長院在縣名院在縣府

府宇高挑寺在蒙山西澗

安國寺三十止元通寺驛九十里

勒寺萬雲寺三十五止固寺彌
　　　　佛頭寺在蒙山

在桐山　　泰安寺
裡山成佛寺申德寺

田畓五十七百十八戶內

軍餉雜穀四千二百七十三石

軍屬納布軍四十八名

清原寺三里在縣西

戶五百八十三把

田畓幷三十三百六十五結

宗案納軍四十八名

男六十五百四十八

女七十一百七十八

陳雜頃除

宗田畓二千五十一結

卒九百九束

距營門一百八十里

西距錦山界十里距歸山六十里

北距茂川界十里距茂川一百一步止

終竟至軍二步止終竟三年止

棠谷面
初境十里
終竟四十里

横川面
初境三十里
終竟七十里
終竟軍里

柳野面
終竟軍里

西面

豐南面
初境六十里
終竟八十里
終竟四十里

居昌界

豐東面
初境六十里
終竟八十里
終竟四十里

郡名茂山茂豐朱溪赤川丹川

形勝萬壑千峯山擁川田

安陰界

赤裳城
史庫

적상산 사고

柳野面

棠谷面

二安面

「무주부」,「해동지도」, 규장각한국학연구원.

실록을 봉안하기 위해 실록청의 총재관 이하 모든 당상과 낭청은 춘추관 동쪽 뜰로 나아가 차서次序대로 섰다. 인정전 서쪽에 있는 사고에 숙배肅拜할 때 찬의贊儀가 '사배四拜'를 말하면 총재관 이하는 사배했다. 사배를 마치면 낭청이 인정전 월대에 안치했던 실록 궤를 받들고 충찬위가 도와 춘추관 대청 위에 임시로 봉안했다. 총재관 이하는 당에 올라 각자의 차서대로 나아갔다. 춘추관 관원이 봉안 시간이 되어 사고를 열면, 실록 궤를 들여 봉안한 뒤에 이어서 사고를 봉인하고 총재관 이하는 바로 물러났다.

이와 같이 춘추관 사고 봉안건과 함께 봉안식을 마친 실록 4건은 외사고外史庫에 봉안될 때를 기다리며 임시로 내사고內史庫에 보관되어 있었다. 외사고에 실록을 봉안하는 의례는 민폐를 끼치지 않기 위해 보통 흉년과 농번기를 피해 거행되었다. 실록을 봉안하는 행차가 지나가는 지역의 감사와 수령들은 실록을 공경히 맞이해 도道 경계까지 모시고 따라가서 배웅해야 했다. 백성은 봉안사 일행을 대접하는 음식 등 여러 부역을 져야만 했다. 따라서 국왕은 실록이 지방으로 내려갈 때 술과 고기, 기생들을 불러 큰 잔치를 벌이지 않도록 감사에게 신칙했다.

실록을 초출하여 『국조보감』을 찬집하다

1781년 7월 11일에 정조는 신하들과 『영조보감英祖寶鑑』 편집 방향에 대해 논의하고 찬집청纂輯廳을 설치하기로 결정했다. 다음 날 정조는 실록청 당상인 채제공蔡濟恭과 조준趙㻐 등에게 『영조보감』

을 편집하라고 했다. 사실 정조는 이미 실록교정당상實錄校正堂上에게『영조실록』을 교정하기 위해 첫 번째로 찍어낸 초견본을 가져다가『영조보감』을 뽑아내도록 하교했었다.

보통 실록이 완성되어 춘추관 사고에 봉안한 뒤에는 실록청 업무가 끝나기 때문에 실록청 관원들에게 임명한 겸춘추의 직함을 줄이는 것이 관례다. 그러나 보감은 실록을 보고 선왕의 가언嘉言과 선정善政을 뽑아내기 때문에 반드시 춘추관의 직함을 가진 관원만이 거행할 수 있었다. 따라서『영조실록』에서 기사를 뽑아내는 초출抄出 작업부터『영조보감』의 업무를 맡게 된 실록청 관원들은 일을 마칠 때까지 춘추관 직함을 유지하게 했다.

실록을 찬수하거나 인출하는 과정에서 나온 실록 초본草本은 실록 내용이 담겨 있기 때문에 감히 일반 종이처럼 배접지로 활용하지 못하고 잘게 잘라 세초洗草를 거행했다. 이 실록 초본은 춘추관 사고에 실록을 봉안할 때 함께 사고에 두었다가 세초하는 날에 꺼냈다. 세초를 거행한 장소는 창의문 밖 차일암으로 탕춘대를 가리킨다. 탕춘대는 앞으로 흐르는 홍제천의 풍부한 수량과 너럭바위가 펼쳐져 있어 세초하기에 가장 적합한 장소다. 국왕은 실록의 완성을 기념하고 실록청 관원들의 노고를 위로하기 위해 의정부와 세초 장소인 차일암遮日巖에 세초연洗草宴이나 선온宣醞을 그때의 형편에 따라 내려주었다.

『영조실록』의 경우는 초견본을 가지고『영조보감』을 초출했기 때문에 자연스레 초출을 마칠 때까지 선온과 세초일이 미뤄졌다. 초출을 마치자 정조는 세초하기 전 7월 22일에 의정부에 내선온內宣醞을 내렸고, 세초 당일인 7월 25일에는 차일암에 외선온外宣醞

을 내렸다. 내선온은 선온하는 의례를 중사中使(내시)가 주관하고 외선온은 승지承旨가 주관하는데, 내선온에 비해 외선온은 반찬의 종류가 소략했다. 1781년에는 내선온을 마련할 물력이 넉넉지 못해 차일암에 내려주던 내선온을 생략했고 잔치도 내리지 못했다.

『영조보감』이 완성되자 차례로 12조 보감의 찬집에 착수했는데 이때의 관건은 해당 실록의 초출이었다. 국정 운영에 참고하기 위해 사고에 봉안된 실록을 꺼내 베껴내는 것을 고출考出이라고 한다. 만세 이후를 위해 영구 보존된 실록을 꺼내 상고하는 사안에 대해 국왕과 신료들은 언제나 팽팽하게 맞설 수밖에 없었다. 사간원司諫院에서는 굳이 실록을 상고할 필요가 없으며 경솔한 사고의 개폐開閉는 삼가야 함을 강조했고, 국왕은 예로부터 큰일이 있으면 실록을 상고하는 것이 규례임을 전거로 삼아 실록 고출을 시도했다.

정조 역시 12조 실록을 초출하려는 객관적 타당성을 신료들에게 제시했다. 먼저 선조宣祖 때에 『동국명신록東國名臣錄』을 편찬하기 위해 역대 실록을 참고한 선례를 들었다. 신하의 언행을 편찬할 때도 실록을 상고했는데 더구나 선왕들의 보감을 찬집하는 데에는 말할 것도 없다는 논리였다. 두 번째로 실록을 개수改修할 때에 이미 수차례 외사고에서 궁궐로 실록을 옮겨온 전례를 들었다. 정조는 '보감 편찬을 혹시라도 실록의 개수보다 가볍게 여길 수 있겠는가'라고 하교하여 사실상 어떠한 문제 제기도 허용하지 않았다. 정조는 외사고에서 실록을 초출할 경우 외읍外邑에서 져야 하는 부역 문제뿐 아니라 작업을 서두르다보면 혹여 실수가 생겨나지 않을까 염려했다. 당시 춘추관 사고에는 1624년 이괄의 난으로 조선 전기의 실록이 소실되었기 때문에 서울에서 가장 가까운 정족산

세검정

조지서

탕춘대

창의문

인정전

돈화문

육조 및 관청

「도성도」, 『여지도』, 규장각한국학연구원. 경복궁 앞의 관청, 창의문 밖 세검정, 탕춘대 등이 보인다.

사고에 봉안된 실록을 옮겨오고자 하였다.

이에 정조는 춘추관 당상에게 정족산 사고에 가서 정종·단종·세조·예종·성종·중종·인종·명종의 실록을 모셔와, 인조·효종·현종·경종의 실록이 봉안된 춘추관 사고에 봉안하도록 명했다. 그리고 나서 12명의 당상과 16명의 낭청을 임명해 모두 춘추관의 관원을 겸하게 했다. 1781년 8월 강화에서 실록이 올라오자 이들은 이문원摛文院(규장각 각신들의 근무처)에 숙직하면서 선왕의 덕행을 초출했는데, 정조는 양¥이나 준치 같은 국왕이 먹는 음식과 직접 지은 시를 자주 하사해 노고를 위로했다.

한 달 남짓 지나서 12조 실록을 모두 뽑아내자 드디어 조준 등에게 나누어 보감을 편찬하도록 했다. 한 편이 끝날 때마다 계속 교정소로 보내 『영조보감』 때와 동일하게 교정했다. 교정을 주관한 이복원李福源 등은 정조에게 보고해 재가를 받아 내용을 버리거나 취하고 늘이거나 줄였다. 1782년 4월에 찬집을 마치고 선대에 편찬되었던 3종 보감의 의례義例를 참조해 한 책으로 합하여 68권으로 만든 뒤 『국조보감』이라 이름지었다.

정조가 직접 『국조보감』의 서문을 짓고 대제학 김종수金鍾秀가 발문을 썼다. 전직과 현직 신료들에게 『국조보감』을 반복해서 참조하게 한 뒤 감인청監印廳(책을 찍어내는 것을 감독하는 임시 기구)을 설치했다. 감인청에서는 먼저 활자로 한 본을 찍어냈는데, 이것은 보감을 활자로 인출했던 전례를 계승한 것이다. 활자 인본印本은 다시 목판에 뒤집어 붙여 판각했는데, 이는 원하는 때에 언제든지 찍어낼 수 있는 책판冊板을 후손에게 물려줌으로써 『국조보감』을 영구히 전하기 위해서였다.

영화당에서 정조에게 『국조보감』을 진상하다

　『국조보감』을 진상하거나 봉안하기 위해서는 실록과 마찬가지로 먼저 궤에 넣는 봉과를 거행했다. 1782년 11월 19일 오시午時(오전 11시~오후 1시)에 『국조보감』을 봉과했다. 19조에 해당되는 『국조보감』은 길이 1척尺 4촌寸, 너비 1척인 박단판薄椴板으로 만든 궤에 넣었는데, 궤에 들어갈 책수에 따라 높이를 다르게 만들었다. 1752년에 영조는 점점 커지는 함函과 궤의 크기를 내용물에 맞게 만들도록 명했다. 진상할 『국조보감』은 모두 24책인데 한 궤에 12책씩 담을 수 있도록 2부를 만들었다. 따라서 진상 궤는 6책 봉안 궤의 두 배 높이인 1척 8촌의 높이로 만들었다. 봉안 궤는 안쪽을 왜주홍倭朱紅으로 칠하고 바깥은 흑진칠黑眞漆을 했으며, 진상 궤는 남화화주藍禾花紬라는 비단으로 안을 바르고 외면은 왜주홍을 칠했다.

[표 1] 1782년 『국조보감』의 봉안 궤와 진상 궤

책수	1책 봉안 궤	2책 봉안 궤	4책 봉안 궤	6책 봉안 궤	진상 궤
왕대	태조~명종, 효종, 현종, 경종	인조	선조, 영조	숙종	19조 24책
박단판 높이	3촌	4촌	6촌 5분	9촌	1척 8촌
제작 부수	15부	1부	2부	1부	2부

　보통 의례는 관상감의 일관日官이 길일을 잡아주어 거행하는데,

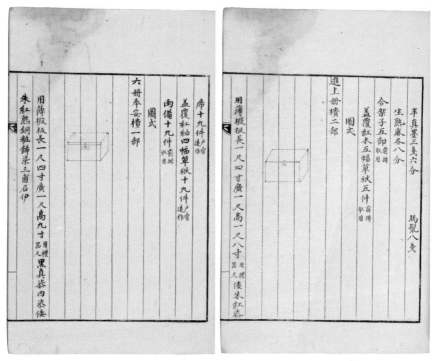

『국조보감감인청의궤』 도식圖式, 규장각 한국학연구원. 봉안 궤와 진상 궤 그림.

『국조보감』의 진상 의례는 11월 24일로, 봉안 의례는 이틀 뒤인 11월 26일로 정해졌다. 의례를 실제로 거행하기 전에 한 차례 예행 연습을 하는데 이때 반차도를 모사했다. 11월 22일 오시에 『국조 보감』을 진상하는 진서의進書儀와 정조가 직접 『국조보감』을 올리 는 친상의親上儀를 연습했다. 예행연습은 『국조보감』을 진상할 장 소인 영화당에서 신료들이 조복朝服을 입고 『국조보감』을 싣지 않 은 빈 요여腰轝와 채여로 거행했다. 예행연습을 마친 정조는 삼사三 司(사헌부·사간원·홍문관)에서 『국조보감』을 받드는 봉보감관捧寶 鑑官으로 선발된 인원이 모두 참여하지 않았음을 지적하고 삼사와 통례원通禮院(조정의 의례를 맡은 관서)에 신칙할 것을 명했다.

11월 24일 진서일이 되자 『국조보감』을 채여에 싣고 감인청監印

廳에서 출발한 행렬은 창경궁 정문인 홍화문弘化門으로 들어왔다. 진상 의례가 거행될 영화당은 창덕궁에 속한 건물이지만 창경궁 북서쪽에 위치해 있어 홍화문을 경유한 것이다. 진서 행렬은 창경궁 월근문月覲門 안쪽에 있는 청양문靑陽門에 이르러서 악차幄次(잠깐 머무를 수 있도록 설치한 장막)에 용정을 임시로 안치했다. 진서 의례에는 감인청의 신하 외에 전·현직 대신들과 규장각 신료들도 참여했는데, 이들은 감인청에서 출발하지 않고 바로 청양문 밖에 도착해 대기하고 있다가 합류했다.

진서할 시간이 되어 행렬이 출발할 때 세의장細儀仗이 앞에서 인도하고 고취가 울린다. 조복 차림의 모든 신하는 『국조보감』을 실은 채여를 모시고 영화당으로 나가 영화당 뜰에 이르면 각자 자기 위치에 선다. 『국조보감』을 진상하는 의례는 『국조보감』의 서문을 읽은 뒤 규장지보奎章之寶를 찍고 「진국조보감전進國朝寶鑑箋」(『국조보감』의 완성을 축하드리는 전문箋文)을 읽는 과정을 중심으로 거행되었다. 원유관遠遊冠과 강사포絳紗袍를 갖춘 정조는 영화당에 마련된 어좌에서 규圭(옥으로 만든 홀笏)를 잡고 의례에 임했다. 의례를 마치고 『국조보감』을 원래대로 용정에 받들어 의춘문宜春門 밖에 있는 악차에 임시로 봉안하면, 정조는 규를 놓고 어좌에서 내려와 봉모당奉謨堂으로 가기 위해 여輿에 올랐다.

『국조보감』을 진상하는 날에 종묘에 봉안할 『국조보감』을 봉모당에 임시로 봉안했다. 진서의를 마친 뒤 총재대신과 감인청의 신하들이 다시 청양문으로 가서 예조당랑과 함께 보감 요여와 채여를 모셔오는 행렬은 세의장이 앞에서 인도하고 고취가 연주되면서 의춘문 밖에 이르렀다. 이 행렬을 진서 용정이 뒤따르며 봉모당으

봉모당

「동궐도」의 창덕궁 봉모당 부분.

서향각

주합루

규장각

영화당

의춘문

「동궐도」의 영화당과 의춘문 부분.

로 향했다.

행렬이 봉모당 뜰에 이르자 미리 도착해 소차小次에 머물러 있던 정조가 규를 잡고 보감 요여와 채여를 맞이했다. 각신들이 보감을 꺼내고 집사관들이 도와 봉모당 탁자 위에 임시로 봉안했다. 이어서 진서건 보감을 어서장御書欌에 봉안한 뒤 봉쇄를 마치자 이제까지 연주되던 고취가 멈췄다. 정조가 봉모당의 동쪽 계단으로 올라가 내부를 살핀 후 내려와 규를 놓자 종묘영녕전봉안보감권안의宗廟永寧殿奉安寶鑑權安儀가 끝났다.

이외의 반사건頒賜件을 포함한 나머지 『국조보감』은 감인청의 도청都廳과 교서관의 교리校理가 창덕궁 정문인 돈화문으로 들어와 내각內閣(이문원, 규장각 각신들의 근무처)에 올렸다.

종묘로 향하는 행렬을 반차도로 그리다

봉모당에 임시로 봉안해두었던 『국조보감』은 종묘에 봉안하기 위해 이틀 뒤인 11월 26일에 꺼내 요여와 채여에 실었다. 정조는 인정문 밖에서 대기하고 있다가 규를 잡고 국궁鞠躬(존경하는 뜻으로 몸을 굽힘)으로 『국조보감』을 맞이했다. 세의장이 앞에서 인도하고 고취가 연주되며 종묘로 향하는 봉안 행렬은 봉모당에서 출발해 인정문 밖을 지나 창덕궁의 정문인 돈화문으로 나아갔다. 이 행렬 뒤에는 종묘로 향하는 정조의 동가가 이어졌으나 『국조보감감인청의궤國朝寶鑑監印廳儀軌』에 수록된 반차도에는 그려지지 않았다.

『국조보감감인청의궤』 표지, 규장각한국학연구원.

1782년에 그려진 「국조보감종묘봉안반차도國朝寶鑑宗廟奉安班次圖」에는 '사령使令 5←부관部官 1←나장羅將 5←금부서리禁府書吏 2←금부도사 禁府都事 2'로 구성된 인로군이 맨 앞에서 봉안 행렬을 이끌고 있다. 그 뒤로 60병柄을 든 의장군儀仗軍이 15병씩 두 줄로 도로 양쪽에 배진해, 횡으로 보면 한 줄에 동일한 의장이 4병씩 배진하여 도로를 가득 메우며 화려하고 웅장한 의장 행렬을 이루었다. 의장기에 이어 고취 16명과 전악典樂 1명으로 이뤄진 악대가 두 차례에 걸쳐 행렬하고 있으며, 뒤이어 향정자香亭子가 도로 양쪽으로 2개 배진되었다.

반차도의 핵심 부분이 되는 요여 13부에는 종묘 정전에 신위가 있는 태조·태종·세종·세조·성종·중종·선조·인조·효종·현종·숙종·경종·영종의 보감을 실었다. 채여 6부에는 영녕전의 정전과 동서 협실에 신위가 있는 정종·문종·단종·예종·인종·명종의 보감을 실었다. 반차도에는 보감을 실은 19조의 요여와 채여를 중심으로 같은 구성의 그림이 그려져 있다. 즉 선두에 배안상排案床이 서고 그 뒤를 충찬위 2인이 따르며 이어서 요여나 채여가 간다. 이 뒤에는 말을 타고 행진하는 이들로 봉보감관이 가운데 서고, 좌우에 거안집사擧案執事 2인이 자리하며, 다시 거안집사 바깥쪽 좌우로 봉치사관奉致詞官과 욕석집사褥席執事가 나란히 한 줄로 행렬을

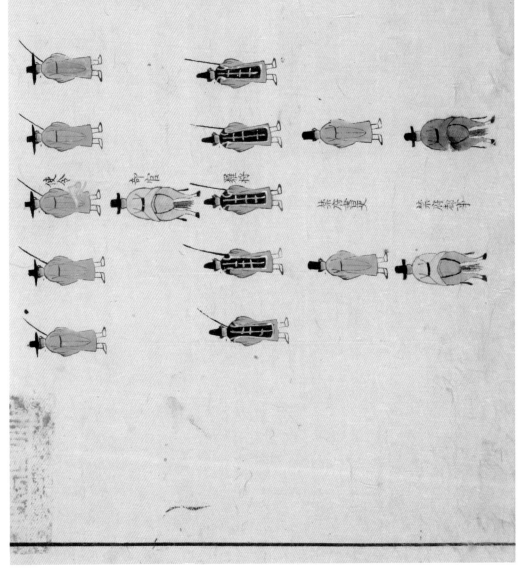

「국조보감종묘봉안반차도」, 인조군, 규장각 한국학연구원.

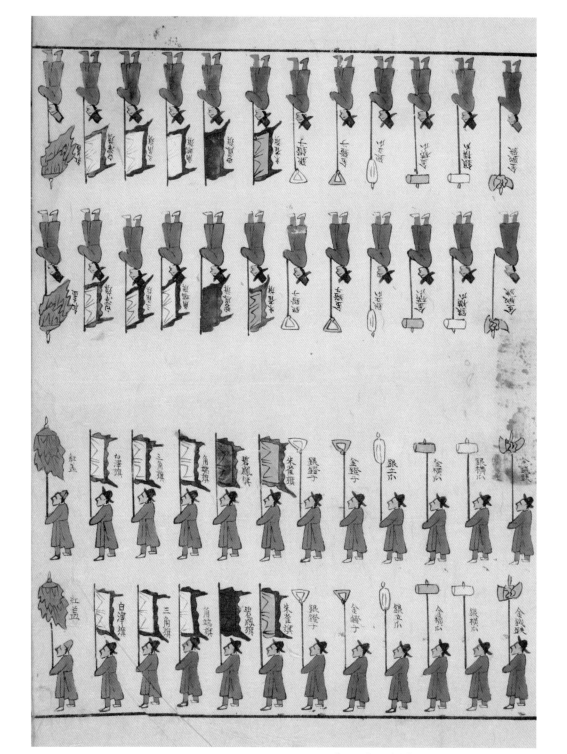

「국조보감종묘봉안반차도」, 의장, 규장각한국학연구원.

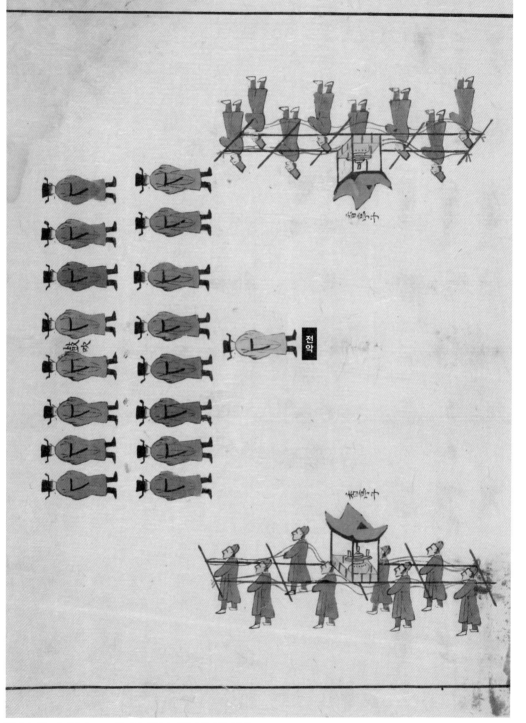

「국조보감종묘봉안반차도」, 고취·전악·향정자, 규장각한국학연구원.

「국조보감종묘봉안반차도」에 실린 요여의 모습, 규장각한국학연구원.

「국조보감종묘봉안반차도」에 실린 채여의 모습, 규장각한국학연구원.

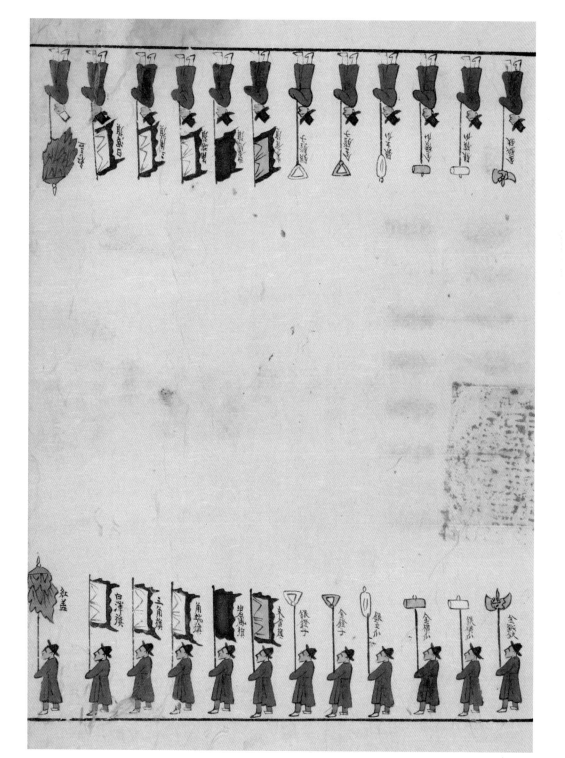

「국조보감종묘봉안반차도」, 의장, 규장각한국학연구원.

이룬다.

이 반차도에는 종묘로 향하는 봉안 행렬에 이어 『국조보감』을 정조에게 올릴 때의 행렬인 「국조보감진서시반차도國朝寶鑑進書時班次圖」가 함께 그려져 있는 점이 특이하다. 아마도 같은 날 영화당에서 진서의와 친상의를 예행연습할 때 그렸기 때문일 것이다. 반차도에서 진서할 때의 의장은 15병이 두 줄로 배진하여 30병이 앞에 서고, 그 뒤를 16명의 고취와 1명의 전악, 향정자 1개가 뒤따랐다. 이러한 배진은 정확하게 종묘 봉안 행렬의 절반 규모로, 진상과 종묘 봉안이라는 사안의 위계를 드러내는 것이다. 향정자에 이어 진서보감을 실은 채여와 전문篆文을 실은 용정龍亭이 뒤따랐다. 행렬 끝에는 총재대신을 선두로 감인청 신하들이 줄을 이었으며 예조당상과 낭청이 마지막 위치에서 행진했다.

1782년 『국조보감』을 종묘 각 실에 봉안하기 위한 행렬을 그린 반차도는, 당시 정조가 『국조보감』에 부여한 위상에 따라 봉안 의례가 등장하고 그 결과 이전에 없던 새로운 행차와 반차도가 등장하게 되었음을 보여준다. 의례 절차를 자세히 설명한 의주는 통치자로서 정조의 위상을 드러내고, 반차도는 정조의 권위를 가시화해주는 다양한 상징물을 공간 속에 표현하고 있다.

정조가 『국조보감』을 직접 종묘에 올리다

종묘는 조선의 역대 국왕과 왕비의 신주神主를 봉안하고 제사를 받드는 곳이다. 조선시대에 『국조보감』이 종묘에 봉안된 것은

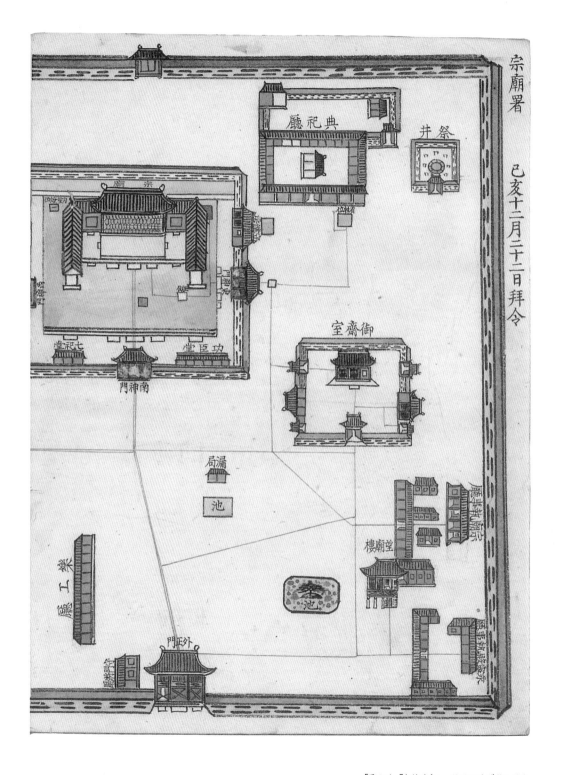

『종묘서』, 『숙천제아도』, 하버드대 옌칭도서관.

영조어보버함, 조선시대, 국립고궁박물관.
종묘에 모실 때의 어보를 겹겹이 포장한 모습이다.

1782년에 처음 있는 일이다. 이전에 3종의 보감이 있었지만 종묘에 봉안한 적은 없었다. 종묘의 신실神室에는 신주 외에도 국왕과 왕비의 옥책玉冊과 금보金寶를 봉안한 책보장冊寶欌이 있다. 정조는 종묘 신실에 옥책과 금보를 봉안했던 전례와 비교해볼 때『국조보감』의 위상이 종묘에 봉안되기에 충분하다고 생각했다. 정조는 선왕들의 공덕을 드러내고 알리는 데에는『국조보감』을 종묘에 봉안하는 것이 가장 효과 있을 거라고 판단한 것이다.

『국조보감』을 봉안하기 전에 8월과 11월, 두 차례에 걸쳐 봉안궤가 각 신실의 책보장에 들어갈 공간이 있는지 살펴봤더니 모두 여유가 있었다. 그러나 제11실인 숙종의 신실에 있는 책보장은 궤가 들어갈 방법이 없었다. 그리하여 책보장을 송판松板으로 길이와 너비를 늘려 개조했다.

11월 26일에 정조가 책보를 올리는 의례인 상책보의上冊寶儀에 따라 직접 종묘에『국조보감』을 올렸다. 보통 책보를 종묘에 올릴

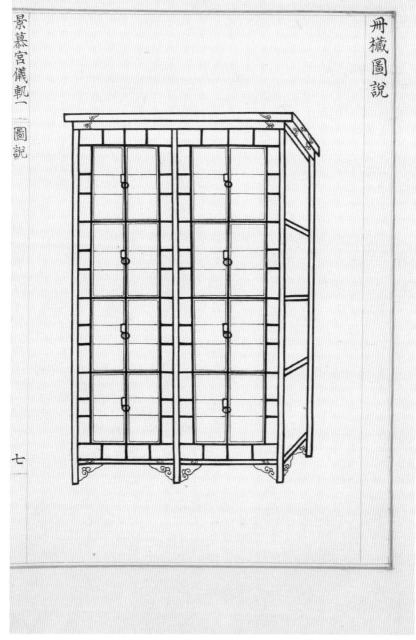

『경모궁의궤』 제7면에 그려진 경모궁 책장冊欌, 규장각한국학연구원.

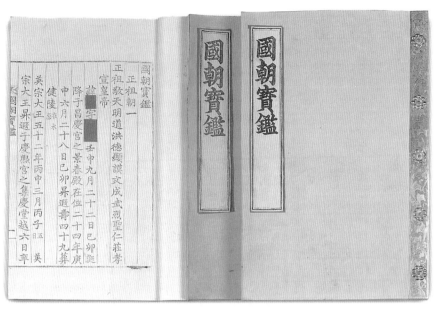

『국조보감』, 34.4×22.8cm, 조선시대, 국립고궁박물관. 종묘에 봉안한 『국조보감』이다.

때에 고취는 묘문廟門 안으로 들어가지 않았다. 그것은 책보를 올리는 해당 신실보다 더 높은 신실에 대한 압존壓尊(어른에 대한 공대를 그보다 더 높은 어른 앞에서는 낮추는 것)의 혐의가 있기 때문이었다. 그러나 1782년 『국조보감』은 종묘 제1실 태조부터 영조에 이르는 19조의 신실에 모두 친상 의례가 있기 때문에 압존을 염려할 필요가 없었다. 따라서 이때는 고취를 묘문에 들어오게 하고 여민락與民樂을 등가登歌에 겸용하게 했다. 종묘의 상월대上月臺에 배치되는 등가는 노랫말이 없는 음악을 연주하는 악단이다. 정조는 고취하는 악공樂工들의 옷차림이 매우 정결하지 못하니 갈아입고 연주하라고 명했다.

의례에 참석하는 종친과 문무백관은 4품 이상이면 조복 차림을,

5품 이하면 흑단령을 착용했고, 총재대신과 당상 이하 여러 집사는 조복을 입었다. 다만 거안집사와 욕석집사는 흑단령을 착용했다. 정조는 면류관과 곤룡포 차림으로 규를 잡고 의례를 거행했다. 종묘 제1실부터 『국조보감』을 올리는데, 대치사관代致詞官이 "효증손 사왕 신 아무개는 삼가 『국조보감』을 받들어 올립니다" 하고 아뢰면 정조가 엎드렸다가 일어났다. 이때 총재대신 및 당상 이하 종친과 문무백관도 엎드렸다가 일어났다. 제1실 신좌 앞에 배안상이 놓이면 봉보감관이 보감 궤를 배안상에 안치했다. 묘사廟司(종묘서의 유사有司)가 밑에 사람을 거느리고 궤를 책보장에 봉안했다. 차례대로 제2실 이하에 나아가서도 이와 같이 『국조보감』을 올리는 의례를 거행하고, 영녕전에 나아가서도 이처럼 거행했다.

정조가 책보를 올리는 의례에 따라 『국조보감』을 종묘 각 실에 각 조의 보감을 봉안한 것은 주나라 사당에 대훈大訓과 보기寶器를 수장한 바를 따른 것이다. 정조는 종묘의 모든 선왕의 신실에 직접 아뢰면서 『국조보감』을 올리며 역대 선왕과 자신의 계승관계를 일일이 확인시켰다. 이 과정에서 정조는 자신이 선왕들의 뜻과 사업을 이어받아 성취했다는 계지술사繼志述事를 표방해 국왕으로서의 정통성을 더욱 확고하게 다지게 되었다.

정조 이후 후대의 국왕들은 『국조보감』을 종묘에 봉안하는 의례를 계승해 1848년에 정조·순조·익종의 보감을 봉안했고, 1909년에는 헌종과 철종의 보감을 봉안했다. 이처럼 선왕들에 대한 기억을 되살려내고 역사화하는 의례는 바로 후계 왕들이 선왕을 계지술사하는 방법의 하나였고, 선왕의 덕으로 일컬어지는 심법心法을 계승함으로써 후계 왕의 통치를 정당화하는 데에 기여했다.

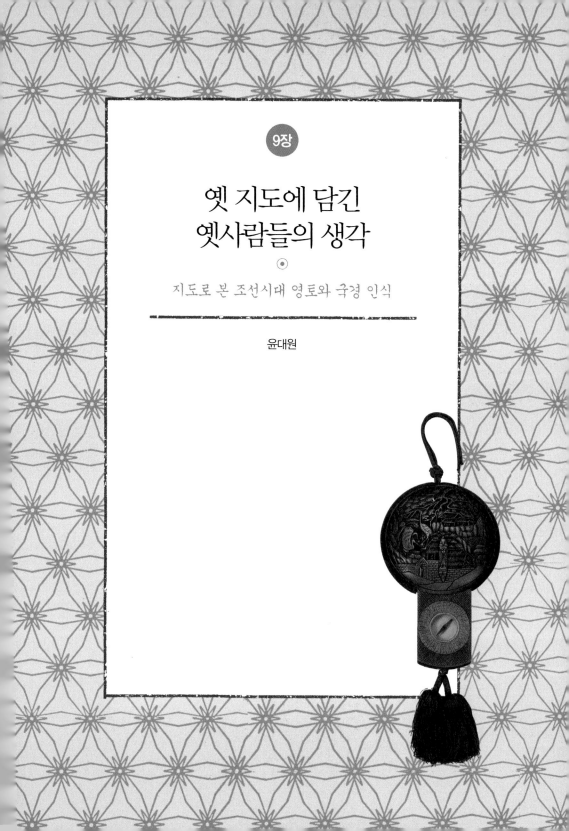

9장

옛 지도에 담긴
옛사람들의 생각

◉

지도로 본 조선시대 영토와 국경 인식

윤대원

두 다리로 우뚝 선 한반도

매년 새해를 맞을 때면 많은 사람이 해돋이를 보려고 동해로 간다. 우리나라에서 제일 먼저 해가 뜨는 곳으로 유명한 곳이 포항의 호미곶이다. 이곳의 해맞이 광장에 가면 우리나라 지도를 형상화한 '호랑이상'이 있다. 이 호랑이상은 이곳의 지명, 즉 '호랑이 꼬리'라는 호미虎尾에서 유래한 것이다. 조선시대의 풍수가 남사고南師古는 이곳을 '우리나라 지형상 호랑이 꼬리에 해당된다'고 했고, 최남선은 '한반도를 백두산 호랑이가 앞발로 대륙을 할퀴는 형상으로 묘사하면서 이곳을 호랑이 꼬리 부근'이라고 했다. 이런 유래에 따라 한반도 지형을 호랑이로 묘사한 것이다.

그렇다면 조선시대 우리 선조들도 한반도 지형을 호미곶의 호랑이상처럼 생각했을까? 1396년(태조 5)에 이첨李詹은 「삼국도후서三國圖後序」에서 지금은 전하지 않지만 삼국통일 후 제작된 것으로 여겨지는 「고려도」를 보면서 다음과 같이 말했다.

「근역강산맹호기상도」, 종이에 채색, 80.3×46.0cm, 19세기 말~20세기 초, 서울역사박물관. 우리나라를 호랑이의 모습으로 표현한 지도다. 함경북도 두만강 일대를 앞다리 오른발, 평안도 강계를 앞다리 왼발, 황해도를 뒷다리 오른발, 전라도를 뒷다리 왼발, 변산반도 일대를 꼬리, 백두대간을 등줄기와 등뼈로 묘사했다.

삼국을 통합한 뒤 비로소「고려도」가 생겼으나 누가 만든 것인지 알 수 없다. 산맥을 보면 백두산에서 시작해 구불구불 벼려오다가 철령에 이르러 별안간 솟아오르며 풍악(금강산)이 되었고, 거기서 중중첩첩하여 태백산, 소백산, 죽령이 되었다. 중대中臺는 운봉雲峯으로 뻗쳤는데 지리와 지축이 여기에 와서는 다시 바다를 지나 남쪽으로 가지 않고 청숙淸淑한 기운이 서려 뭉쳤기 때문에 산이 지극히 높아서 다른 산은 이만큼 크지 못하게 된 것이다. 그 등의 서쪽으로 흐르는 물은 살수, 패강, 벽란, 웅진인데 모두 서해로 들어가고 그 등마루 동쪽으로 흐르는 물 중에서 가야진(낙동강)만이 남쪽으로 흘러갈 뿐이다. 원기가 화하여 뭉치고 산이 끝나면 물이 앞을 둘렀으니……(『동문선』권 92,「삼국도후서」)

이첨은「고려도」를 보고, 조종祖宗의 영산인 백두산에서 기와 맥이 남으로 뻗어 내리면서 백두대간이 되고 그 백두대간을 따라 맑고 고운 기운이 뭉쳐 솟아오르면서 높고 낮은 산이 되며 또 동서로 흘러 산맥이 되고 그 산맥 사이로 물이 흘러 강을 이루었다고 했다. 그는 국토를 마치 기와 혈이 살아 있는 하나의 유기체로 보았던 것이다.

조선 초기 국토에 대한 이런 인식이 실제 지도에서는 어떻게 묘사되었을까? 이것은 현존하는 지도 가운데 조선 초기에 가장 가까운 지도인「혼일강리역대국도지도」에서 확인할 수 있다. 1402년(태종 2)에 제작된 천하지도인「혼일강리역대국도지도」는 중국과 조선이 실제보다 더 크게 묘사되어 당시 중국 중심의 세계관이 반영되어 있다. 이 지도에 그려진 한반도에서 백두산은 표기되어 있지 않지만 백두대간을 중심으로 동서로 뻗은 산맥과 그 사이로 흐르는 강이 강조되고 있다. 다만 압록강과 두만강이 지금의 모습과 달리 크게 왜곡되었고 주변은 소략하게 묘사되어 있다. 그런데 지도 맨 아랫부분을 보면 두 개의 큰 섬이 강조되어 있다. 즉 지금의 제주도와 대마도다.

제주도는 당연하지만 대마도를 왜 여기에 그렸을까? 이 궁금증은 조선 후기 대표적 관찬 지도의 하나인 『해동지도』에 있는 조선전도인 「대동총도」 발문을 보면 쉽게 풀린다. 즉 발문에서 "우리나라 지형은 북쪽이 높고 서쪽이 낮으며 중앙이 좁고 아래(남쪽)가 넉넉하다. 백두산이 머리가 되고 대령大嶺(백두대간)이 척추다. 사람이 머리를 옆으로 하고 등을 구부리고 서 있는 모습으로 영남의 대마도와 호남의 탐라도(제주도)는 마치 두 다리와 같다"고 했다. 조선전도를 제작할 때 대마도를 제주도와 마주 그린 이유는 국토를 '사람이 머리를 옆으로 하고 등을 구부리고 서 있는 모습'으로 보았기 때문이다. 이때 대마도는 제주도와 함께 사람의 두 다리 구실을 했던 것이다.

국토를 사람 형상으로 보는 조선 초기의 인식은 조선 후기까지 이어졌다. 1557년경 제작된 조선전도인 「조선방역지도」와 1861년(철종 12) 김정호가 제작한 「대동여지전도」에서도 두 다리에 해당되는 제주도와 대마도가 묘사되어 있다. 이처럼 조선 중기와 후기에도 여전히 국토를 맥脈 중심으로 표현하고 백두산을 초월적인 모습으로 묘사하며 대마도를 조선전도에 포함하고 있다. 이런 지도 제작 태도는 거의 예외를 찾기 어려울 만큼 대부분의 조선전도에서 공통되게 나타난다.

「혼일강리역대국도지도」, 채색사본, 권근·이무·이회 등, 158.0×168.0cm, 1402, 규장각한국학연구원, 원전 일본 류코구대학.

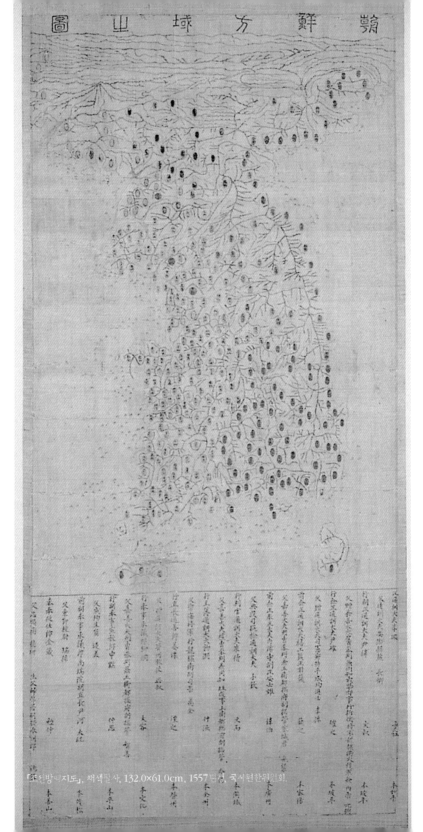

「조선방역지도」, 채색필사, 132.0×61.0cm, 1557년경, 국사편찬위원회.

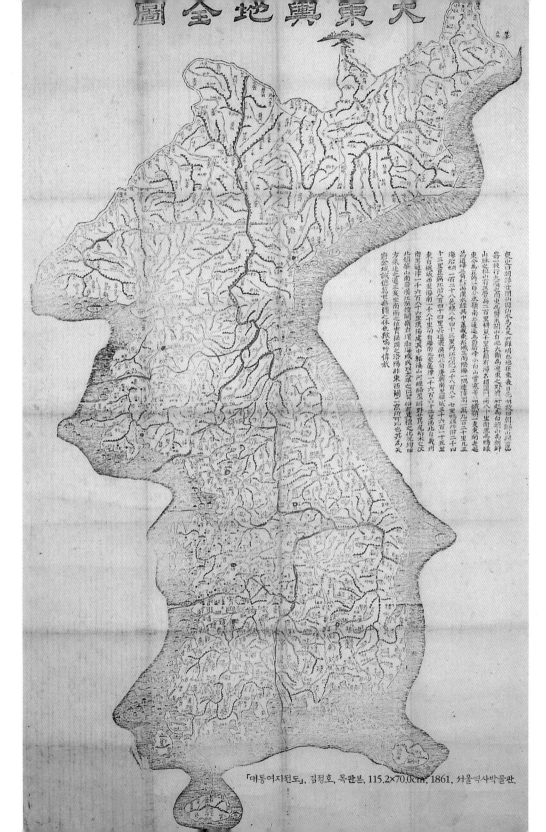

「대동여지천도」, 김정호, 목판본, 115.2×70.0cm, 1861, 서울역사박물관.

그렇다면 조선시대에는 왜 국토의 지형을 이렇게 인식했을까? 이것은 이전 시기부터 유래되던 풍수지리적 특징이 지도 제작에 그대로 스며들었기 때문이다. 사실 유교가 지배했던 조선왕조에서 풍수지리는 더 이상 사회 운영 원리로 인정받지 못했다. 그러나 나라에서 지도를 제작할 때 화원과 함께 풍수가인 상지관相地官을 파견했듯이 땅을 파악하는 지리관으로서는 인정을 받았던 것이다. 그런 까닭에 국토를 이해할 때 백두산에서 뻗어 내린 대간을 산맥의 대종으로 인식하고 거기서 흘러내린 물줄기를 풍수지리 사상에 입각해 하나의 생명체로 파악했던 것이다. 이런 인식이 지도 제작에 반영되어 우리나라 옛 지도의 특성을 이루었다. 국토를 하나의 생명체로 인식해 조선전도에서 제주도와 함께 인체의 두 다리에 대마도를 포함시켜 그리는 전통은 19세기 말 서양식 근대 지도 제작법이 도입될 때까지 이어졌다.

음양오행설에 기초한 유기체적 국토관

조선시대에 제작된 지도에는 풍수지리적 특징과 함께 동양의 우주관인 음양오행설이 결합되어 유기체적 국토관이 형성되었다. 동양의 우주관인 음양오행설은 세상 만물이 생겨나고 사라지는 현상과 인간의 길·흉·화·복에 관여하는 우주 질서로 해와 달이 양과 음이 되고 목木·화火·금金·수水·토土의 다섯 기운이 오행이 된다. 이 오행은 요일 이름, 행성 이름, 한의학, 풍수지리, 의식주 등 우리 일상생활과 밀접한 관계를 맺어왔다.

어린이 색동 처고리, 20세기 전반, 국립대구박물관.

　　지금도 우리 일상생활에서 음양오행설과 관련된 것을 쉽게 찾아볼 수 있는데 그 가운데 하나가 이른바 오방색이다. 예컨대 궁궐이나 절에 가면 흔히 볼 수 있는 화려하게 채색된 단청, 명절날 어린이들이 즐겨 입는 색동옷 그리고 자기가 맡은 방위에서 잡귀를 물리치는 춤을 추는 처용의 복장 등이 그것이다. 또한 사악한 기운을 물리친다는 믿음으로 동짓날 팥죽을 먹는 관습이나 왕의 옷인 곤룡포가 황금빛인 것은 황색이 광명(밝은 빛) 또는 중심을 뜻한다는 음양오행설에 바탕을 둔 것이다.

　　이처럼 우리 일상생활과 밀접한 음양오행설이 옛 지도에 오방색으로 방위를 표시하는 이론적 배경이 되었던 것이다. 즉 동양에서는 동서남북의 네 방위와 함께 중앙도 하나의 방위로 취급되어 오방위로 인식했다. 그리고 이 오방위는 각각 오행에 비교하여 정의되면서 북은 수水로 검정, 남은 화火로 빨강, 동은 목木으로 파랑, 서는 금金으로 하양, 중앙은 토土로 노랑이 되었다.

　　정부에서 군사적 필요에 따라 전국에 설치한 봉화대를 표시한

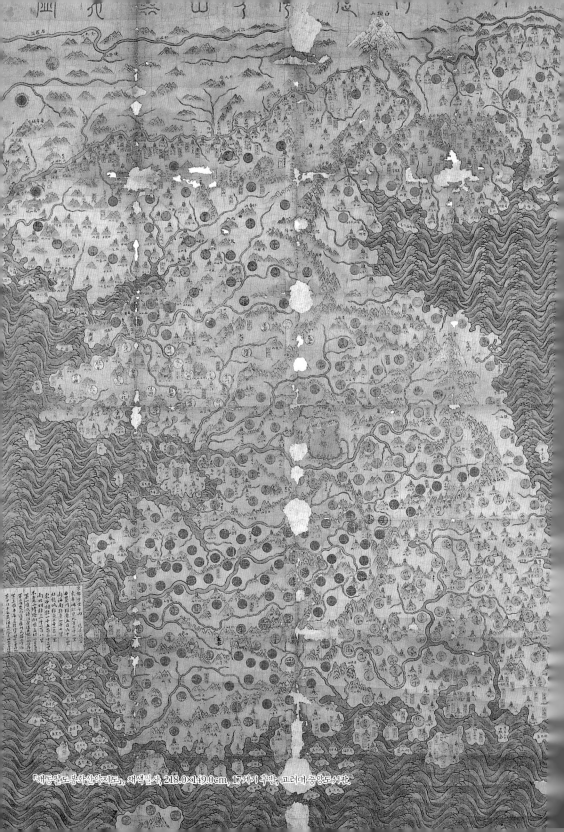

「해동팔도봉화산악지도」, 채색필사, 218.0×149.0cm, 17세기 후반, 고려대 중앙도서관.

봉수지도인 「해동팔도봉화산악지도」는 조선 후기에 제작된 군사 지도 가운데 하나다. 이 지도의 봉수대를 표기한 원의 색깔을 보면 도별로 채색을 달리했다. 동쪽인 강원도의 봉수대는 파랑으로, 서쪽인 황해도는 하양으로, 중앙인 서울·경기지역은 노랑으로, 북쪽인 서북 지방은 검파랑으로, 남쪽인 전라도는 빨강으로 채색되어 있다. 즉 오방색으로 도별 방위를 표시한 것이다.

그런데 「해동팔도봉화산악지도」의 방색을 자세히 보면 오방색과 방위가 반드시 일치하는 것은 아니다. 평안도가 엷은 회색에서 녹색으로 바뀌고, 강원도가 녹색에서 엷은 청색으로 바뀌었다. 이런 현상은 「해동팔도봉화산악지도」 보다 100여 년 뒤인 18세기 후반에 제작된 것으로 추정되는 『여지도』의 조선전도인 「아국총도」에서도 확인할 수 있다. 이 지도에서는 충청도의 방색이 초록색으로, 평안도의 방색은 엷은 회색에서 하양으로 바뀌었다. 이처럼 도별로 방색에 따라 채색하는 전통은 그대로 이어지지만 도별로 방색에 약간의 변화가 있다.

방색의 이 같은 변화는 풍수지리설의 '좌향론坐向論'과 연관이 있는 듯하다. 풍수지리설에서 좌향이란 '좌'가 어떤 지점에 위치하는 기능의 후방(등진 방향)을 말하는 반면 '향'은 전방(정면)을 뜻하는데 이 둘을 합해서 좌향이라 한다. 이것은 풍수지리설에서 원래 집터나 묘터 등을 정할 때 명당을 결정하는 중요한 배경이 되었다. 쉽게 말해 우리가 집을 구할 때 남향을 우선 고려하는 것과 같은 이치다.

『해동지도』의 조선전도인 「대동총도」는 18세기 중반에 제작된 관찬지도다. 이 지도에서 동그라미로 표시한 부분은 서울을 기준

「아국총도」, 『여지도』, 채색필사, 152.5×82.0cm, 18세기 후반, 규장각한국학연구원.

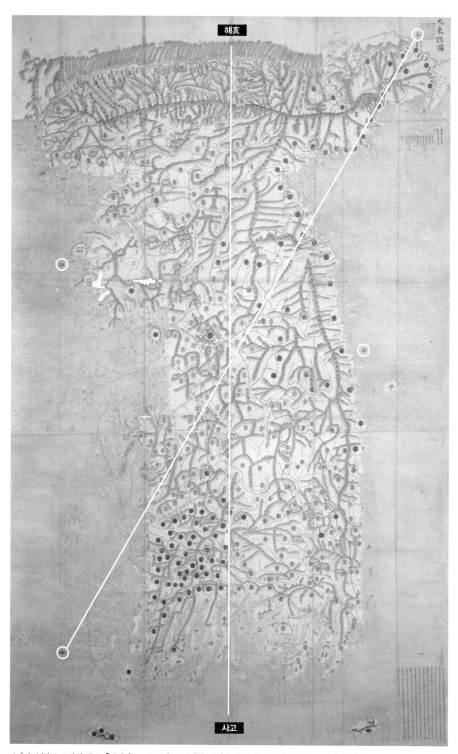

해亥

大東提圖

사고

'해좌사향'에 자리한 국토. 「대동총도」의 정북과 정남을 연결한 축과 풍수지리의 정북과 정남을 연결한 축을 비교한 것이다.

으로 동서남북의 사방 위치가 표기된 곳이다. 즉 중앙인 서울을 기준으로 함경도 경성이 정북子, 전라도 해남이 정남午, 황해도 풍천이 정서酉, 강원도 강릉이 정동卯이다. 그런데 「대동총도」의 정북과 정남을 이은 축을 기준으로 풍수지리의 24방위를 겹쳐본 지도를 보면 사람 머리에 해당되는 정북이 서쪽으로 30도 기울어진 북서북에 자리하고 있다. 풍수지리의 24방위에서 보면, 국토는 정북을 축으로 똑바로 선 형태가 아니라 해亥(북서북)에 앉아서 사巳(남동남)를 향하고 있다. 이것은 풍수지리설의 전통적인 '좌향론'에 기초를 둔 해좌사향亥坐巳向이다.

이처럼 풍수지리의 좌향론이 국토의 형국을 설명하는 방식으로 이용되어 유기체적인 국토관에서 방위를 분명히 해주는 역할을 했다. 「해동팔도봉화산악지도」나 「아국총도」의 방색에 변화가 있었던 것은 이런 좌향론의 영향 때문이었다. 따라서 백두산을 회화식으로 묘사해 초월적 위상을 강조하고 조선전도에 대마도를 포함시키는 것은 한국 옛 지도의 일관된 전통이며, 이러한 유기체적 국토관은 조선전도의 국토 표현에 가장 중요한 기준이었다.

압록강과 두만강의 왜곡
초기 지도에서 북방 지역이 변지로 인식된 까닭

유기체적 국토관에 의해 국토의 형국을 이해했던 조선시대 사람들은 영토와 국경, 특히 압록강과 두만강을 경계로 하는 북방지역을 어떻게 인식했을까? 현재 조선 초기에 제작된 조선전도가 전

界地卽島　程日六塔古寧距

백두산 山頭白

우예　여연

자성　무창

강계

은성　경원

종성　회령　경흥

부령

경성

朝鮮地形壬生巳向

「조선전도」, 「각도지도」, 필사본, 99.0×56.0cm, 18세기 후반, 영남대박물관. 사군 육진의 위치를 표시했다.

하지 않아 정확히 알 수 없지만 다행히 조선 후기에 제작된 조선전도에 초기 지도 제작 양식이 남아 있어 북방지역에 대한 당시의 인식을 어느 정도 엿볼 수 있다.

일반적으로 조선 초기 세종대에 두 차례에 걸쳐 여진정벌을 단행해 사군과 육진을 개척함으로써 이후 조선은 중국과 압록강 및 두만강을 경계로 국경을 마주하고 그 이남을 영토로 삼은 것으로 알고 있다. 과연 조선 초기에도 우리나라 영토와 국경을 이렇게 인식했을까?

현재 우리 헌법에 대한민국은 '한반도와 그 부속 도서를 영토로 한다'고 되어 있다. 이때 영토란 다른 국가에 대해 대한민국의 주권이 배타적으로 미치는 곳이다. 그러나 이런 영토 개념은 근대

9장
옛 지도에 담긴
옛사람들의 생각

359

국가가 성립되는 과정에서 형성된 근대적 개념이다. 오늘날과 같이 경도, 위도의 개념이 없던 전근대에는 국경을 가르는 경계가 분명하지 않았다. 왜냐하면 영토에 대한 인식이 근대와 달랐기 때문이다.

전근대는 농업사회였기 때문에 자기 주민을 토지에 긴박시키는 것이 중요한 정책 목표였다. 전쟁을 통해서건 개척을 통해서건 새로 확보된 지역에 농민이 들어가서 토지를 개간해 농사를 짓고 나라에서 이들을 관할할 군현을 설치하고 수령을 파견해 이들로부터 세금을 거둬들일 때 비로소 완전한 영토로서의 의미를 지녔다. 때문에 외적의 침입을 막기 위해 방어선을 전진 배치한다고 하여 그 방어선이 곧바로 국경선이 되고 그 안의 땅이 모두 영토가 되는 것은 아니었다.

그리하여 세종은 사군 육진의 개척 초기에 이 지역에 다른 지역의 주민들을 옮겨 살게 하는 사민정책을 적극적으로 시행했다. 함경도와 평안도 남쪽에 거주하는 주민은 물론이고 멀리 남부 지방 주민들까지 이주시켰다. 그러나 이주 주민들이 계속되는 성 쌓기와 같은 잦은 노동력 징발, 국방 의무에 따른 부담 등을 견디지 못하고 도망가는 일이 자주 일어났을뿐더러 여진족의 침략도 끊이지 않아 결국 사민정책을 통한 영토 확장에는 한계가 있었다. 이에 1459년(세조 5) 세조는 방어지역을 강계 이남으로 철수하고 사군을 폐지한 데 이어 육진도 경원부로 철수했다. 그러므로 조선 초기 압록강과 두만강이 엄격한 국경선으로 기능하는 데에는 한계가 있었다.

조선 초기의 이러한 영토·국경 인식은 조선 후기에 제작된 지도에서 확인할 수 있다. 17세기 말에 제작된 것으로 추정되는 조선 전도인 「팔도총도」는 「대동총도」와 함께 조선 후기에 제작되었지만 조선 초기의 지도 제작 양식이 반영되어 있어 북방지역에 대한 조선 초기의 인식을 보여준다.

우선 두 지도에서 공통되게 확인할 수 있는 것은 북방지역의 지도가 매우 소략하며 크게 왜곡되어 있다는 점이다. 「팔도총도」에서는 백두산이 회화식으로 강조되어 조선 후기 백두산에 대한 인식을 반영하고 있지만, 「대동총도」와 함께 압록강과 두만강이 거의 직선으로 그려져 있고 두만강이 동쪽으로 흐르는 것으로 왜곡되어 있다. 또 평안북도와 함경북도 지역 역시 실제 지형과 크게 다르다. 특히 「대동총도」에서는 장백산에서 동쪽으로 흘러 함경도를 관통하는 장백정간과 평안도를 관통하는 청북정맥의 산줄기가 유난히 강조되어 있다. 그것은 청북정맥과 장백정간을 연결하는 선은 유사시 북쪽에서 침입하는 적을 막는 방어선이자 국토를 변지와 내지로 가르는 기준선이었기 때문이다.

조선시대에 영토란 지역 차별 없이 왕의 선정이 고루 미치는 균등한 곳이어야 했지만 전쟁이 일어날 경우를 가상해 설정한 방어선을 기준으로 내지와 변지로 구별함으로써 사실상 차별을 두었다. 즉 방어선의 바깥은 변지가 되고 그 안쪽은 내지로 여겼다. 사군을 폐지할 때 방어지역을 강계 이남으로, 육진을 경원부로 철수했듯이 평안도는 의주·창성·벽동·이산·위원·강계 등 압록강변의 여러 국경 도시가 대표적인 변지로 간주되었다. 함경도에서는 일반적으로 삼수·갑산과 육진 지역이 변지로, 때로는 마천령 이북 지역이 변지로 여겨지기도 했다.

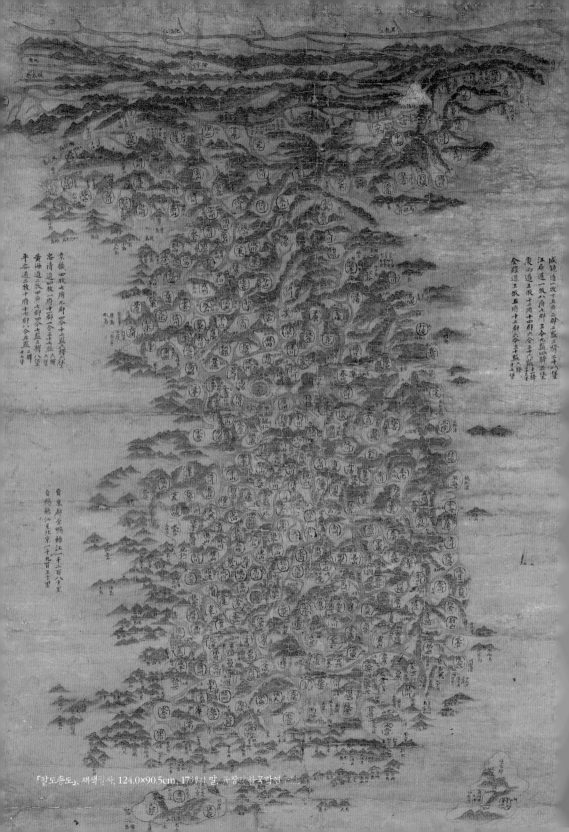

「팔도총도」, 채색필사, 124.0×90.5cm, 17세기 말, 규장각 한국학연구원.

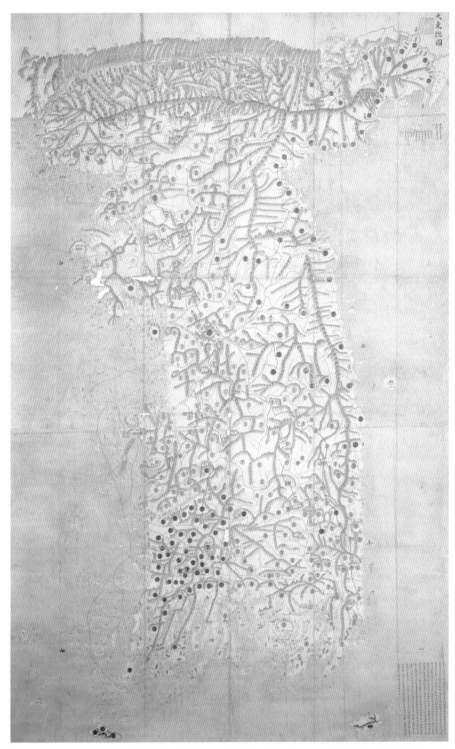

「대동총도」, 『해동지도』, 채색사본, 257.5×157.7cm, 18세기 중반, 규장각 한국학연구원.

이처럼 조선 초기에는 북방지역의 국경이 명확하지 못했다. 또한 사군 육진의 폐지에 앞선 1437년(세종 19) 백두산이 영토 밖에 존재한다는 이유로 국가에서 지내던 산천제의 대상에서 제외함으로써 조선 초기 비록 국토를 유기체로 인식하고 백두산이 산천의 대맥이 발원하는 곳이라는 인식은 있었지만 국경 안으로는 들어오지 못했다. 더구나 전쟁이 일어날 경우 방어선을 청북정맥과 장백정간을 잇는 선으로 설정함으로써 이 선의 바깥쪽은 영토로서 명확히 하지 못한 채 변지나 변방으로 남겨졌다. 「팔도총도」와 「대동총도」는 이런 조선 초기의 영토와 국경 인식을 담고 있는 것이다.

청의 침략에 대비한 국경 수비
백두산 인근 지역에 대한 영유의식

북방지역에 대한 조선 초기의 인식은 양 난을 겪으면서 크게 변하기 시작했다. 당시 조선의 지식인에게 청은 머지 않은 장래에 숙명적으로 쇠퇴할 것이라는 인식, 즉 '오랑캐에게는 백 년을 지탱할 운세가 없다'는 명분론적인 전망이 팽배했고, 청이 멸망해 영고탑으로 돌아갈 때 북쪽의 몽고를 피해 조선의 북방지역을 거쳐갈 것이라 예상했다(영고탑회귀설). 때문에 또다시 청과 전면전이 펼쳐질 가능성이 제기되었다. 여기에다 1712년(숙종 38) 청의 요구로 백두산정계를 확정하면서 조선에서도 백두산을 비롯한 서북 및 만주지역에 대한 인식을 심화시키는 계기가 되었다. 그러나 '영고탑회귀설'은 중국 정세와 만주 지리에 대한 정보 부재에서 비롯된 것이었다.

17세기 말 영고탑회귀설로 높아진 만주 및 북방지역에 대한 인식은 1706년에 제작된 「요계관방지도」에 담겨 있다. 「요계관방지도」는 숙종 초기 영고탑회귀설에 대해 소중화론을 앞세우며 원론적인 내수외양론內修外攘論을 주장했던 노론 계열의 대표적 인물인 이이명이 제작한 것이다. 그는 1705년 중국 사신으로 갔다가 명나라 말기 국방·지리 관련 책자인 『주승필람籌勝必覽』과 현지에서 급히 모사한 「산동해방지도」를 가지고 와 두 지도를 합하고 여기에 조선의 서북 지방을 함께 그려 10폭 병풍 형식의 「요계관방지도」를 제작했다. 이 지도에 표시된 중국 각지의 군사시설은 청이 아닌 명 말기의 것이기 때문에 관방용으로는 한계가 있었고, 지도 제작 목적도 복수론이 아니라 내수외양론에 있었다.

이 지도는 만주 일대에 대한 지리 정보를 대부분 『성경지盛京志』에 의지했다. 그런 까닭에 백두산과 주변 물줄기, 토문강에 대한 인식도 중국 측의 인식을 그대로 옮겨놓은 한계가 있다. 예컨대 이 지도의 여백에는 "『대명통일지大明一統志』에서 이르기를 '(백두산은) 1000리를 뻗어 있으며 높이는 100리다. 그 정상에 연못이 있는데 둘레가 80리다. 남쪽으로 흘러 압록강이 되고 동쪽으로 흘러 토문강이 되며 북쪽으로 흘러 혼동강이 된다'라고 하였다"라고 주기하여 『성경지』의 주장을 그대로 반영했다. 백두산정계가 이뤄지기 전에 제작된 지도이기 때문에 정계비는 당연히 없고 백두산은 회화식으로 묘사되어 있다. 대신 그동안 두만강 이북 700리 지점에 있다고 여겨지던 선춘령을 온성부 건너편에 표시했고, 조선 초기 유형의 지도에서 분명치 않았던 두만강의 남류 사실이 이 지도에

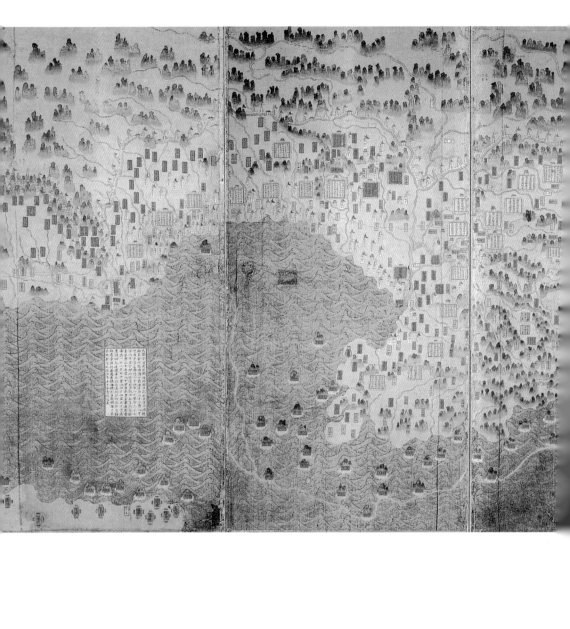

「요계관방지도」, 이이명, 채색, 139.0×635.0cm, 1706, 규장각한국학연구원.

「관서일로영애」, 『해동지도』, 채색필사, 47.5×60.0cm, 1750년경, 규장각 한국학연구원.

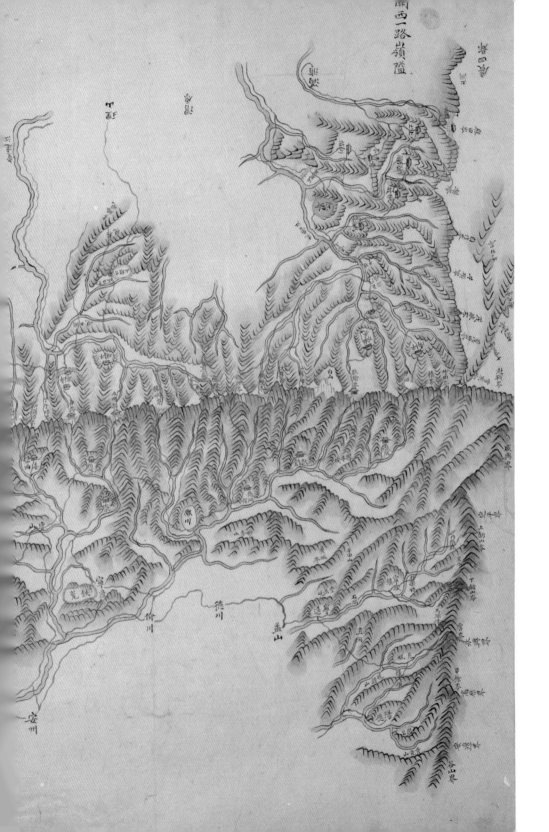

서 좀 더 분명하게 묘사되는 새로운 양상을 띠고 있다.

한편 청과의 전면전의 가능성 때문에 서북지역의 방어 체계가 자연히 중시되었고 이 지역에 대한 관심도 높아졌다. 청의 침략에 대비해 압록강 인근의 국경도시에 성을 쌓자는 주장이 나오기도 했지만, 영조대 전반까지만 해도 변지와 내지를 구분하고 그 방어선 아래 지역의 군사시설을 정비하는 방향을 취하고 있었다. 『해동지도』에 있는 「관서일로영애」는 당시 평안도 지역의 방어 체계를 잘 보여준다.

지도 한가운데는 압록강변 국경도시와 내지를 구별하는 산줄기가 두드러져 있다. 내지 지역은 청천강 이남 지역보다는 그 이북 지역(청북)을 중심으로 산성과 방어시설 그리고 방어용으로 조성된 수목지대 등이 상세히 기재되어 있고, 각 산성과 대로가 연결되는 길이 자세히 그려져 있다. 산줄기를 따라서는 관문과 진鎭이 곳곳에 있고 서쪽 방면의 의주에서 안주에 이르는 평지의 주요 길목에 산성이 구축되어 있다. 또 북쪽에는 폐사군 방면에서 강계로 오는 길목인 마전령에 관문과 여러 진이 설치되어 있다. 이 시기 서북지역의 방어 체계는 변지와 내지의 기준선인 청북정맥을 방어선으로 산성 중심의 방어 관념이 여전히 남아 있는 가운데 의주대로와 방어용 수목지대의 중요성이 강조되고 있는 것이다. 따라서 이 지도는 영고탑회귀설과 관련된 방어 관념이 깊이 투영되어 있음을 보여준다.

그러나 청의 영고탑회귀설로 비롯된 전면전의 위기의식은 영조대 중반 이후 점차 극복되었다. 청과 만주 지리에 대한 많은 사실적인 정보가 입수되면서 청에 대한 인식도 현실화되어 조청관계도

「조선여진분계도」, 『해동지도』, 채색필사, 1750년경, 규장각한국학연구원.

오수혜개벽처

자개동개벽

「폐사군도」, 채색필사, 118.0×198.0cm, 19세기 초, 규장각한국학연구원.

안정화되어갔다. 『해동지도』에 있는 「조선여진분계도」는 영고탑회귀설에 대한 당시 인식을 잘 보여준다. 지도 위쪽의 목책은 몽고의 침략에 대비해 청이 설치한 것이다. 그 아래 동서로 영고탑까지 길게 연결된 큰 길(붉은 선)은 청이 쇠퇴해 영고탑으로 돌아갈 때 이용할 예상되는 길을 표시한 것이다. 즉 청이 쇠퇴해 그들의 발상지인 영고탑으로 돌아가더라도 이전 시기와는 달리 조선의 북방을 거치지 않을 것이라는 인식이 반영되었다.

이처럼 청과의 전면적 위기의식이 극복되면서 조선의 북방 정책도 크게 변했다. 그것은 국경 수비를 공고히 하면서도 개발을 통해 내실화하는 쪽으로 방향을 바꿔나갔다. 이에 따라서 조선 정부는 평안도의 경우 이전에 방어용으로 중시했던 수목지대의 개간을 적극 추진하는 한편, 백두산 인근 지역에 대한 영유의식을 확인하고 함경도 지역 개발에 본격적으로 착수했다.

19세기 초 제작된 것으로 추정되는 「폐사군도」는 압록강을 따라 독로강 유역에서 장진강에 이르는 지역까지 포괄하고 있고 적이 침략해올 중요 지점으로 기록된 군사상의 요충지와 각지의 창고 등을 자세히 기재하고 있다. 특히 이 지도에는 국가가 정책적 차원에서 지역의 개발 추세를 확인하고자 하는 문제의식이 담겨 있다. 예컨대 「폐사군도」의 일부 지역을 확대한 것을 보면, 자개동者介洞·오수수鳥首穗 등지에 '개벽처'라고 표시해 이곳이 당시 새롭게 개간되던 지역임을 나타내고 있고, 또한 미개간 지역과 개간된 지역이 꼬리표로 구별되어 있다. 따라서 이 지도는 당시 조선 정부가 이 지역에 대한 개발을 본격화해가던 상황을 잘 보여준다.

이처럼 영조대 중반 이후 영고탑회귀설로 일어난 위기의식을 극복하면서 직접적으로는 서북지역의 개발 정책을 촉진시켰고 이와 함께 만주 지리 파악과 북방지역에 대한 영토의식도 확대·강화되어갔다.

피아지도류에 담긴 확대된 영토 인식

1706년 이이명이 제작한 「요계관방지도」가 중국의 지리적 인식을 반영한 한계는 있지만 만주 지리와 백두산 및 주변 물줄기에 대한 새로운 인식을 보여주었고, 특히 1712년 백두산정계비가 설치된 이후 만주지역에 대한 관심, 역사적 연고에 대한 인식 및 영토의식이 폭발적으로 늘어났다. 이 과정에서 확보된 만주 및 백두산 주변에 대한 지리 정보를 바탕으로 관방지도인 다양한 피아지도彼我地圖류가 제작되었다. 여기서 '피아'는 청(피)과 조선(아)을 뜻한다. 이렇게 확대된 영토의식은 피아지도류에서 조선 초기 이래 두만강 이북 700리 지점에 있다는 선춘령과 백두산정계비의 토문강에 대한 새로운 인식으로 나타났다.

선춘령은 고려시대에 윤관이 북방 영토를 개척해 9성과 비석을 세운 곳으로 믿어왔고 조선 초기에 편찬된 『고려사』 「지리지」에 "선춘령이 두만강 이북 700리 지점에 있다"고 하여 그렇게 믿어왔다. 그러나 16세기 『동국여지승람』에서 선춘령을 함경도 안쪽으로 비정함으로써 이후 이것이 지배적인 견해가 되었다가 17세기 후반에 이르러 두만강 이북설이 되살아났다. 그런데 18세기 초 영고탑과 조선 국경 사이가 600리로 기록된 『성경지』가 국내에 들어오면서 선춘령의 두만강 이북 700리 설도 수정되었다. 1706년에 제작된 「요계관방지도」에서 선춘령이 영고탑과 두만강 사이에 위치하게 된 것은 이를 반영한 결과이고, 이후 관찬지도에서는 선춘령이 여고탑과 온성부 사이에 위치하게 되었다.

또한 이이명의 「요계관방지도」에 청나라 『성경지』의 주장이 그대로 반영되어 토문강을 두만강으로 인식하게 되었다. 그러나 영조가 1712년 목극동이 정계한 곳이 조선의 영토 쪽으로 들어와 있었다고 했듯이 백두산 정계 이후 이에 대한 불만들이 계속해서 제기되었다. 이후 백두산에 대한 실지 답사 등을 통해 토문강에 대해 새롭게 인식하거나 백두산에서 기원하는 또 다른 물줄기인 분계강을 설정하는 발상이 나타나기 시작했다.

이처럼 조선 후기 피아지도류와 조선전도에 선춘령과 토문강과 다른 물줄기로 분계강이 등장하는 것은 옛 영토에 대한 역사의식과 함께 북방지역에 대한 확대된 영토 인식의 변화를 보여준다.

「서북피아양계만리일람지도」는 토문강, 성경, 영고탑 등지의 지도를 자세히 그려 올리라는 영조의 명령에 의해 제작된 것이다. 이 지도는 청이 만주 지리에 대한 새로운 정보를 바탕으로 고친 『성경지』를 참고로 해서 제작한 것이기에 이이명이 제작한 「요계관방지도」와 견줘보면 훨씬 더 사실적으로 그려졌다. 이 지도가 「요계관방지도」와 구별되는 가장 큰 특징은 백두산 주변을 확대해보면 알 수 있다.

백두산을 회화적으로 그려 조종의 영산으로서 인식한 것을 드러내며 백두산에서 발원하는 물줄기를 두 갈래로 그렸다. 아래쪽 물줄기는 두만강의 본류이고, 위쪽 물줄기는 두만강 위쪽을 흐르

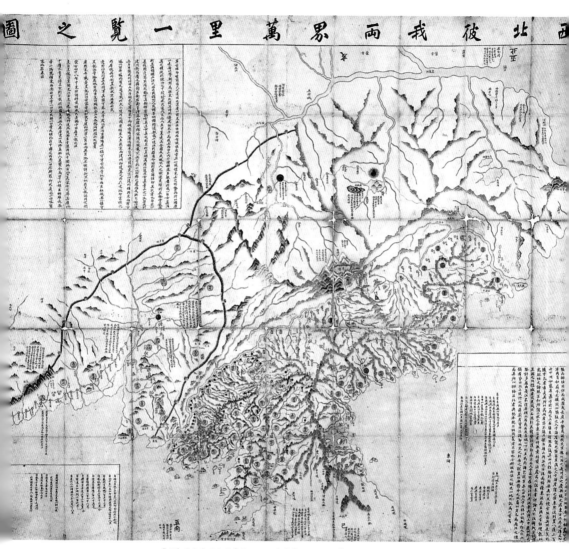

「서북피아양계만리일람지도」, 채색필사, 139.0×635.0cm, 18세기, 보물 제1537-1호, 국립중앙도서관.

다가 온성부 근처에서 두만강과 합류하는 분계강이다. 두 물줄기의 발원처는 각각 '토문강원'과 '분계강원'으로 적혀 있고 이 두 물줄기의 발원처가 백두산 정계 후 설치한 목책에 의해 이어져 있는 것처럼 묘사되어 있다. 따라서 이 지도에서는 토문강을 두만강의 상류로 보면서도 분계강을 별도로 표시하고 있다. 또한 온성 건너편에는 고려경, 선춘령, 윤문숙공(윤관)비가 그려져 있어 선춘령에 대한 인식도 담고 있다.

백두산 물줄기에 대한 이러한 인식은 대체로 1776년에서 1787년 사이의 군사 상황을 보여주는 「청구관방해방총도」에서 더욱 분명해진다. 이 지도는 조선 전국의 관방과 해방을 한눈에 알아볼 수 있도록 만든 대형 군사지도다.

이 지도의 백두산 주변을 확대해보면, 백두산은 당시 다른 지도와 마찬가지로 회화식으로 강조되어 있고 백두산 바로 아래에 정계비가 있다. 그 아래 천지에서 발원하는 물줄기에 '토문강원'이라고 적혀 있고 이 물줄기는 두만강 북쪽을 흐르다가 온성과 종성 사이에서 두만강으로 흐른다. 특히 이 물줄기 하류에는 '풍계강은 일명 분계강이며 토문강 하류다豐界江一名分界江土門江下流'라는 주기朱記가 달려 있다. 그리고 정계비 아래 목책과 연결된 또 다른 물줄기도 두만강으로 흘러들어 백두산에서 발원한 두 개의 다른 물줄기가 온성 부근인 두만강 하류에서 합류하고 있다. 이것은 두만강과 토문강을 별개의 강으로 여기던 조선 후기의 인식을 반영한 것이다. 또한 온성 건너편에는 '선춘령은 경원에서 600리이고, 고려계비는 고려 초 윤관이 개척한 곳이다先春嶺去鏡原六百里 高麗界碑麗初尹侍中款所拓處'라고 적혀 있어, 이 지역에 대한 고토古土의식을 담고 있다.

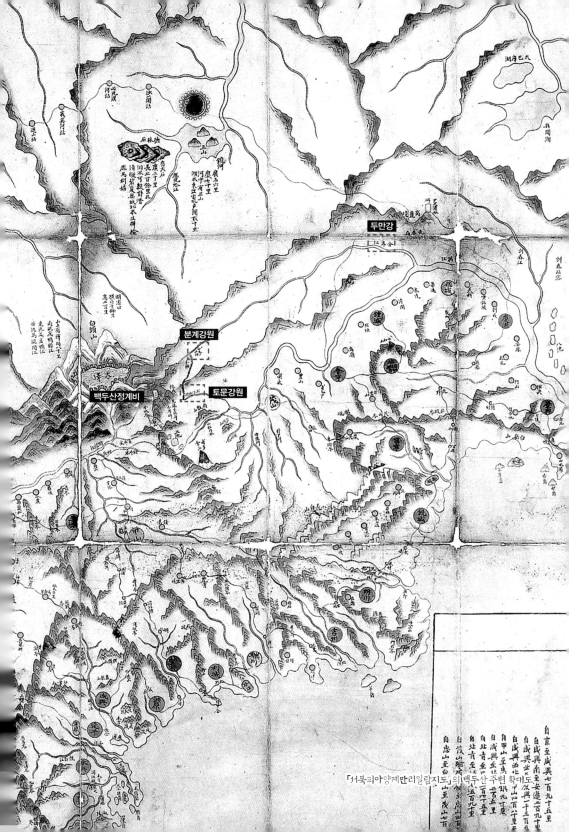

두만강

분계강원

백두산정계비

토문강원

「서북피아양계만리일람지도」의 백두산 주변도 확대도

청구관방해방총도, 채색필사, 18세기, 89.0×370.0cm, 국립중앙박물관. 북쪽을 지도 상단에 배치하는 일반적인 지도와 달리 동쪽을 지도 상단에 배치하여 남북의 길이가 긴 우리나라의 대형 지도를 벽에 걸었을 경우 보기에 어려운 점을 감안하여 마치 소가 누운 모양으로 국토를 배치한 '와우형臥牛形' 구도다.

한편 정조대에 청에서 『고금도서집성』을 입수하면서 조선과 청 국경지대 및 만주에 대한 지리적 인식에 비약적인 진전을 이루었다. 뿐만 아니라 1740년대에 정상기는 백리척이라는 독창적인 축척을 사용해 조선전도와 도별도인 「동국지도」를 제작함으로써 이전 지도에서 보이던 북부 지방의 왜곡된 윤곽을 사실에 더 가깝게 묘사할 수 있었다.

이러한 조·청 국경지대 및 만주 지리에 대한 인식의 비약적 발전과 동국지도류에 나타난 북부 지방에 대한 사실적 인식을 바탕으로 정조대에 제작된 지도가 「서북계도」다. 즉 「서북계도」는 『고금도서집성』의 직방전職方典에 실린 지도로 만주지역을, 정상기형 「동국지도」로 서북지역을 묘사하여 결합시킨 것이다. 특히 만주 지리에 대한 최신 정보를 담고 있는 『고금도서집성』은 조선이 가지고 있던 만주에 대한 잘못된 정보를 수정할 기회를 제공했고, 그

목책

토문강원

백두산 정계비

압록강원

「청구관방해방총도」의 백두산부근 확대도.

가운데 하나가 분계강에 대한 해석이었다. 즉 「서북계도」에서는 분계강이 백두산에서 발원하지 않으며 온성부에서 두만강에 합류하는 물줄기는 혜란하라는 『고금도서집성』의 견해를 받아들이는 대신 이 물줄기에 대해 분계강과 혜란하라는 두 명칭을 모두 썼다. 또한 선춘령도 두만강 이북에 묘사하여 두만강 이북설을 그대로 이어갔다.

이처럼 정조대에 제작된 「서북계도」에서 분계강의 백두산 발원설이 부정되긴 했지만 여전히 분계강 명칭과 선춘령의 두만강 이북설을 표현함으로써 조선 후기 만주지역에 대한 역사적 연고의식과 북방지역으로 확대된 영토의식을 고스란히 담고 있었다. 조선 후기 이래 확장된 영토의식을 보여주는 선춘령과 분계강에 대한 이러한 인식은 1885년과 1887년 두 차례 열린 백두산 정계를 둘러싼 국경회담인 조청감계朝淸勘界 때까지도 영향을 미쳤다.

10장

삶과 성욕의 예술,
춘화의 운명

한국의 춘화 엿보기

김헌선

근대적 몸을 발견하고 향유享有하다

우리는 하루라도 성性을 생각하지 않고 살아갈 수 없다. 더구나 성이 없는 세상이란 좀처럼 상상하기조차 어렵다. 19세기의 학자 최한기는 "본연의 성과 기질의 자품에는 남자는 여자를 좋아하고 여자는 남자에게 감발하므로 (…) 천지만물 영원히 멈추지 않는 커다란 이치는 생생하는 통에 있다"고 말했다. 이렇듯 성은 인류의 번식 수단이자 누구나 품는 욕망이다.

조선 후기에는 그러한 욕망을 자아내고 성을 자극하며 성을 통해 욕망의 충족감을 드러내기 위해 춘화春畫를 그려냈다. 성을 주술적 사고가 아닌, 실제의 미감으로 육체를 관찰하여 드러낸 것이 바로 춘화다. 춘화는 보편적 정서의 산물이며 남녀를 윤리적으로 억압하지 않고 자극하는 인류의 문화유산이다. 선험적인 이理를 부정하고 보편적인 기氣를 강조하면서 윤리적인 준거를 물리치며 새로운 인류의 표현 수단을 얻어낸 것이다.

춘화를 유통시킨 부류는 어떤 계층이었을까? 틀림없이 일정한 문식이 있고 재화가 넉넉한 집단이 이 그림을 유통시켰을 법하다. 예술의 생산과 소비가 물적 기초에 근거하므로 이는 당연한 일이다. 더욱이 냉금전지冷金箋紙(금가루를 바른 종이로 중국에서 난다)에 흔히 격조 있는 표현으로 발문을 붙였던 사실을 보면 일정한 집단적 사고의 반영이라고 할 수 있다. 즉 역사적 전거에 익숙하고 이러한 글을 쓸 수 있었다고 하는 것 자체에 특정한 의미가 있다.

말하자면 돈 많고 호사가 취미를 지닌 인물 집단이 춘화를 즐기고 구매했다. 유명한 화가는 이러한 그림을 그리고 물적 대가를 받았다. 이로써 호구지책을 마련하기도 한 것이다. 개화기에 이르러 이런 현상은 더욱 널리 퍼졌다.

그럼에도 춘화는 온전한 예술로 등장하기 쉽지 않았고 은밀한 유통 구조를 통할 수밖에 없었다. 우리 예술사에서 진정한 한몫을 할 수 있었던 춘화는 온전하게 전개되지 못한 것이다. 그러던 중 근대기에 들어와 달리 유통 통로를 찾게 되었는데, 다음의 글이 이를 상세히 보여준다.

그러나 이여성李如星이 눈짓으로 '보이'에게 먹을 갈라는 시늉을 던지고 나자 "자 오늘 만당滿堂한 대가大家들의 일필휘호를 얻고자 하는데 부탁합니다" 하고는 좌중을 둘러본다. 이때 대뜸 묵로墨鷺가 팔을 걷어붙이고 나섰다. "암, 썩 마음에 들도록 그려주고말고" 하면서 그는 붓끝에 먹물을 듬썩 찍더니 그야말로 전광석화식으로 휙휙 종이 위에, 그것도 만좌滿座의 눈길이 모아진 한곳에서 만고에 없을 해괴한 춘화도를 한 장 버갈겼다. (…) 여기서 잠시 생각나는 사람이 있는데 지금의 화상畵商 격이라 할 수 있는 그림 거간居間으로 버시가 한 명 있었다. 그는 아주 셈이 바르고 정직한 사람이었다. 그리고 그는 여러 화가의 집을 두루 찾아다니면서 그림을 모았다. 이때 그림 값으로 그는 먼저 계약금 조로 약간의 돈과 술 한 병을 곁들여 내밀었다. 또한 그 사람은 종이 한 장에 여러 화가의 그림을 받아서는 횡축(합작품)으로 꾸며 적당한 작자를 찾아서 팔아넘기곤 했다. 이처럼 그는 그 무렵 가장 신용할 만한 화상이기도 했다. 그리고 사람 됨됨이가 신실해서 그림이 팔리고 나면 그의 몫을 적당히 제한 나머지 돈을 꼬박꼬박 그 작자를 찾아서 전해주곤 했다. 그때만 하더라도 자기 그림을 돈을 주고 판다는 것을 어색하게 여기던 때라, 일단 그림이 거간의 손에 넘겨지고 나면 말없이 처분만을 바랄 뿐이었다. 그런데 여기서도 예외의 인물은 묵로였다.(이승만, 「묵로의 춘화도」, 『풍류세시기風流歲時記』, 중앙일보, 1977)

위 글은 근대에 이르러 우리의 전통 춘화가 어떤 형태로 유통되었는지를 알려주는 중요한 정보들을 담고 있다. 이 글을 쓴 인물은 청전青田 이상범李象範, 심산心汕 노수현盧壽鉉 등과 함께 신문의 삽화를 그렸던 인물인 행인杏仁 이승만李承萬(1903~1975)이다. 여기에 등장하는 인물들의 면면이 흥미로운데, 묵로墨露 이용우李用雨(1904~1952), 청정靑汀 이여성李如星(1901~?), 정재鼎齋 최우석崔禹錫(1899~1965) 등으로 여러 사람이 나타난다. 모두 그림과 직접적인 관련을 맺은 인물이거나 그림에 깊은 식견을 지닌 인물이어서 흥미롭다.

게다가 그림의 여러 정황을 알 수 있게 하는 인물이 많아서 유용한 정보를 준다. 이용우는 안중식과 조진석에게 그림을 배웠고, 이여성은 『조선일보』 조사부장을 지내면서 그림에 상당한 식견을

「춘화」, 『운우도화첩』, 최우석, 비단에 채색, 개인.

지녔던 인물이다. 최우석은 묵로와 친구 사이로 춘화를 능숙하게 그린 인물로 회고되고 있다. 근대의 춘화 작가인 이들이 어떻게 근대에 적응해나갔는지 알 수 있는 기록이라는 점에서 각별하다.

이들이 모두 조선미술회의 회원으로 전통적인 화법과 근대적인 서양화법을 절충시키는 작업을 주도했으므로 이를 그림에서도 쉽사리 확인할 수 있다. 어떤 사람들은 이들 그림이 왜색조를 띤다고 비판하기도 한다. 그러나 이것은 시대적인 추이 속에서 전통적인 화제를 이어받아 새로운 시도를 하는 단계에서 나오는 자연스러운 변화였다. 비판적인 견해에도 불구하고 이들 그림은 새로운 시기의 전환을 이루어냈다는 점만큼은 인정되어야 할 것이다. 정재의 그림은 춘화도 중에서도 걸작으로 꼽힌다는 점 역시 평가받아야 마땅하다.

여기에 그림 거간꾼이 등장한다. 즉 그림을 그린 화가들에게 일종의 스폰서로서 내시가 있었던 점이 독특하다. 또한 기생집을 매개로 화사들의 호구지책이 마련되었다는 점 역시 각별한 면모다. 거간꾼이 있어서 그림을 모으고 이 그림을 횡축으로 꾸며서 팔아넘겼던 것이다. 돈이 없어서 거간꾼에게 넘기고 처분을 바라는 것은 어찌 보면 비감스럽다.

게다가 술자리라도 그림을 그려 팔아먹는 과정이 흥미롭다. 전통적인 그림에 종사하는 화사들이 춘화 그림에 어떻게 개입하고 춘화를 제작했는가 하는 과정이 상세히 묘사되어 있다. 동일한 내용이 이당 김은호의 기록에도 나타난다. 내용인즉슨 춘화를 그려 그림 값을 받아 생계를 꾸려나갈 수 있었다는 것이다.

더구나 김은호의 증언에 따르면 자신은 1911년에 서울 부자였던 이씨의 청으로 춘화 몇 장을 그려주고 이 부자의 마음에 들어 생전 처음으로 기생집도 가보고 폐백으로 쌀 열 가마 값이 넘는 거액을 받아 가난을 면했다고 한다. 그뿐만 아니라 운보雲甫 김기창金基昶(1913~2001) 화백도 호사가의 청에 못 이겨 춘화를 그려준 적이 있다고 하며, 간송 전형필도 벽사辟邪용으로 가방에 춘화첩을 넣고 다녔다고 전하기도 한다.

이런 맥락에서 본다면 춘화는 조선 후기에 일정한 예술적 경지를 이루고 이를 계승해서 시대마다 변형을 가해 전환을 이룬 회화의 한 갈래라 할 수 있다. 이미 김홍도나 신윤복의 그림에서 여성이나 남성의 춘정은 난만하게 싹을 틔웠다. 즉 그들의 시대인 조선 후기에 일찍이 현실성과 일상성을 개념으로 하여 근대적인 시각의 몸을 발견하고 근대적인 성의 기원을 발견했던 것이다. 이처럼 춘화는 예술사의 중심에 가로놓여 있었다.

삶과 욕망으로서의 성의 절묘한 합일
춘화를 배제시킨 조선 회화사의 불행

우리나라 춘화에는 여러 가지가 전한다. 그 가운데 현재까지 거듭 전시장에 모습을 드러낸 작품으로 단연 『운우도첩雲雨圖帖』과 『건곤일회첩乾坤一會帖』을 꼽을 수 있다. 이들 작품은 김홍도 및 신윤복의 풍속화와 밀접한 관련성을 지니므로 춘화가 풍속화로부터 이행되었을 가능성을 보여준다. 특히 신윤복의 작품으로는 은근하게 춘정을 불어넣는 것이 여러 점 전해져 그러한 장면이 춘화로 옮겨갔을 가능성을 시사한다.

두 작품첩은 각각 단원檀園 김홍도金弘道(1745~1806?)와 혜원蕙園 신윤복申潤福(1758~?)이 그렸다고 전하며 대중적으로 널리 알려져 있다. 이외에도 여러 작품이 전하는데, 우선 작품첩의 성격부터 여러 관점에서 다시 논의하고 규정할 필요가 있다.

『운우도첩』은 단원 김홍도의 낙관이 있기에 그의 작품으로 추정된다. 종이에 엷은색으로 그려졌으며, 크기는 28.0×38.5센티미터다. 작품에 대한 확실한 준거가 있는지 거듭 논란에 휩싸이곤 하며, 아직 이를 둘러싼 시비가 가라앉을 여지는 없다. 최근 전시장에 다시 나타났는데 운보 김기창이 쓴 "단원선생진품운보배관檀園先生眞品雲甫拜觀"이라는 제첨題簽이 붙어 있다. 즉 단원의 작품임을 확인해주는 관람기가 있어 작품에 대한 신뢰도를 높이긴 하나 여전히 의문은 남는다.

『건곤일회첩』은 신윤복의 관인이 있는 작품으로 역시 진위의 시비를 가리지 못했지만, 확실한 기년이 있는 발문이 쓰여 있기에 주목할 만하다. 이 그림 역시 종이에 엷은색으로 그려졌고, 크기는 23.3×27.5센티미터다. 비록 화풍이나 주제가 신윤복의 것으로 추정되긴 하나 '과연 진작眞作인가'에 대한 의심은 끊이지 않고 제기된다. 그러한 시비를 뒤로하고 보면, 이 작품의 주제나 유사성은 재래의 춘화에서 보이는 작품의 화풍과 일치하며 반복적인 구도 밑에서 혜원 특유의 가치를 지향하고 있음이 분명해 보인다.

『운우도첩』은 춘화이므로 특별히 달리 논할 필요는 없다. 이 그림의 핵심은 남녀의 춘정을 드러내는 성행위의 장면을 포착한 데 있다. 여느 춘화첩과 달리 격조가 높은 대목이 있는데, 그것은 장면 설정이나 성행위를 드러내는 형국에서 탁월한 예술적 성취를 보이기 때문이다. 특히 산수의 기본적인 구도를 이어받아 남녀의 교합을 구현하는 그림을 그림으로써 단순한 성적 자극에서 벗어나고 있다. 이와 달리 산수를 배경으로 삼지 않고 실내 장면을 등장시켜 당시 사람들의 생활의 일단을 엿볼 수 있게 하는 그림들도 있어 이례적인 흥미를 더해준다.

간혹 남성과 여성의 일대일 대응을 벗어나 여성 둘에 남성 한 명을 등장시킨 구성도 엿보이며, 청춘 남녀가 등장하는가 하면, 노년의 내외가 주인공으로 설정되기도 해 주제의 대상이 달라지는 독특한 맛을 내기도 한다. 뿐만 아니라 단순한 남녀의 신분을 넘어서서 군상의 다단한 구성을 통해 일련의 인간 만화경과 요지경을 보여줌으로써 성에 대한 흥미와 더불어 세상살이의 정겨움을 맛보게 한다. 그러한 장면 설정은 전통적인 회화의 소재로서는 도전받을 만한 것이므로 정식으로 유통되기는 어려웠을 것이다. 그렇기 때문에 정상적인 소통으로 이어지지 않고 모두 사라졌던 것이리라.

『운우도첩』에는 일정한 이야기가 있다. 주목되는 스토리 라인이 있어서 마치 이 장면들이 하나하나 스토리를 구성하는 듯하다. 이야기의 근본 배경은 사계절이다. 봄·여름·가을·겨울로 이어지는 인간 외적 조건을 일정하게 반영하고 있으며 이 질서에 순종하면서도 인간의 만상과 성적 쾌감이 어우러지도록 구성했다. 남녀란 음양의 구현체이기 때문에 남성을 양으로, 여성을 음으로 인식하고 상징하는 수법도 곧잘 드러난다.

이야기 전개에 있어 무엇보다 중요한 것이 일생一生이다. 홍안에

「춘화」, 『운우도첩』, 김홍도, 28.0×38.5cm, 조선 후기, 개인.

「춘화」,『운우도첩』, 김홍도, 28.0×38.5cm, 조선 후기, 개인.

서 백발로 이어지는 삶의 주제가 곧 생식으로서의 성으로 차용되고 있다. 남녀의 성적 본능이 모두 생식에 귀일하고 있다는 점을 환기시키면서 생식으로서의 삶과 욕망으로서의 성이 절묘하게 합일되는 맛을 내게끔 되어 있는 것이다. 그런 점에서 볼 때, 춘화에서 조선적 성취가 엿보이고 이를 통한 탁월한 의식을 엿볼 수 있다. 이런 점에서『운우도첩』은 그 진위 여부를 불문에 부쳐두고 일단 작품의 완성도를 인정할 만하다.

『건곤일회첩』역시『운우도첩』의 근본적인 설정과 무관하지 않다. 그렇지만 이 작품에는 앞서 말한 것처럼 발문이 붙어 있다. 작품의 이야기에 대한 일련의 안내판 구실을 해 이들의 근본적인 작성 경위를 알려준다. 이 글에서는 그 요체만 들어 해명해보려 한다. 발문을 먼저 보자.

그림의 작가를 알려주는 직접적인 증거는 낙관에 있다. 낙관은 그림에 대한 구체적인 정보를 알려줄 단서가 되긴 하나, 현재로서는 판단하기 어렵다. 다만 발문이 긴요한데, 이 발문이야말로 화첩 존재의 의문을 풀어줄 수 있기 때문이다. 이 제화의 상단과 하단에 도장이 있는데 이상적의 제자인 오경석의 아들 오세창吳世昌(1864~1935)이 모아놓은 인장 모음집에 등장하는 도장이라 주목을 요한다.

발문 인장 중에서 상단에 있는 것은 원인圓印으로 "今人不見古時月 古人曾坐今照月(오늘날 사람은 옛적의 달을 보지 못하고 옛사람은 일찍이 앉아 오늘 비추는 달을 마주하고 앉아 있다)"이 있고, 하단은 방인方印으로 "同是天涯淪落人 相逢何必曾相識(천애의 고향 잃은 사람들이 한가지이거니 서로 만나 하필 일찍 아는 것인가)"이라고 되어

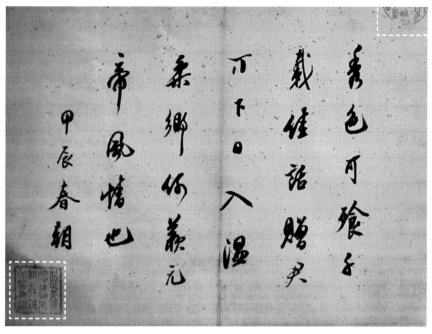

『건곤일회첩』발문(위) 및 이상적 상방원인上房圓印(아래 왼쪽)과 이상적 하방방인下房方印.

있다. 원인은 음양호근陰陽互根의 법칙에 따라 배치했으며, 방인은 좌우 대칭을 유지하는 역할을 한다. 그림에 뛰어난 표현력을 지닌 인장을 찍고 인장의 모양과 배치를 능숙하게 하는 것을 보면, 작성한 사람은 서화에 상당한 취미를 지닌 듯하다. 또한 그림과 글에 전문적인 식견을 지닌 사람의 것으로 짐작되며, 19세기 말에

「춘화」, 『건곤일회첩』, 신윤복, 23.3×27.5cm, 조선 후기, 개인.

「춘화」, 『건곤일회첩』, 신윤복, 23.3×27.5cm, 조선 후기, 개인.

이 조건을 충족시킬 수 있는 사람은 이상적일 가능성이 높아 그의 소장품으로 추정된다. 더구나 화선지의 종류가 단순하지 않고, 청나라에서 만든 죽지 계통이다.

또한 이 글은 청나라에서 생산될 법한 냉금전지 또는 가예지에 쓰였다. 이것을 통해 글과 그림의 역사적 근거와 실제 면모를 추론해볼 수 있다. 금박을 입힌 냉금전지는 우리나라에서 만들지 않았던 것이므로 보통 사람들이 이 종이를 구하는 일은 쉽지 않았을 것이다. 그러나 아버지의 뒤를 이어 궁중화원이 된 신윤복은 다른 사람보다는 종이를 쉽게 구해 그림을 그렸을 가능성이 높다.

이상적의 소장이 분명하다면 많은 사실을 추론할 수 있다. 또한 여러 정황을 통해 다시금 간접적 증거를 밝힐 단서가 된다. 이 화첩은 혜원의 그림에 육박하는 것이고, 춘화를 그려서 도화서에서 쫓겨났다는 소문이 진실일지도 모른다는 추정을 가능케 한다.

인장의 뜻은 쉽사리 접근하기 어렵기도 하며, 그림의 장면과 일치하는지도 의문이다. 하지만 이상적의 것과 거의 같은 것으로 판정되는 이 인장을 근거로 삼아, 그림의 화가가 신윤복일 가능성이 높다고 추정해볼 수 있다. 동시에 인장을 근거로 특정 집단에 의해 이 춘화들이 유통·전달되었을 것으로 판단된다.

또한 발문이 지니는 의미와 연도 추정이 가능한 단서가 들어 있으므로 더욱 중시해야 할 것이다.

빼어난 미색은 가히 저녁 반찬이 된다는데

천 년을 이어져온 아름다운 이야기를 그대에게 바친다

날마다 미인의 살결과 품속으로 들어갈 수 있으니

어찌 원제의 풍정이 부럽겠는가?

1844년 봄 아침

秀色可殖 千載佳話贈君几下 日入溫柔鄕 何羨元帝風情也 甲辰 春朝

　이 흥미로운 발문은 춘화의 기능과 의미를 북돋우는 구실을 한다. 우리는 전통적으로 식색食色을 인간의 본성으로 여긴다. "식색 성야食色性也"라는 것이 그것인데, 남성 중심 사회에서 이러한 표현은 일상적이었다. 가령 이 글의 서문에서 빼어난 미색이 저녁 반찬이 된다고 하는 것은 그러한 표현의 산물이라 할 수 있다. 춘화를 보면서 여성의 품속에 들어갈 수 있다고 하는 설정을 통해 춘화의 기능과 의미를 넉넉히 암시하기도 한다.

　그러면서도 빼어난 미색을 통해 어찌 원제의 풍정이 부럽겠는가라고 한 것을 눈여겨볼 만하다. 전한前漢의 원제元帝는 화공에게 궁녀들의 모습을 그리게 했고, 그림을 보고 그날 같이 보낼 여자를 택한 사람이며, 천하절색 왕소군王昭君을 흉노족에게 보낸 인물이다. 춘화를 보고서 미인의 품속에 들어갈 수 있다고 표현한 것은 그림을 통해 춘흥을 일으키는 것과 깊은 관련을 지니므로 이런 발문을 썼을 것으로 추정된다.

　『건곤일회첩』에는 산수가 거세되어 있다. 전통적인 관점에서 산수의 농밀한 설정 속에서 화사한 경화사족의 도회지 풍광을 핵심으로 삼는 혜원 그림의 전통으로 미루어보건대, 단연 이례적인 설정이다. 주로 방 안 장면으로 이동했기에 이를 통해 일련의 변형이 생겨났을 것이다. 이 그림첩에는 여러 기이한 풍모가 있고, 그런 장면들이 많이 부각되어 있다. 그 가운데 춘화첩의 용도를 알리는 장면도 그려져 있어 그림첩의 예사롭지 않은 존재감을 더 크게 드러낸다.

『건곤일회첩』을 통해 우리는 혜원의 그림이 지닌 예술적 탁월함의 성취가 혜원의 춘화로 이어졌으며 동시에 이 그림의 전통에서 단원과 혜원이 서로 장면과 장면, 구도와 구도 등으로 얽혀 있음을 알 수 있다. 예술사의 진실은 이면사와 모방사에 있다고 해도 과언이 아니다. 춘화라는 아주 예외적인 그림이 이러한 전통 속에서 소외되었던 것은 우리 회화사의 불행이라고까지 말할 수 있다. 이제 공공의 논의가 필요하고 우리 의식사를 아는 데에도 이 그림은 매우 주목할 만한 가치가 있다.

노골적인 성행위와 무심한 표정
성리학 지배 사회에서 춘화의 운명

춘화의 제작 배경과 작자, 기본 구성의 특징을 이해했다면 그 안의 구체적인 장면에 주목해볼 필요가 있다. 주체와 객체의 차원에서 춘화라는 것을 정렬해보면 우리는 색다른 사실 하나와 접하게 된다. 점잖은 산수화류에 그림을 그리는 사람의 정신세계가 표현되어 있다면, 춘화에는 그와 반대로 그림을 볼 사람의 정신세계가 표현되어 있다고 할 수 있다.

그럴 때 눈에 들어오는 것은 과장된 남녀 성기의 묘사다. 고전소설류에서 남자 성기가 '양물陽物'이라고 주로 표현되듯 성적 욕구, 특히 남성의 성적 욕구라는 것은 그 최초의 발화 지점에서는 욱일승천의 기운을 특징으로 한다. 그래서 더욱 크게 더욱 붉으며 검게 그렸던 것일까. 하지만 여성의 성기도 남성의 성기 못지않게 적나라하다.

과장된 표현은 성적 상징이 가장 은밀한 곳에 가장 깊이 가려져 있었던 것의 반작용으로 그리되었을 수도 있다. 과장된 하반신에 비해 평범하고 무심한 듯한 상반신의 노출은 조선시대 하층민들이 애를 들쳐 업고 막일을 하면서 수시로 젖을 먹이려면 젖가슴 노출이 일상화될 수밖에 없었다는 점을 감안하면 더욱 수긍이 가는 부분이다. 아무튼 성기의 확장으로 보는 사람의 동공 확장을 염두에 둔 필치는 필시 눌렸던 것의 반동일 공산이 크다. 다산과 종족 번식을 기원하는 고대 여신상이나 목각의 우스꽝스러울 정도로 툭 튀어나온 성기들과의 환유적 연접성도 무시할 수 없다. 이처럼 작은 표현 하나만으로도 우리의 상상력은 끝없이 자극을 받는다.

그에 반하여 표정들은 하나같이 점잖거나 무표정하거나 일상 생활의 흔적이 그대로 남아 있다. 잘 빗겨져 쪽진 머리이거나 갓만 벗었을 뿐이다. 내면 연기가 되어 있지 않은 인물 표현은 동양화의 대다수가 그러한 것이지만, 어쨌든 노골적인 짓거리와 무심한 표정의 대비는 그로테스크한 충격을 안겨주는 게 사실이다. 그런 점에서 신윤복의 그림, 마님과 여종으로 보이는 두 여자가 교미하는 개를 쳐다보며 부끄러운 웃음을 짓고 있는 그림은 독특한 예외다.

사실 직설적인 표현보다는 간접적인 표현의 춘화들이 보여주는 성적 판타지도 무시할 수 없다. 무거운 가체加髢를 올린 두 명의 기생이 나란히 앉고 누워 춘화를 들여다보는 그림을 보자. 채색도 두드러지지 않고 연한 황토빛으로 흘러가는 이 그림은 그 검은 '가체'만 유달리 눈에 확연하게 들어온다. 한 명의 여성이 주도적으로 책장을 넘기고 있고, 마치 부끄러워 뒤에 숨은 듯 비스듬히 누워 화면을 넘겨다보는 또 다른 한 여인은 치마의 넓은 폭을 이불처럼 깔고 누운 모습이다. 주도적으로 책장을 넘기는 여인은 그러든 말든 신경 쓰지 않고 장면에 열중하는 모습이다. 치마에 가려져 있지만, 자세는 다소곳하지 않고 앉은 모습이 매우 개방적이다. 이 그림을 감상하는 가장 핵심 포인트는 무심하게 타오르는 촛불이다. 방에 촛불이 켜져 있다는 건 지금이 밤 시간대라는 걸 말해준다. 어쩌면 그림 전체의 모노톤이 지금이 야심한 시각임을 나타내는 장치일 수도 있고 말이다. 두 여인은 촛불을 아주 가까이 끌어당겨 한 품의 시야를 열어서 춘화를 보는 중이다. 고작 촛불 하나가 밝으면 얼마나 밝겠는가. 겨우 그 밑 몇 뼘이나 비출 정도일 것이다. 그렇기 때문일까. 불이 춘화를 향해 누워 있다. 바람도 불지 않는 실내에서 왜 촛불이 기우뚱했을까? 옆의 여인이 "나도 좀 보자"며 갑자기 달려들어서 그 바람에 누웠을 수도 있지만 그런 일시적인 장면을 나타내는 것 같지는 않다. 이 촛불은 오히려 춘화에 빠져든 두 여인의 '갈급증'을 대변하는 매개물일 가능성이 크다.

춘화의 표현이 이처럼 강렬하고 세련되었다는 점을 감안할 때 조선시대 춘화의 은밀한 유통이 꽤나 활발했으리라는 점을 짐작해볼 수 있다. 하지만 지금 남아 전하는 것은 극히 드물다. 춘화도 일종의 금서禁書에 속한다면 그것은 성리학 등의 시대사조에 역행함으로써 생명의 위협까지 느껴야 하는 사상적 금서의 다른 쪽에서, 성리학이라는 지배 이념을 갉아먹는 하나의 퍼포먼스를 연출하기도 한다. 그것은 철저히 세속적일 수밖에 없는 인간 세상의 생리를 예교와 윤리로 얽어매야 했던, 그래야 그 사회가 유지될 수밖에 없었던 성리학 사회의 표리부동 구조를 환하게 반추하는 듯 여겨지는 것이다. 성적 판타지와 만족의 도구로 기능하는 단순한 음화淫畫이지만, 그것이 조선사회의 이중 구조를 일부 반영하고 그 처지를 시각적으로 상징화하는 하나의 매개물로 재탄생하는 지점도 있다는 것이다.

　이후 여러 춘화가 거듭 그려졌을 것임은 자명한 이치다. 그럼에도 우리의 춘화는 온전하게 표면에 드러나지 못하고 은밀하게 유통되면서 일종의 결함을 지닌 그림처럼 취급받아왔다. 이를 대놓고 그리는 것도 문제가 되었을 가능성이 높다. 그렇기 때문에 단원과 혜원 이후에 일정하게 진전을 보이지 못한 것이다.

　근대기에 이르러서 일군의 화가가 춘화를 전면적으로 그리고 나섰다. 그런 정황을 보여주는 중요한 인물이 있는데, 이를 글로 남기고 있어 주목할 만하다. 근대기에 활약한 화가들이 이른바 기생집에서 어떻게 자신들의 그림세계를 이끌어갔는지 알려주는 중요한 기록들이다. 아직까지 춘화도의 생성과 유통이 어떻게 이어졌는지 알기 어렵던 차에 이런 기록들이 전해져 새로운 이해의 지평을 열어준다.

　우리 춘화의 역사가 단원과 혜원이라는 두 화가에게만 한정되었던 것은 아니다. 필자가 현재까지 수집한 것들을 보면 상당히 많은 양의 춘화가 그려지고 유통되었던 것으로 판단된다. 가령 『간불염看不厭』이라는 춘화첩이 있는데 여기에 그려진 그림은 흥미로운 장면들을 담고 있지만, 누가 그렸는지는 알기 어렵다. 다만 무호제지撫毫題之라고 되어 있긴 한데, 그가 누구인지는 짐작하기 어렵다.

내용은 조잡하기 이를 데 없지만 여러모로 춘화의 기능과 용도를 환기시키는 대목이 많으며 특히 그림의 소재를 볼 때 충격적인 대목이 적지 않다. 그런 점을 인정하고라도 이 그림을 춘화의 발전적 전개상에 선뜻 놓기는 어려운 면이 있긴 하다.

또한 국립중앙박물관에 소장되어 있는 『무산쾌우첩巫山快遇帖』도 짚고 넘어가야 할 것이다. 이 작품은 19세기 말에서 20세기 초의 작품으로 추정되는데, 크기는 26.0×48.0센티미터다. 춘화첩으로 모두 10개의 성풍속 장면을 보여주는 적절한 예증이다. 화첩의 제목은 한 왕이 무산 신녀의 유혹에 빠졌다고 하는 데서 유래했다. 무산 자체가 여러 전고에서 남녀 간의 성관계를 암시하는 상징적인 용어로 쓰이기 시작했다. 그 전통이 이어져서 이런 용례로 구체화되었을 가능성이 높다.

화제나 주제, 소재 면에서는 신윤복의 풍속화를 연상시키는 장면이 반복된다. 그러나 설채 방식이나 장면 구도 등에서는 신윤복의 그림과 견줘 다소 뒤떨어지며, 그림의 재질이나 방식으로 보건대 신윤복 이후에 그려진 그림으로 보는 편이 적절할 듯하다. 단원과 혜원의 그림이 널리 차용되곤 했기 때문이다.

구체적으로 『무산쾌우첩』 가운데 한 장면을 보면, 신윤복의 「이부탐춘釐婦耽春」의 장면을 그대로 반복하고 있다.

이런 연속성이 있었지만, 그럼에도 춘화는 모두 사라지고 말았다. 그 점에서 춘화의 소재나 행방이 자연스럽게 근대기의 유산으로 등록되지 않은 점은 역사의 불행이며, 춘화의 행방이 묘연

『무산패우첩』, 필자미상, 종이에 엷은색, 26.0×48.0cm, 19세기 말~20세기 초, 국립중앙박물관.

해진 것 역시 역사적으로 큰 손실이다. 그런 제한점을 보면서 춘
화가 근대 시기에 어떻게 적응하고 변형되었는가를 살펴볼 필요
가 있다.

근대 여명기에 많은 춘화가 그려졌을 것으로 추정되는데, 조선
후기의 전통에 대체로 충실하게 따르고 있다. 거의 동일한 구도를
잇는다고 할 수 있으며, 다양한 시점으로 구현하는 장면 역시 조
선 후기 것과 대체로 비슷하다.

실제로 이용희의 말에 따르면 춘화의 대부분이 일부 사람의 몰
지각성과 이를 흉물스럽게 여기는 행태로 인해 사라졌다고 한다.
가령 사대부 사랑채와 같은 곳에서 서책 사이에 끼여 있었던 춘화

「이부탐춘」, 『풍속화첩』, 신윤복, 조선 후기, 개인.

가 발견되어 불쏘시개로 쓰인 적이 적지 않았다고 증언하기까지
했다.

근대 여명기에 정재 최우석의 『운우도화첩』이 대표적으로 소개
할 만하다. 이 그림첩은 비단에 수묵채색으로 그려졌으며, 크기는
20.6×27.1센티미터다. 최우석은 춘화를 『운우도화첩』이라고 했
는데, 장면 전개가 이야기처럼 구성되어 있고 여느 춘화의 전통을
모두 소화하면서 이를 계승한 작품으로 주목할 만하다. 이 작품
에는 또한 기년이 남아 있다.

그림 첫 부분에서 여러 전통을 계승하고 있음이 확인된다. "경
오 하일 정재 최우석庚午夏日 鼎齋崔禹錫"이라고 했는데, 경오년 여름

「춘화」, 『운우도화첩』, 최우석, 비단에 채색, 개인.

날이니 1930년이다. 이해에 그린 이 화첩의 그림은 대략 24장이 넘었을 것으로 보이는데, 칼로 자른 흔적이 있기 때문에 그리 추정되는 것이다. 첫 장면에 주련이 있는 집을 그리고 섬돌에 벗어놓은 남녀의 신을 그려넣어서 혜원이 그렸던 춘화에서 은근한 멋을 차용했음을 알 수 있다.

최우석의 춘화는 전통을 잇기도 했지만 동시에 춘화도의 전통에 일본식의 화풍을 상당히 도입시키기도 했다. 그런 까닭에 색상이나 구도가 확연히 다른 것이 일부 보인다. 그런 점에서 평가하자면, 한국의 춘화 전통은 간신히 그 맥을 이어가고 있고, 시대마다 전통이 약간씩 변용되는 것을 목격할 수 있다.

「춘화」, 『운우도화첩』,
최우석, 비단에 채색, 20.6×27.1cm, 개인.

춘화, 한 시대 인간 정신의 발현

　조선 후기에는 윤리적인 규제와 질곡에 놓여 있는 인간의 삶을 해방시키는 자유에의 의지가 절실했다. 그러므로 예술에서도 인간의 진정성과 표현의 예술성을 탐구하는 일이 긴요했는데, 그런 전통은 일순간에 일어난 것이 결코 아니다. 점진적으로 추구되다가 갑자기 솟아올랐다. 사상적 전환이 일어나면서 작품에서 온통 새로운 추구가 이뤄졌다고 할 수 있는데, 그러한 구체적인 증거를 사상적으로 찾아내는 일이 절실히 요구된다.

　춘화는 그와 유사한 예술의 갈래들 속에서 진정성과 표현성을 터득했다. 그 구체적인 사례를 들자면 바로 사설시조, 판소리, 춘화 등의 작품 속에서 인간이 성적 욕망과 표현이 중심 주제가 되어 왔다. 사설시조와 춘화의 시대정신이라는 차원에서 이론을 재구성하고 이를 통해 일련의 예술사를 조망한다면 값진 결과를 얻을 수 있을 것이다. 현재 이 자료들에 대한 전반적인 논의를 펼치기는 어렵지만, 자료와 이론을 보강하면서 춘화의 예술사적 의의를 조망한다면 곧 예술사 이해의 새로운 지평이 열릴 것이다.

　춘화는 한 시대의 인간 정신이 발현된 작품이다. 중세적인 윤리관에서 벗어나 인간의 욕망을 긍정하고 이를 표현하려는 사상적 전환을 암시하는 중요한 증거물이라 할 수 있다. 이제 춘화를 더는 그리지 않는 시대가 되었다. 다면화된 방식으로 성적 욕망을 자극하고 표현하는 방식이 개발되었기 때문이다. 다양한 형태로 만든 성적 욕망이 넘쳐나지만 그럼에도 여전히 우리를 자극하는 춘화의 사상과 상징성을 높게 평가해야 할 것이다.

춘화를 통해 인간의 욕망을 발견하던 시기가 있었기 때문에 새로운 시대에 이르러서 다른 발견에 이를 수 있었다. 그러한 인간의 몸을 향한 열정과 욕망이 인간 이해의 한 과정이었고 또 한편 그것은 인간을 제어하는 가치관의 선택이기도 했다. 춘화를 흉물로 여기면서 이들의 전통을 무시하던 것에서 벗어나 자유로운 표현을 하기 위해 억압 및 사회적 희석 작용과 맞서 싸운 결과물임을 다시 인정해야 할 것이다.

11장

조선 민초를 닮은 신들의 세계

무속신의 형상과 본풀이

박종성

　무속화의 대부분은 무속신의 형상을 묘사하고 있다. 흔히 굿이라고 하는 무속 의례의 양상을 그려낸 것도 있지만 무속인이 특정 굿거리에서 보여주는 복색服色을 통해 그 굿거리의 신에 대한 인식의 단면을 드러내기도 하니 무속화의 큰 줄기는 무속의 신과 밀접한 관련을 맺고 있다. 그러나 무속의 신을 그림의 형상으로 드러낸 것만으로는 무속 의례와 신의 실상을 온전히 알기 어려운 까닭에 특정 신에 대한 내력, 곧 어떻게 특정 무속 의례를 받는 신으로 좌정했는가 하는 내력 또한 중요해진다. 이를 '본풀이'라 한다. 본풀이란 신의 근본을 풀어낸다는 뜻이므로 신의 성격을 알아차리는 데에 긴요한 역할을 한다. 그런 까닭에 무속화를 통해 다양한 형상을 드러낸 다채로운 신에게 다가서려면 혹은 전통사회의 무속신에 대한 인식의 단면을 파악하려면 무속신과 의례, 본풀이부터 알아야 할 것이다. 무속 의례 그리고 무속신들은, 무속신의 내력은 우리에게 무엇을 말하려는 것일까.

삶과 죽음이 삼투하는 굿거리의 한 장면

　전통사회의 무속과 가볍게 손이라도 잡을 요량으로 『무당내력巫
堂來歷』이라는 책에 실려 있는 「제석거리」편 그림 하나를 보자.

　1825년 또는 1885년본으로 추정되는 난곡蘭谷의 『무당내력』에
는 제석거리에 대한 그림이 실려 있다. 제석상帝釋床에는 수파련水
波蓮이 정중앙 안쪽에 배설되고, 그 바로 앞줄에 증편(멥쌀가루에
막걸리를 넣고 반죽하여 부풀어올린 일반적인 증편 떡이 아니라 흰 쌀
가루를 무수히 쳐서 지름 6센티미터, 길이 15센티미터가량으로 말아
만든 일종의 절편에 가까운 떡)이 제기 세 개에 세 칸씩 올려진 모습
이 보인다. 흔히들 증편은 불교와 관련된 신령을 상징한다고 하니
불교의 신명을 지닌 무속의 제석신에게 바치는 데에 더없이 적절
하다. 증편 앞 일곱 개의 제기 위에는 차수茶水가 담긴 일곱 개의
잔이 놓여 있다. 차수는 불교 의례에서 술 대신 신령에게 바치는
제물이라고 한다. 제일 앞줄에는 촛대가 양쪽 끝에 두 개씩 놓였
고, 그 사이로 왼쪽부터 산자散子, 약과, 배, 감, 계면떡(굿당에 모
인 사람들에게 찍수로 나누어주어 음복하게 하는 떡으로 제면떡이나
걸립떡이라고도 하는 절편)이 배설되었다. 서울 새남굿(망자천도굿)
제석상 뒤편 오른쪽에는 흰 종이로 만든 승려 고깔 세 개를 포개
어놓기도 하는데, 이는 '제석본풀이'의 삼불제석을 뜻하기도 한다.
고깔 왼쪽에는 쌀을 담은 대접이 세 개 놓인다. 고깔과 대접이 세
개인 이유는 제석신을 보통 삼불제석이라 불러 최고의 의미를 부
여했기 때문이다. 제석상에는 고기로 만든 음식이나 돼지기름으
로 지진 음식을 올리는 것은 금기로 되어 있다.*

*'제석상'에 관해서는 국립민속박물관에서 펴낸 『한국민속신앙사전』의 '제석상' 항목을 참고한다.

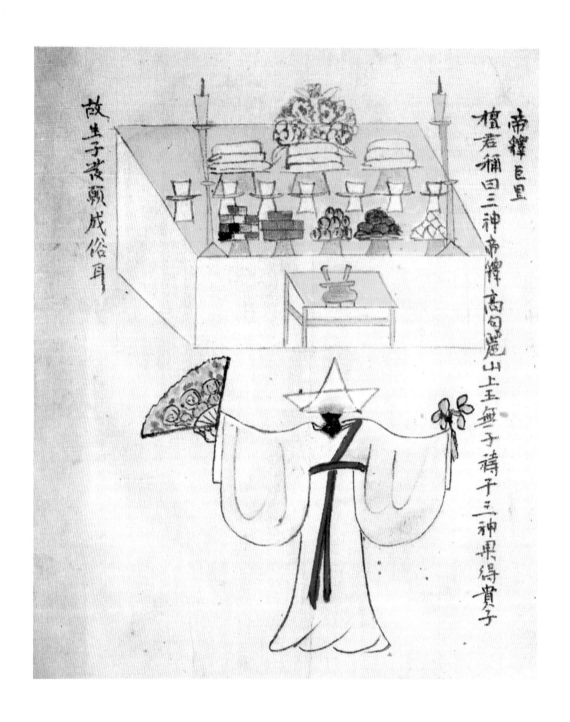

故生子茇觀成俗耳

帝釋臣里
檀君補曰三神帝釋高句麗山上王無子祷于三神果得貴子

『무당내력』에 실린 제석거리, 규장각한국학연구원.

무녀의 옷차림을 보자. 머리에 흰 고깔白弁을 쓰고 승복인 하얀색 장삼을 입었다. 허리에는 홍색띠를 매고, 또 다른 홍색띠를 오른쪽 어깨에서 왼쪽 겨드랑이 밑으로 맸다. 손에는 무구인 부채와 요령을 들었다.

특히 관심이 가는 것은 신을 위한 상이나 망자를 위한 상이나 살아 있는 자의 상이나 모두 수파련 상화床花를 올려 기원하고 축복하는 우리네 삶의 인식이다. 여기에는 살아 있음과 죽음의 경계를 명확히 하지 않고 삶과 죽음을 삼투작용으로 넘나드는 우리 삶의 태도가 여실히 드러난다.

인간의 형상을 한 신들
조선시대 민초들의 심상은 어떻게 반영됐을까

무속신들은 과연 어떻게 무속화 속에 자신의 형상을 드러내고 있을까? 다음의 그림들을 한 눈에 훑어보자. 삼불제석, 호구신, 성조신, 감응신, 별상마누라, 칠성

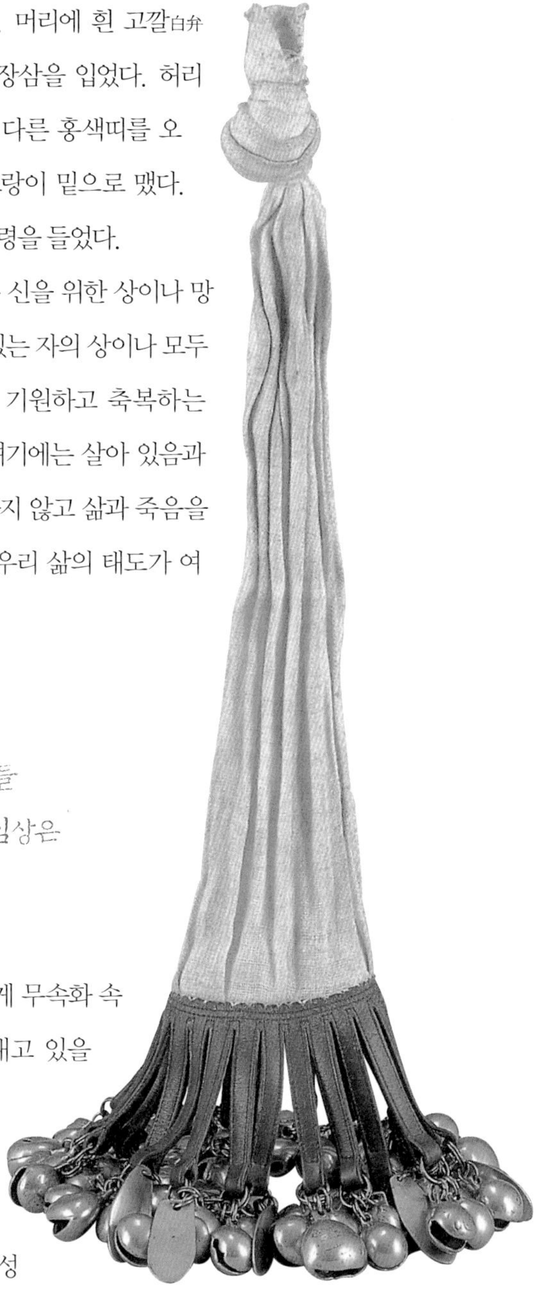

무령, 길이 45.0cm, 방울 지름 7.0cm, 20세기 중반, 국립민속박물관.

「삼불제석」, 84.0×63.5cm, 19세기 말, 양종승.

산중법사

삼불제석

「삼불제석」.

「감응신령」.

「칠성」, 87.0×66.0cm, 19세기 말, 양종승.

「바리공주」, 135.0×86.0cm, 18세기, 양종승.

신, 바리공주 등이다. 어떤 공통점을 직관적으로 확인하게 되는가.

굿을 하는 무속인과 경을 읽는 독경무의 신관에는 차이가 있다고 알려져 있다. 굿을 하는 무속인은 천신, 지신, 산신, 수신 등 자연신을 비롯해 조상과 다른 많은 죽은 인간의 영혼을 신으로 받아들이는 반면, 독경무는 옥황상제, 태상노군, 제위천존, 천사, 신장 등을 높은 신으로 여기고 수많은 영적 존재를 잡귀 잡신으로 간주하기 때문에 잡귀나 악귀의 작란作亂을 존신의 힘을 빌려 다스리는 무의를 행하는 것이다. 심지어 무당의 조상신인 말명도 잡귀로 여기고 조상령 중에서도 병을 준다든가 인간 삶에 방해가 되는 영들은 잡귀 잡신으로 쫓아야 할 대상이 되기도 한다. 여느 종교와 달리 무속 의례에는 천신에 대한 특별한 제차第次가 별로 없다. 무속에서 존중되는 신은 비중이 큰 무의를 통해서 제향을 받는 존재인데 성주신, 제석신, 조상신, 터주신, 조왕신 등 가택신들과 서낭신, 당신, 당산신 등 마을신들이 대표적이다. 그러나 무가 축원에 등장하는 신들은 일월성신 등 천신과 산천, 해양 등 자연신 그리고 불교의 신, 도교의 신, 유교적 성현, 역사적 영웅 신령 등 매우 다양하다는 점이 특징이다.

구체적으로 무속신 몇몇을 만나보자. 우선 삼불제석은 그 명칭이 불교의 제석천에서 유래한 것으로 알려져 있지만, 무속에서는 농경생산 신의 기능을 담당한다. 서사무가敍事巫歌 「제석본풀이」에 따르면 당금애기가 제석님 혹은 스님과 인연을 맺어 낳은 삼형제가 삼불제석이 되었다고 한다. 칠성신은 도교의 북두칠성 신앙에서 유입되었는데 수명을 관장하는 존재로 알려져 있다. 바리공주는 망자의 넋을 천도하는 오구굿에서 핵심적인 기능을 담당하는

방울과 부채를 든 무당, 20세기 초, 국립민속박물관.

「제석할머니」, 80.0×63.5cm, 20세기 초, 양종승.

「삼부인」, 84.5×60.0cm, 19세기 말, 양종승.

「산신」, 94.0×69.5cm, 20세기 초, 양종승.

「서낭」, 95.5×76.0cm, 20세기 초, 양종승.

「태조 이성계」, 100.0×76.0cm, 18세기, 양푼승.

「일월도」, 143.0×160.0cm, 19세기 후반, 국립민속박물관.
「전 세조존영도」(중앙), 116.0×56.0cm, 1829년 이후, 국립민속박물관.

신이다. 서사무가 「바리데기」에 보면 죽은 부모를 살려내고 저승을 관장하는 신으로 좌정하며 등장한다. 감응신은 신으로서의 기능이 명확하지 않지만, 열두거리 큰굿에서 부정굿 다음으로 제일 먼저 제향을 받는 신이다. 「감응노래가락」에 '본향양산'과 같은 존재로 나타나는 것으로 볼 때, 인간 세상의 삶을 주재하는 고을신의 성격을 띤다고 추정되며, 이를 확대하면 인간 세상을 조판한 창세신의 후대적 변모로도 파악할 수 있다. 호구신은 전염병을 주는 역신으로 무속인들이 '호구별상손님마마'라고 부른다. 홍역이나 천연두 등 전염병을 앓게 하고 낫게 하는 무서운 신으로 알려져 있다. 감응신이나 호구신, 별상마누라는 삼불제석과 같은 인격 주체로서 구체적인 서사의 주인공으로 등장하지 않는다. 성격이 모호한 것은 그런 까닭에서일 수 있다.

그런데 신의 형상은 어디 하나 나와 내 주변의 보통 사람들과 다르지 않다. 모두가 인간의 친숙한 형상을 그대로 담아내고 있다. 인간의 옷차림과 굳이 구별하려고 멋을 부리지도 않고 옷의 형태 자체를 기괴하게 만들어 인간과 변별된다고 주장하지도 않는다. 무속의 신은 바로 그 신의 영험함을 인정하는 많은 사람의 그 옷차림과 형상을 그대로 지녔다. 우리네 무속신들은 동북아시아 시베리아의 저 샤먼처럼 사슴뿔을 머리에 이고 있지도 않고 짐승의 가죽을 곳곳에 드리우지도 않는다. 물론 원초적인 형태와 달라졌을 것이고 한편으로 현재 확인되는 무속화가 조선 후기의 양상을 어느 정도 반영하고 있기에 그럴 것이다. 그렇다고 하더라도 그 신들의 파란만장한 내력담을 접하면 무속의 신들이 인간의 형상과 복색을 취할 수밖에 없는 까닭을 꽤나 짐작할 수 있다. 전통사회

새로운 방목지에 도착한 시베리아 샤먼이 의례를 시작하는 장면. 러시아연방 민족지학박물관.

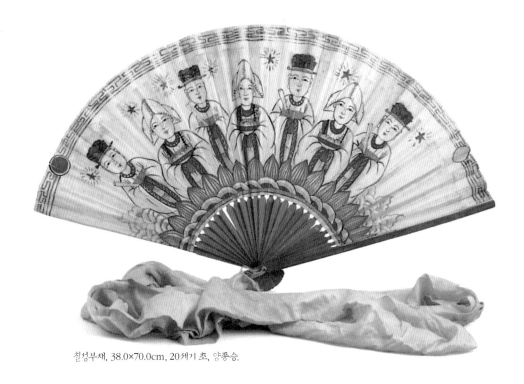

칠성부채, 38.0×70.0cm, 20세기 초, 양종승.

에서는 재앙과 같았던 호구신이나 별상마누라가 기괴한 형상을 하지 않은 것은 극한 질병을 일으키는 신을 기괴하게 형상화해서 노여움을 키우는 것이 아니라 우리 주변에 있는 흔한 사람의 형상으로 모셔와 그들의 심기를 누그러뜨려보겠다는 민초들의 소박하기 이를 데 없는 방어 전략이 투영된 결과로도 볼 수 있다.

신과 인간계가 층절 없이 펼쳐지다

무속신들의 형상은 여지없이 바로 '나'다. '나'를 바라보는 타자의 응시 혹은 내가 타자에 대해 갖는 응시의 지점이 바로 무속신의 형상일 수 있어 무속신은 곁에 있는 예사 사람처럼 친근한 형상을 지닌다.

　무속신의 형상이 무척이나 인간적인 연유가 무엇인지 궁금해하는 것은 당연하다. 신과 인간의 관계 혹은 신의 초월계와 우리네 인간계가 우리 무속에서 혹은 무속 신화, 특히 본풀이에서 어떻게 설정되었기에 신들은 이토록 인간적인 형상으로 존재하는 것일까 궁금해진다. 그렇다면 신의 본풀이에서 드러내는 세계의 존재 양상은 초월계와 인간계의 이계二界만 있을 따름인가? 두 세계가 각기 나뉘어 존재하는가? 초월계와 인간계 가운데 어느 쪽이 중심인가? 두 세계는 별개로 존재하는가, 아니면 함께 존재하는가? 초월계와 인간계는 서로를 비추는 존재인가? 여러 의문이 제기될 수 있고 그 해답 역시 간단하지 않다.

　'서사무가의 세계는 신과 인간의 양면성을 지닌 인물에 의해서 신계와 인간계가 층절層折 없이 펼쳐지고 있다'는 평가는 무가의 세계관을 한마디로 적시한 것이다. 이제 본풀이 가운데 「제석본풀이」를 대상으로 무가에 나타난 세계관, 곧 세계의 존재 양상에 대한 무속 신앙의 인식 단면을 살펴보자.

인간계의 모습으로 초월계의 실상을 구체화하다

　창세무가創世巫歌는 인간 세상을 창조하는 신화여서 초월계니 인간계니 하는 구분이 분명할 리 없으나 최초로 창조된 인간계의 양상은 오늘날과 전혀 다른 것으로 인식되었다.

이때는 어느 때인고/ 떡갈 남게 떡이 열고 쌀이 남게 쌀이 열고/ 말머리에 뿔이 나고 쇠머리에 갈기 나고/ 비금주수 말을 하고 인간은 말 못하든 시절이라.(「이종만본」)

최초의 인간계에는 인人과 물物의 구분이 없었고 애써 노동하지 않아도 창세신의 섭리에 따라 자연에서 모든 것을 쉬이 얻을 수 있었다고 했다. 최초의 인간계는 미륵의 시절이라 했고 그 미륵은 '하늘'에 축사하는 창세신이었기에 그 하늘의 질서를 그대로 가져와 인간계를 창조했다고 볼 수 있다. 창세 신화에서의 인간계는 초월계의 반영으로 이해될 여지를 남겨두었다. 창세 신화를 통해 인과 물의 차별이 없으니 다 같은 생명체로서 대등하게 존중되어야 하고, 살아가기 위해 수고로운 노동을 하지 않아도 되는 세계를 소망함으로써 초월계의 구체적인 모습을 이런 방식으로 이해했을 것이다. 창세 신화는 인간계가 존재하지 않던 시절을 노래하고 있어서 초월계의 구체적인 모습이 최초의 인간계를 통해 드러났다고 하는 추정이 적절하지 않을 수 있으나, 초월계에 대한 관념 자체는 인간계의 구체적인 양상을 근거하지 않고서는 형성될 수 없기에 두 세계 사이에는 개별적이면서 개별적이지 않은 관계가 성립될 수 있다.

「제석본풀이」는 그 자체로 하나의 완결된 무가이면서 동시에 창세 신화와 관련해 전승되기도 하는데, 제석신의 정체가 창세 시절에 부당하게 속임수를 써서 인간 세상을 차지한 바로 그 신임을 확정해주기도 한다. 서사 단락은 다음과 같다.

1. 딸아기의 부모는 중사위를 본다는 예언을 듣는다.

2. 딸아기의 가족들은 모두 볼일이 있어 집에서 나가고 딸아기만 남는다.

3. 부모는 집을 떠나며 딸아기에게 금령을 버린다.

4. 딸아기가 아름답다는 사실을 한 스님이 알게 된다.

5. 스님은 딸아기의 부친이나 오라비들을 만나 버기를 건다.

6. 스님은 딸아기 집에 도착하여 잠긴 대문을 신통력으로 연다.

7. 스님은 시주를 요청하고 딸아기는 시주를 한다.

8. 스님은 시주를 받는 과정에서 딸아기에게 잉태를 암시하는 모종의
   행위를 한다.

9. 스님은 딸아기에게 자고 가기를 요청한다.

10. 딸아기는 잠을 자면서 잉태를 암시하는 꿈을 꾼다.

11. 스님은 해몽을 통해 아들을 삼태하리라는 예언을 한다.

12. 스님은 딸아기에게 자기를 찾아오는 방법을 가르쳐주고 사라진다.

13. 딸아기가 잉태한다.

14. 딸아기의 가족들이 귀가하여 잉태 사실을 알아낸다.

15. 딸아기를 징치하여 토굴에 가둔다.

15-1. 딸아기를 징치하여 추방한다.

16. 토굴에 갇힌 딸아기는 아들 삼형제를 출산한다.

17. 삼형제가 자라서 서당을 다니다가 동료들에게 조롱을 당한다.

18. 삼형제가 딸아기에게 부친의 근본을 알아낸다.

19. 딸아기와 삼형제가 부친을 찾아간다.

19-1. 추방당한 딸아기는 임신한 몸으로 스님을 찾아간다.

20. 스님은 아들들에게 친자 확인 시험을 한다.

21. 스님은 삼형제를 친아들로 인정하고 이름을 지어준다.

22. 스님은 중노릇을 그만두고 딸아기와 살림 준비를 한다.

22-1. 스님과 딸아기는 승천한다.

22-2. 딸아기와 삼형제는 신이 된다.

「제석본풀이」에는 당금애기를 잉태시킨 남주인공, 곧 제석님 혹은 석가여래, 황금대사가 거처하는 세계와 당금애기가 거처하는 세계가 나타난다. 응당 당금애기의 세계는 인간계일 터이지만, 남주인공의 세계는 다양하게 설정되어 있다. 그러나 남주인공의 행적을 통해 그가 천신적 성격의 존재임이 어느 정도 드러나기에 그가 속한 곳은 인간계와 다른 세계로 이해된다. '강계본'에서 '주재문장'이 종이말을 타고 백운중천에 올라갔다는 내용이나, '평양본'에서 '서인님'이 옥황상제와 함께 천궁에 거했다는 사실, 그리고 '양평본'에서 '석가여래'가 '당금애기'와 함께 '안개루다 평풍치구 무지개 발루 다리를 놓구 하늘루다 비상천'한 사실로 보아 천신으로서의 성격을 찾을 수 있다. 천신의 면모를 지닌 남주인공이 다양한 이름으로 등장함으로써 그가 거처하는 세계 역시 이에 상응하여 여러 명칭으로 나타난다. 원래 천신이었던 남주인공이 후대에 불교와 관련된 존재로 설정되었기에 서천서역국, 황금산/황금사, 혹은 황계산 따위로 초월계가 인간계의 어느 공간쯤으로 다시 설정되었다. 남주인공의 명칭이 불교와 관련하여 변천함으로써 초월계의 양상도 인간계와 더 가까워졌고 인간계와 초월계가 수평적 위치에 있는 것으로 바뀌었다.

그런데 남주인공이 속한 세계가 인간계와 별반 다르지 않은 어느 공간으로 설정되다보니 초월계나 인간계가 다를 바 없다는 인

식이 생겨날 법하지만, 아무나 초월계로 갈 수 없고 특별한 원조에
의해서만 가능하다고 하는 설정을 덧붙여 초월계와 인간계의 개
별성을 분명히 했다.

정운학 연행본인 '관서지역본'을 보자.

> 서장애기 심심하야/ 남산 구경을 나갔더니/ 풍채두 동구 인물이 동
> 아/ 천지간에 비처웠더라/ 서인님이 천문지리를 살펴보니/ 인간에도
> 이런 인물이 또 있느냐/ 상자 불러 하는 말씀/ 야이덜아 상자덜아/ 인
> 간 세상에 인물일랑 찬란허다/ 인물 구경 나가보자/ 시주권선 나가보
> 자/ 상자덜이 하는 말이/ 옥황상제 아실 것 같으면/ 턴벌이나 맞으리
> 라/ 혼자서리 가만 가만이 갔다오소

서장애기(당금애기)는 남산 구경 나갔다가 그녀의 아름다운 모
습이 천지간에 비처 서인님(제석님)까지 그 존재를 알게 된다. 속세
의 인물 구경은 속세와 인연을 끊고 수도에 정진해야 할 서인님이
해서는 안 될 행위다. 서장애기와 아들 삼형제가 서인님을 찾아가
자 옥황상제는 서인님에게 죄를 주는데 나음과 같다.

> 여보세요 서인님은/ 인간에다 득죄를 하였으니/ 인간 세상에 버려가
> 서/ 제준서인 되어가서/ 삼신제왕 되어가서/ 포덕천하 광제창생布德天
> 下廣濟蒼生 하시란다

죄의 대가로 삼신제왕이 되어 불계로 귀양가서 창생을 구제하
는 신 노릇을 한다는 것은 앞뒤가 맞지 않는 논리다. 이 양상을 다

음과 같이 풀이할 수 있고 무속의 성격에 비춰 타당한 지적이라 여겨진다.

이것은 불승佛僧이 아닌 주인공을 불승으로 설정하고 다시 불승이라는 주인공의 성격과 그 행위를 연결시키려 한 개작에서 연유된 혼란으로 생각된다. 즉 남주인공은 불승이 아닌 다른 신분이었는데, 불교가 전래되어 지배 사상으로 되면서 불승을 나타내는 명칭으로 바뀌었고 다시 불승이 지켜야 할 계율이 보편적 지식으로 인지되자 불승과 주인공 행위와의 모순을 감추기 위하여 불승의 행위를 부정적으로 서술하는 부분을 삽입시켜 합리화를 도모했다고 본다.

그런데 서인님의 행위를 다른 관점에서 이해할 수도 있다. 「설총 출생설화」에서의 원효의 행적이 당금애기의 제석님과 견주어 같고 다른 점이 확인된 바 있다. 원효나 서인님의 파계는 속인의 행위다. 비난의 대상이 되어야 마땅하나 원효는 대덕고승의 이름을 더욱 널리 떨친 성인이 되었고, 서인님은 서천서역국의 삼신제왕이 되었다는 점에서 중요한 공통점을 갖는다.

원효가 추구했던 불교의 논리가 진眞과 속俗을 분별하지 않고 융화하는 것이었다면, 이를 가져와 「제석본풀이」 세계관의 특징과 견줘볼 수도 있다. 좀 더 높은 경지에서 생과 사를 하나로 보아 남녀의 정욕이나 결합은 대단한 문제가 아니라는 주장에서 나온 행위로 원효의 처신을 평가한다면, 나아가 원효가 깨달은 진의 세계를 속의 행위로 드러낸 것으로도 이해할 수 있고, 그렇다면 진과 속이 둘이기도 하고 하나이기도 해서 두 경계의 관계를 읽어볼 수 있다. 원효의 행위는 속의 입장에서는 파계이나 진속을 아우른 입장에서는 그렇지 않다. 불가에서는 속에서 진으로 나아가는 것이 상구보제上求菩提, 즉 자리自利라 하고, 진에서 속으로 나아가는 것을 하화중생下化衆生, 즉 타리他利라 하였기에 원효의 행위를 이렇게 이해할 수 있을 터이다.

그런데 「제석본풀이」는 불가의 이치를 드러내는 서사가 아니므로 직접적으로 연결하기 힘들고, 원효 설화의 이해를 통해 추측한 것을 단서로 삼을 뿐이다. 서인님의 행위가 파계이나 죄의 대가가 삼신제왕이 되는 것은 무가에 반영된 세계관의 측면에서 인간계와 초월계의 경계와 두 세계 사이의 관계를 새롭게 음미하도록 해 준다. 초월계가 무엇인지 드러내기 어렵기 때문에 인간계의 양상을 가져가 초월계의 실상을 구체화했다. 인간계 너머에 있는 궁극적인 세계를 진이니 겸중도兼中到니 하는 고도의 관념적인 용어로 풀어내지 않고, 보통 사람이면 누구나 경험하고 인정하는 삶의 양상을 그대로 초월계에 적용시킴으로써 초월계와 인간계가 개별적으로 존재하기는 하지만 서로 다르지 않다는 논리를 만들어냈다고 볼 수 있다.

서인님의 인간 세상 구경은 그가 속한 초월계와 인간계의 거리를 더욱 가깝게 만든다. 초월계의 어느 곳에 그윽이 앉아 인간계를 바라보지 않고, 인간의 형상으로 인간의 행위를 함으로써 초월계와 인간계가 개별적이지만 서로 다르지 않은 삶의 방식과 규범을 지녔음을 드러냈다. 서인님의 파계는 일탈을 뜻하지만, 인간계의 여러 사정을 두루 살피는 신이 새롭게 생겨났다는 긍정적인 결과를 가져왔다. 초월계의 후손이 인간계에서 생겨 인간사의 여러 문제를 더욱 절실하게 이해하고 해결해주는 신으로 거듭나 인간계와 초월계의 경계가 단절이 아닌 교통할 수 있는 길임을 더욱 부각시켰다.

인간계에서 맺은 인연이 초월계로 이어지는 것은 인간계의 인연이 그만큼 소중하다는 뜻이다. 당금애기와 아들 삼형제가 인간계에서 제석님과 맺은 인연이 초월계에서 부부와 부자의 인연으로 이어지고 다시 이 인연으로 이들이 무신이 되지만 그 순간 인간계와 초월계의 인연에서 벗어나, 자신들을 필요로 하는 사람이면 누구에게나 공평하게 다가가서 제향祭享을 받는 신이 될 수 있었다.

제석님과 당금애기가 함께 비상천飛上天하는 곳이 분명히 존재한다. 바리공주가 무신으로 좌정하는 그 어떤 곳이 있지만, 본풀이를 통해 구체적이고 형상화하지는 않았다. 궁극적이고 불변의 세계여서 인간의 사고와 언어로 드러내기 어려워 그랬을 수 있다. 그리하여 인연에 따라 변하는 세계를 인간계와 초월계로 포괄하여 인간의 사고와 언어적 표상으로 형상화했을 것이다.

한편 「바리공주」에서는 부모 자식 간의 인연이 갖는 소중함을 자체의 서사를 통해 인식한다. 우선 서울 지역의 '문덕순본'을 보면 바리공주의 부친인 '죠션국 이씨 주상금 마마'는 지극히도 아들을 원하지만, 금기를 깨뜨린 죄로 딸만 일곱을 보는데, 문제가 발생하는 것은 이 지점이다. 딸만 일곱을 본 최악의 사태를 해결하기 위해 바리공주의 부친은 적극적인 방법을 찾아나서기보다는 오히려 막내딸을 내다 버리는 어처구니없는 상황을 초래한다. 막내딸의 유기가 그가 아들을 보려는 데 있어서 아무런 해결책이 되지 못함은 명백하다. 바리공주는 버려진 뒤 금수의 보호를 받고,

비리공덕할미, 할아비에게 구출·양육되는데 여기서 바리공주는 '하날 아는 자손'이고 그 능력도 탁월한 존재로 확정된다.

한편 금기의 위반으로 초래된 딸 일곱의 결과는 다시 바리공주의 부모가 병이 나 죽는 것으로 이어진다. 바리공주는 부모에게 되불려가서 여섯 언니가 극구 마다하는 구약救藥여행을 "부모 효향 가오리다" 하면서 기꺼이 자청하고 나선다. 구약여행의 의미는 딸 일곱과 부모의 병을 함께 해결하는 과정에 상응한다. 결국 고난을 극복하고 무장승이 거처하는 약수 3000리에 다다른다. 그곳은 '짐생의 깃도 가라앉고 배도 없는 곳'이라 금주령으로 무지개를 만들어 건넌다. 무장승이 있는 곳은 분명 인간계가 아니라 완전한 타계他界, 즉 초월계다.

무장승을 만난 바리공주는 부모를 회생시키기 위해 그에게서 양여수를 얻어야만 했다. 그 조건으로 물 3년, 불 3년, 나무 3년을 하여 주지만 이것만으로는 충분하지 못했다. 무장승은 바리공주에게 다시 요구를 하는데, "그대의 상이 남누하여 뵈아 앞으로는 국왕의 기상이요 뒤로는 여인의 몸이니 그대와 날와 천상배필이니 일곱 아들 산전 바다주소" 하면서 아들을 낳아달라고 요구한다. 이에 바리공주는 무장승과 결혼하여 아들 일곱을 낳아준다. 이로써 무장승의 요구는 다 이뤄지고, 바리공주는 무장승에게서 양여수를 받아 그의 부모를 회생시킨다. 인간계에서의 딸 일곱이라는 금기 위반의 결과는 초월계에서의 아들 일곱으로 해결되었다. 인간계와 초월계가 엄격히 구별되지만 인간계의 결핍을 초월계의 충족으로 해결했다. 인간계에서의 부부관계와 자식 생산이 초월계에도 그대로 이어져 결핍과 충족의 과정을 구체적인 서사로 드러냈다. 인간계와 초월계가 짝을 이뤄 온전한 하나의 세계로 새롭게 설정됨으로써 두 세계의 관계가 개별적이면서 동시에 떨어질 수 없음을 분명히 했다.

부모를 살려낸 바리공주는 무조신으로 좌정하는데 그녀에게 신직을 부여하는 자는 죽었다가 되살아난 바리공주의 부친이다. 인간계의 국왕이 초월계의 신직을 부여한다는 설정은 상식적으로 납득이 되지 않는다. 그러나 앞서 살핀 결과를 고려하면 그 이면적 의미가 풀린다. 바리공주의 부친이 내리는 신직은 한 나라의 왕이 더 위대하기 때문에 부여하는 것이 아니라, 초월계와 인간계의 새로운 관계를 선언적으로 보여주는 사례다. 초월계와 인간계는 이제 둘이면서 하나이고 하나이면서 둘이라는 특별한 관계로 설정되었다.

두 세계가 이렇게 연결되어 각각의 세계는 마치 기연起緣에 얽힌 것처럼 이해할 수 있게 되었다. 바리공주는 인간계에서 부녀의 인연으로 구약여행을 떠나고, 초월계에서 새로운 가정을 만든다. 동수자 혹은 무장승과의 사이에서 아들 여럿을 낳아 그곳에서 부부의 인연과 모자의 인연이 함께 일어났다.

인간계에서의 인연이 더욱 소중하고 절박하기에 초월계에서의 인연을 여의어야 했던 것이다. 초월계에서의 인연 역시 모자의 인연이어서 가치 있고 소중하지만, 인간계의 인연으로 생겨난 과업을 수행해야만 했다. 그러나 인간계의 과업이 해결되자 초월계에서의 인연도 다시 이어졌다. 무장승이 입시하고 일곱 아들이 함께하면서 인연의 끈은 이어졌다. 초월계의 인연이 이어졌으니 다시 인간계의 인연과 이별할 수밖에 없었다. 인간계에서의 나라 차지가 소용없어 인간계의 부녀 인연이 다시 끊어진 것이다. 그렇다고 인간계에서 초월계의 인연이 지속되는 것은 아니어서 인연이 확인된 이후 다시 무신巫神에 좌정하면서 초월계의 인연은 여의게 되었다.

무신은 직능에 따라 나뉘는 것이기에 가족신으로서 부모 자식 간의 위계가 그대로 신의 위계로 이어지지 않는다. 결국 인연은 없는 셈이 되었다. 그러나 인간계의 인연으로 시작되었으니 인연이 없는 것도 아니고, 그 인연에 따라 신직神職을 나누어 받았기에 '인연은 생겨나지도 사라지지도 않는다'는 불가의 관념이 가깝게 느껴진다.

뫼비우스 띠와 같은 초월계와 인간계에 대한 인식

무가에서는 신의 세계를 통해 인간의 세계를 말하고 인간의 세계를 통해 신의 세계를 말한다. 초월계와 현실계는 개별적인 세계인 동시에 분리되지 않는 하나의 총체로서 인간 세상의 전全 모습이다. 남자가 없으면 여자라는 개념 자체도 없고 그 역도 마찬가지다. 마찬가지로 인간계 없이는 초월계도 존재하지 않는다. 초월계는 인간계의 반영이고 지속이어서 둘 사이에는 공통점이 있는 반면 인간계에서 일어날 수 없는 상황이 초월계에서는 생겨나기에 이 둘이 지닌 개별성도 분명하다.

만창매영월명초滿窓梅影月明初의 경우를 활용해 초월계와 인간계의 관계를 인식하는 단서를 마련할 수 있다. 만창매영滿窓梅影은 그림자의 세계다. 달빛이 밝아 창에 그득 매화나무의 그림자가 뚜렷하지만 매화나무는 아니다. 달빛月明初이 실재다. 만창매영을 통해 월명초를 깨닫게 되는 것인데 매영은 그림자여서 실재하지 않고, 이러한 허구를 통해 깨닫는 실재가 월명초라고 할 수 있다.

그러나 세계를 바라보는 관점에서 월명초와 만창매영이 주종관계에 있다거나 이 둘을 실實과 허虛의 분별로 단정지을 수는 없다. 매화나무가 실제로 존재하기에 그림자가 생겨나고 달이 하늘에 존재하기에 빛이 생겨난다. 창을 열어 하늘에 명월明月이 있음을 눈으로 확인하지 않아도 매화나무가 있기에 그림자가 생겨 명월이 실재함을 안다. 명월이 있기에 빛이 생겨 창을 열어 매화나무가 있음을 눈으로 확인하지 않아도 응당 매화나무는 그곳에 존재하는 실재임을 알 수 있다. 월명초를 통해 매화의 실재가 확인되고 매영을 통해 명월의 실재가 확인되는 것이다. 둘은 개별적으로 존재하면서도 나뉘지 않으며, 서로를 통해 자신의 존재를 드러내면서 개별적이다.

원효와 사복蛇福의 일화에서 나타나는 삶과 죽음의 설법에 "태어나지 말라, 죽는 것이 괴로우니/ 죽지 말라, 태어남이 괴로우니"라는 것이 있다. 물론 사복은 이 말 자체가 번다해 못쓰겠다고 하며 원효를 질책했으나, 원효의 표현 방식 자체를 소중하게 활용할 수 있다. 생과 사는 누구도 알지 못하기에 생을 말하기 위해 사를 말하고, 사를 말하기 위해 생을 말한 점이 중요하다.

무가의 세계관을 이해하는 데 있어 초월계를 말하기 위해 인간계를 말하고 인간계의 삶의 가치와 진실을 말하기 위해 초월계를 가져왔다고 생각해볼 수 있다. 인간계의 실재를 말하기 어려워 초월계를 등장시켜 삶의 진실을 구체적으로 드러내고, 초월계가 무엇인지 직접적인 언설로 풀어내기 어려워 인간계의 삶의 모습을 그대로 가져다 보여주는 것이다. 제석과 당금애기가 비상천하는 곳이나 옥녀부인을 심판하는 '하늘과 같은 세계는 존재만 드러내고 관념적인 세계로 남겨두었지만, 구체적으로 설정된 초월계와 인간계는 인연에 따라 변하는 세계라는 틀로 아울러서 두 세계 사이의 관계를 드러냈다.

본풀이에서는 인간계의 보통 사람이 쉽게 넘어갈 수 없는 곳이어서 특별한 존재나 사물의 도움을 받아야 갈 수 있는 곳을 초월계라 하여 초월계와 인간계가 다르다고 하고서, 한편으로 초월계가 인간계와 다르지 않음을, 초월계의 삶의 방식을 구체적인 서사로 보여주며 그 근거를 제시한다. 초월계는 관념 속에서 형성된 세계이고, 인간계와 달라 인간계의 넘어서기 어려운 시련과 고난을 극복할 수 있게 해주는 세계이지만 인간계를 비춰 구체화했다. 인간계의 삶의 진실이 무엇인지를 인간계와 다르지 않은 초월계를 통해 구체화했다. 무가의 세계관을 다분히 현실중심적이니 인간중심적이니 하고 평가하는 까닭이 여기에 있다. 인간계가 초월계와 단절되고 인간 세상의 보통 사람들이 주체가 되는 것이 인간중심적이요 현실중심적일 테지만, 초월계가 인간계와 다르기도 하고 같기도 하다는 인식 역시 인간중심적이다.

서로 다르다는 점을 분명히 하면서 서로 다르지 않다고 하는 방식으로 두 세계의 관계를 설정함으로써 인간계의 가치가 중요하다는 논리가 오히려 강화될 수 있다. 인간계의 보통 사람의 삶 자체에 초월계의 질서가 함께 있기에 현실의 삶이 소중하다는 사실을 강조하는 것이다.

본풀이에는 초월계와 인간계가 일원론과 이원론으로 어설프게 연결되어 있다고 볼 수 있다. 그런데 바로 이 점이 본풀이가 문학이면서 종교이고 철학일 수 있게 한다. 엉성하지만 구체적이어서 쉽게 다가서고 여기서부터 시작하는 추상화된 체계화는 다시 돌아와 이곳에 머무르기 때문이다. 자랑스러운 경전이 갖춰져 그 속에 세계에 대한 이치를 최고의 경지에서 관념적이고 비유적으로 드러내는 방식이 있을 수 있고, 일상사의 구체적인 모습들을 자체로 드러내 그 속에서 세계에 대한 이치를 관념화하지 않고 열어두는 방식도 있을 수 있다. 즉 세계를 관념화하는 일은 각자의 몫으로 남겨두는 것이 본풀이의 방식일 터이다.

본풀이는 전통적인 무속 신앙을 딛고 존재한다. 무가의 주인공은 신성성이 인정되어 신으로 좌정하고 인간계의 모든 일을 나누어 주관하는 위대한 존재다. 본풀이를 신화로 인정하고 그 신을 숭앙하는 무속신앙은 보편적인 고등 종교처럼 체계화된 종교철학을 지니지 못했다. 더욱이 무속신앙은 대체로 민중의 신앙이었기에 그들에게 쉽게 다가서서 공감을 얻을 만한 신의 내력담을 필요로 했다. 인간계에서 경험하고 살아가는 방식과 기본적인 규범이 가치있다고 하는 점을 중요하게 여기고 초월계와 현실계가 개별적으로 존재하지만 전혀 별개의 세계가 아니라는 인식을 구체적으로 드러내는 데에 본풀이가 큰 역할을 담당했다. 본풀이와 달리, 권력을 지닌 지배층과 관련이 깊었던 건국시조 신화는 신화이면서 역사이고 정치 이념이기도 해서 본풀이와 같은 방식으로 초월계를 인정할 수 없었다.

세상을 바라보고 이해하는 방식이 하나일 수는 없다. 하나가 아니라고 해서 여러 방식이 평행선을 달리는 것도 아니다. 하나만이 옳지 않기 때문에 여러 방면이 그 의의를 인정받아 옳을 수 있고, 그렇기 때문에 여러 방면이 모두 하나로 통할 수 있는 법이다.

* * *

초월계와 인간계가 구별이 없다는 일원론도, 초월계와 인간계가 엄격히 나뉘었다고 하는 이원론도 무속의 관념에서는 인정되지 않는다고 받아들이면 어떨까. 초월적인 것의 중심에 바로 인간적인 것이 들어앉고 인간적인 것의 중심에 초월적인 것이 들어앉아 있는, 마치 뫼비우스의 띠와 같은 두 세계에 대한 인식은 신과 인간의 관계도 그렇게 설정해놓고 있는 것이 아닐까. 그림으로, 본풀이로 우리가 찾아 나선 무속신과 그들의 세계는 이분법적 사고로는 온전하게 그 가치를 파악하기 어려운 절묘한 관념을 만들어놓았다. 구분이 명확하지 않아서 비합리적이고 비현대적이라는 논리는 이제 접어야 하지 않겠는가.

참고문헌 및 더 읽어볼 책들

1장   "하늘은 둥글고 땅은 네모나다"

구만옥, 『조선후기 과학사상사 연구 1』, 혜안, 2004

김영식, 「조선 후기의 지전설 재검토」, 『동방학지』 133, 2006

──, 『주희의 자연철학』, 예문서원, 2005

야마다 케이지, 『주자의 자연학』, 김석근 옮김, 통나무, 1991

이문규, 『고대 중국인이 바라본 하늘의 세계』, 문학과지성사, 2000

정성희, 「17~18세기 서양천문학 수용론과 우주관의 변화」, 『한국사상
과 문화』 18, 2002

2장   왕조 500년을 지탱시킨 조선의 병법들

『무예도보통지武藝圖譜通志』

『무예제보번역속집武藝諸譜飜譯續集』

『병학지남兵學指南』

『병학통兵學通』

국방군사연구소, 『한국무기발달사』, 1995

나영일 외, 『조선중기 무예서 연구』, 서울대학교출판부, 2006

노영구, 「16~17세기 鳥銃의 도입과 조선의 군사적 변화」, 『한국문화』
58, 2012

──, 「조선후기 병서와 전법의 연구」, 서울대학교 박사학위논문,
2002

민승기, 『조선의 무기와 갑옷』, 가람기획, 2004

육군군사연구소 편, 『한국군사사』 7(조선후기I), 경인문화사, 2012

久保田正志, 『日本の軍事革命』, 錦正社, 2008

3장 "우매한 백성과 시골 야낙까지 깊이 감화시켜라"

강명관, 「〈삼강행실도〉-약자에게 가해진 도덕의 폭력」, 『한국고전여
성문학연구』 5, 2002

김항수, 「〈삼강행실도〉 편찬의 추이」, 『진단학보』 85, 1998

이영경, 「〈동국신속삼강행실도〉 언해의 성격에 대하여」, 『진단학보』
112, 2012

정병모, 「〈삼강행실도〉 판화에 대한 고찰」, 『진단학보』 85, 1998.

조혜란, 「〈강도몽유록〉 연구」, 『고소설연구』 11, 2001

주영하·옥영정·전경목·윤진영·이정원, 『조선시대 책의 문화사-삼
강행실도를 통한 지식의 전파와 관습의 형성』, 휴머니스트, 2008

4장 이야기, 소설 그리고 그림

고연희, 「칼춤 추는 미인」, 『문헌과해석』 61, 2012

박재연, 「새로 발굴된 조선 활자본 삼국지통속연의에 대하여」, 『중국
고소설과 문헌학』, 역락, 2012

이창숙, 「서상기의 조선 유입에 관한 소고」, 『대동문화연구』 73, 성균
관대학교 대동문화연구원, 2011

정병설, 『권력과 인간-사도세자의 죽음과 조선 왕실』, 문학동네,
2012

──, 『구운몽도-그림으로 읽는 구운몽』, 문학동네, 2010

──, 「옛 소설의 낙서 그림에 대하여」, 『조선의 음담패설』, 예옥,
2010

──, 「조선 후기 한글·출판 성행의 매체사적 의미」, 『진단학보』 106,
진단학회, 2008

5장 그림이 삶의 행복을 가져다줄 수 있을까?

『경도잡지京都雜志』 풍속風俗, 「서화書畵」

『동국세시기』 3월 삼일조.

『삼국유사』

김태곤 엮음, 『한국무가집』 1·2·3·4, 집문당, 1971·1978

김홍남, 「조선시대 '궁모란병' 연구」, 『미술사논단』 제9호, 1999

박계홍, 「기자신앙」, 『한국민족문화대백과사전』 4, 한국정신문화연구

원, 1988

이성미, 『가례도감의궤와 미술사』, 소와당, 2008

전호태, 「고구려고분벽화에 나타난 하늘연꽃」, 『미술자료』 46, 1990

정병모, 「고구려고분벽화의 장식문양도에 관한 고찰」, 『강좌 미술사』
10, 1998

────, 「신라 서화의 대외교섭」, 『신라 미술의 대외교섭』, 한국미술사
학회, 2000

정재서, 『이야기 동양신화』, 황금부엉이, 2004

허균, 『전통미술의 소재와 상징』, 교보문고, 1999

노자키 세이킨, 『중국미술상징사전』, 변영섭 외 옮김, 고려대학교출판
부, 2011

李圭景, 『五洲衍文長箋散稿』 「題屛族俗畵辨證說」.

田自秉, 吳淑生, 田靑, 『中國紋樣史』, 北京: 高等教育出版社, 2003

吉村 怜, 「雲崗における蓮華化生の表現」, 『中國佛教圖像の研究』, 東
方書店, 1983

劉君祖編, 『人物中國系列 3-秦始皇』, 臺北: 故鄕出版社

6장　털 을 하나 놓치지 않는 사실정신을 구현하다

『초상화의 비밀』, 국립중앙박물관, 2011

『한국의 초상화: 역사 속의 인물과 조우하다』, 문화재청, 2007

조선미, 『形과 影-한국의 초상화』, 돌베개, 2010

────, 『초상화와 초상화론』, 문예출판사, 2007

7장　섬세한 그림으로 예禮의 모든 것을 표현하다

국립문화재연구소, 『종묘제례』, 민속원, 2008

박정혜 외, 『왕과 국가의 회화』, 돌베개, 2011

이욱, 「조선후기 종묘 증축과 제향의 변화」, 『조선시대사학보』 61, 2012

────, 「종묘친제도설병풍을 통해 본 종묘」(2012년 국립고궁박물관 학
술심포지엄), 2012

이현진, 『조선후기 종묘 전례 연구』, 일지사, 2008

전혜원 옮김, 『종묘친제규제도설병풍』, 디자인 공방, 2010

8장 조선 기록문화의 정수를 보여주다

『國朝寶鑑監印廳儀軌』(奎14938)

김지영, 「朝鮮後期 국왕 行次에 대한 연구」, 서울대학교 박사학위논
문, 2005

신병주, 「『조선왕조실록』의 奉安儀式과 관리」, 『한국사연구』 115,
2001

오항녕, 「實錄의 儀禮性에 대한 硏究」, 『조선시대사학보』 26집, 2003

조계영, 「조선후기 실록의 세초 기록물과 절차」, 『古文書研究』 44, 한
국고문서학회, 2014

──, 「조선시대 실록부록의 편찬과 보존」, 『한국문화』 62, 2013

──, 「조선왕실 봉안 서책의 장황과 보존 연구」, 한국학중앙연구원
박사학위논문, 2006

허태용, 「正祖의 繼志述事 기념사업과 『國朝寶鑑』 편찬」, 『韓國思想史
學』 제43집, 2013

9장 옛 지도에 담긴 옛사람들의 생각

문화재청, 『한국의 옛 지도』, 2008

배우성, 『조선후기의 국토관과 천하관의 변화』, 일지사, 1998

──, 「고지도에 나타난 영토·영해의식」, 『역사비평』 36, 1996

──, 「고지도를 통해 본 18세기 북방정책」, 『규장각』 18, 1995

서울대 규장각한국학연구원, 『海東地圖』 上·下·解說索引, 1995

양보경, 「옛 지도에 나타난 북방 인식과 백두산」, 『역사비평』 36, 1996

오종록, 「조선초기의 국토관」, 『진단학보』 86, 1998

장석화, 「18세기 함경도지역의 개발과 사족士族」, 『역사비평』 36, 1996

──, 「조선후기의 북방영토의식」, 『한국사연구』 129, 2005

한영우 외, 『우리 옛 지도와 그 아름다움』, 효형출판사, 2000

10장 삶과 성욕의 예술, 춘화의 운명

박량한朴亮漢, 『매옹한록梅翁閑錄』

신유한申維翰, 『해유록海遊錄』 상·하

이옥李鈺·이언인俚諺引, 『이옥전집李鈺全集』

김은호, 『서화백년』, 중앙일보사, 1977

451

김헌선, 「춘화의 예술사적 전개와 의의」, 『민속학연구』 제2집, 국립민속박물관, 1994

―――, 「18-19세기 사설시조와 춘화의 상동성」, 『18세기문학과 예술사』 2013년 강의록

서정걸, 「한국 미술 속의 성」, 『한국의 춘화』, 에이엔에이, 2000

오세창, 『근역인수槿域印藪』, 국회도서관, 1968

오주석, 『단원 김홍도』, 열화당. 1998

윤형노(윤열수), 『한국의 성』, 태백의책, 1993

이승만, 「묵로墨鷺의 춘화도春畵圖」, 『풍류세시기風流歲時記』, 중앙일보, 1977

이태호, 「몸을 사랑한 그림, 조선후기의 춘화첩: 『운우도첩』과 『건곤일회첩』」, 갤러리 현대·두가헌, 2013

―――, 「조선후기의 춘화」, 『미술로 본 한국의 에로티시즘』, 여성신문사, 1998

정병욱, 『시조문학사전』, 신구문화사, 1982

정희연, 『조선시대 춘화 연구』, 성균관대 대학원 석사학위논문, 2012

홍선표, 『조선시대 춘화』, 도화서, 1995.

Jamse Cahill, 명말 목판 춘화첩, 『LUST』, 화정박물관, 2010

Robert H. Van Gulik, *Erotic Colour Prints of the Ming Period* V.3, 반 훌릭 지음, 『중국성풍속사』, 장원철 옮김, 까치, 1992

Texte de Maurice COYAUD et LI Jin-Mieung, *PEINTURES ÉROTIQUES DE CORÉE*, Éditions Philippe Picquier, 1995.

Chris Uhlenbeck & Margarita Winkel, *Japanese Erotic Fantasies: Sexual Imagery of the Edo Period*, Hotei Publishing, 2005

11장 조선 민초를 닮은 신들의 세계

김태곤, 『韓國巫歌集』 1, 집문당, 1971

서대석, 「설화에 나타난 원효사상과 민중의식」, 『한국문화와 역사인물 탐구』, 한국정신문화연구원, 2001

―――, 『한국신화의 연구』, 집문당, 2001

―――, 『한국무가의 연구』, 문학사상사, 1988

이도흠, 『화쟁기호학, 이론과 실제』, 한양대출판부, 1999
은정희·송진현 역주, 『원효의 금강삼매경론』, 일지사, 2000
임석재·장주근, 『관서지방무가』, 문화재관리국, 1966

지은이

김헌선 _____ 경기대 국문과 교수. 저서『옛이야기의 발견』『총체학과 개체
학으로서의 한국 구전동요 연구』『서울 진오기굿-바리공주
연구』『설화 연구 방법의 통일성과 다양성』『류큐 설화집』외
다수.

노영구 _____ 국방대 군사전략학부 교수. 저서『영조 대의 한양 도성 수비 정
비』, 공저『한국군사사』7(조선후기 1), 『조선중기 무예서 연구』,
역서『양반』, 논문「조선후기 병서와 전법의 연구」외 다수.

박종성 _____ 한국방송통신대 국문과 교수. 저서『구비문학, 분석과 해석의
실제』『한국 창세서사시 연구』, 공저『한국의 고전을 읽는다 1』,
논문「男性神과 父權神, 그리고 父性神에 관한 에세이」외
다수.

윤대원 _____ 서울대 규장각한국학연구원 HK연구교수. 저서『데라우치 마
사다케의 강제 병합 공작과 '한국병합'의 불법성』『21세기 한·
중·일 역사전쟁』, 논문「19세기 변란 참가층의 사회적 관계망
과 존재양태」외 다수.

이영경 _____ 서울대 규장각한국학연구원 HK연구교수. 저서『중세국어 형
용사 구문 연구』, 공저『조선 사람의 세계여행』, 논문「〈동국신
속삼강행실도〉 언해의 성격에 대하여」「영조대의 교화서 간
행과 한글 사용의 양상」외 다수.

이 욱 _____ 한국학중앙연구원 장서각 연구원. 저서『조선시대 재난과 국
가의례』, 공역『정미가례시일기 주해』, 논문「조선후기 종묘
증축과 제향의 변화」외 다수.

전용훈 _____ 한국학중앙연구원 인문학부 교수. 저서『천문대 가는 길』, 공
저『조선 사람의 조선여행』『하늘, 시간, 땅에 대한 전통적 사
색』, 역서『밀교점성술과 수요경』외 다수.

정병모 _____ 경주대 문화재학부 교수. 저서『민화, 가장 대중적인 그리고
한국적인』『무명화가들의 반란, 민화』『미술은 아름다운 생명
체다』『한국의 풍속화』외 다수.

정병설 _____ 서울대 국문과 교수. 저서『죽음을 넘어서—순교자 이순이의
옥중편지』『권력과 인간—사도세자의 죽음과 조선 왕실』『조
선의 음담패설』『구운몽도』『나는 기생이다』, 역서『구운몽』
『한중록』외 다수.

조계영 _____ 서울대 규장각한국학연구원 HK연구교수. 공저『일기로 본 조
선』, 공역『망우동지·주자동지』, 논문「『오경백편』의 선사와
규장각의 문서 행정」외 다수.

조선미 _____ 성균관대 예술대학 명예교수. 저서『왕의 얼굴』『한국의 초상
화』『Great Korean Portraits』『초상화 연구』『화가와 자화상』,
역서『동양의 미학』『중국회화사』외 다수.

그림으로 본 조선

ⓒ 규장각한국학연구원 2014

1판 1쇄	2014년 4월 7일
1판 3쇄	2014년 4월 30일

엮은이	규장각한국학연구원
펴낸이	강성민
기획	이영경 최종성 권기석
편집	이은혜 박민수 이두루
편집보조	유지영 곽우정
마케팅	이연실 정현민 지문희 김주원
온라인 마케팅	김희숙 김상만 한수진 이천희
독자 모니터링	황치영

펴낸곳	(주)글항아리	출판등록 2009년 1월 19일 제406-2009-000002호

주소	413-120 경기도 파주시 회동길 210
전자우편	bookpot@hanmail.net
전화번호	031-955-8891(마케팅) 031-955-8897(편집부)
팩스	031-955-2557

ISBN	978-89-6735-104-5 03900

이 책의 판권은 규장각한국학연구원과 글항아리에 있습니다.
이 책 내용의 전부 또는 일부를 재사용하려면 반드시 양측의 서면 동의를 받아야 합니다.

글항아리는 (주)문학동네의 계열사입니다.

이 도서의 국립중앙도서관 출판시도서목록(CIP)은 e-CIP 홈페이지(http://www.nl.go.kr/ecip)에서 이용하실 수 있습니다.(CIP제어번호:2014008543)

＊ 도판 자료 게재를 허락해주신 분들께 감사드립니다. 이 책에 실린 도판 중 저작권 협의를 거치지 못한 것이 있습니다. 연락이 닿는 대로 게재 허락 절차를 밟고 사용료를 지불하겠습니다.

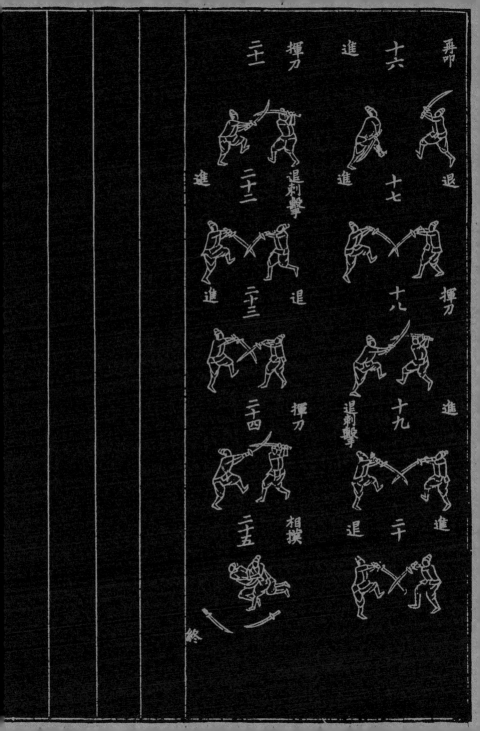

再叩

二十一　揮刀　進　十六

進　二十二　退刺撃　進　十七　退

進　二十三　退　揮刀　十八

二十四　揮刀　退刺撃　十九　進

二十五　相撲　退　二十　進

終

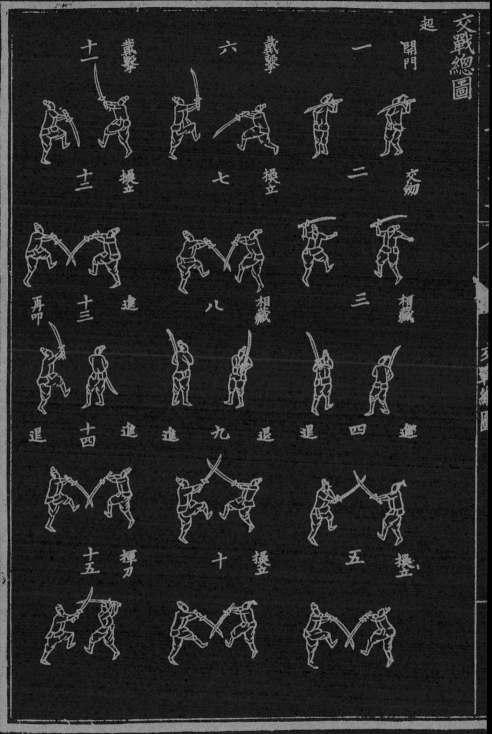